北京大学中国画法研究院·祗芳文存

中国歙砚大观

袁苑曾题

程明铭 著

北京大学出版社
PEKING UNIVERSITY PRESS

图书在版编目（CIP）数据

中国歙砚大观 / 程明铭著. -- 北京：北京大学出版社，2012.11
（北京大学中国画法研究院·丛芳文存）
ISBN 978-7-301-21457-2

Ⅰ.①中… Ⅱ.①程… Ⅲ.①古砚－研究－中国 Ⅳ.①K875.44

中国版本图书馆CIP数据核字(2012)第252528号

书　　　名：	中国歙砚大观
著作责任者：	程明铭　著
出版统筹：	高秀芹
责任编辑：	梁　勇
书籍设计：	耕莘文化
标准书号：	ISBN 978-7-301-21457-2/K·0903
出版发行：	北京大学出版社
地　　　址：	北京市海淀区成府路205号　100871
网　　　址：	http://www.pup.cn
电子邮箱：	pw@pup.pku.edu.cn
电　　　话：	邮购部 62752015　发行部 62750672　编辑部 62750883　出版部 62754962
印　刷　者：	北京翔利印刷有限公司
经　销　者：	新华书店

889毫米×1194毫米　16开本　21印张　343千字
2012年12月第1版　2012年12月第1次印刷

定　　　价：168.00元

未经许可，不得以任何方式复制或抄袭本书之部分或全部内容。
版权所有，侵权必究
举报电话：010－62752024　电子邮箱：fd@pup.pku.edu.cn

程明铭先生肖像画《石痴》 汪观清绘

汪观清先生题签

《中国歙砚大观》编著说明

　　本书编著及出版正逢党的十七届六中全会提出"坚持中国特色社会主义文化发展道路,努力建设社会主义文化强国"的战略思想,这是一个重大贡献和突出特点。歙县是徽文化发祥地,具有悠久的文化传统,丰富的文化资源,厚重的文化底蕴,浓郁的文化氛围。砚文化是徽文化的重要组成部分,"歙砚制作技艺"是国家级非物质文化遗产,歙县又是"中国歙砚之乡"。编著和出版《中国歙砚大观》对砚文化的大发展、大繁荣具有深远意义。

　　本书文字由程明铭著,并策划图片编排。

　　图文助理:柯崇。

　　文字审校:郑衍月。

　　插图:汪观清、程明铭、沈启鹏等。

　　图片摄影:柯崇、汪超、程明铭。

序 ………… 常印佛　1
前言 ………… 3

第一章　歙砚史话 ………… 1
　一、歙砚探源 ………… 3
　二、歙砚产地沿革与地理环境 ………… 11
　三、歙砚文献与调查史 ………… 12
　四、歙砚发展史 ………… 16
　五、歙砚瑰宝天下冠 ………… 18
　六、砚铭题跋 ………… 20

第二章　歙砚石矿床 ………… 25
　一、歙砚石产地的变迁 ………… 27
　二、歙砚石矿的基本特征 ………… 29
　三、歙砚石产地的区域地质特征 ………… 33
　四、歙砚石矿点的地质特征及石质评价 ………… 34
　五、歙砚石矿的等级划分 ………… 69
　六、歙砚石矿寻找方向和方法 ………… 71

第三章　歙砚石品研究 ………… 73
　一、歙砚石品 ………… 75
　二、歙砚石天然纹饰的形态与成因 ………… 85
　三、歙砚新花 ………… 93

第四章　歙砚石鉴定与评价 ………… 95
　一、歙砚石的科学鉴定 ………… 97
　二、歙砚石的评价标准 ………… 100
　三、歙砚石的野外鉴定方法 ………… 103

第五章 歙砚的制作技艺 ·············· 105
　　一、歙砚的制作工序 ·············· 107
　　二、歙砚造型及雕刻艺术 ·············· 110
　　三、歙砚雕刻工具及刀法 ·············· 112
　　四、砚的结构与尺寸换算 ·············· 114
　　五、歙砚雕刻常用术语 ·············· 116
　　六、歙砚艺术风格探讨 ·············· 118

第六章 歙砚鉴赏 ·············· 121
　　一、古今砚谱 ·············· 123
　　二、古代歙砚作品欣赏 ·············· 130
　　三、现代歙砚作品鉴赏 ·············· 138
　　四、歙砚的真伪鉴别 ·············· 194
　　五、歙砚名品欣赏 ·············· 201

第七章 歙砚掌故 ·············· 223
　　一、名人论砚 ·············· 225
　　二、古砚春秋 ·············· 231
　　三、名人砚乡游踪 ·············· 239
　　四、歙砚逸闻 ·············· 246

第八章 歙砚收藏保养与资源管理 ·············· 267
　　一、歙砚的收藏 ·············· 269
　　二、歙砚使用和保养 ·············· 271
　　三、歙砚资源管理保护 ·············· 272

第九章 歙砚诗文选 ·············· 275
　　一、唐代歙砚诗文选 ·············· 277

二、宋代砚谱摘要与歙砚诗文选 …………… 278
三、明、清时期歙砚诗文选 …………… 280
四、当代歙砚诗文选 …………… 281

第十章 文房器具 …………… 285
一、文房四宝 …………… 287
二、文房四宝配套器具 …………… 292

第十一章 砚苑杂谈 …………… 295
一、歙砚的发墨机理 …………… 297
二、稀有砚品鉴考 …………… 298
三、古砚坑考析 …………… 311

参考文献 …………… 314

后记 …………… 315

跋 …………………………… 黄剑 317

序

中国砚文化历史悠久，早在五千年以前的仰韶文化初期，就已经有了磨研用的石砚。砚对人类文明的发展做出过重大贡献。歙砚始于汉代，盛于唐宋，以古歙而得名，是徽文化的重要组成部分。时至今日，墨汁、硬笔、手机、电脑的出现，使得砚的作用日渐式微，但作为一种传统文化，尤其是作为旅游中的工艺品、收藏品、书画家使用品，发掘、研究和继承徽州砚文化，仍然有深远的历史意义和不可替代的现实价值。

程明铭先生生长在歙砚之乡，长期从事砚石调查和研究工作，有专著《中国歙砚研究》《歙砚丛谈》《歙砚与名人》《中国名砚》等。三十余年来，为中华砚文化做出了很大贡献。正如安徽省博物馆研究员穆孝天先生在《中国歙砚研究》序言中所述："程明铭同志凭借他多年地质工作的经历，又担负着砚石考查任务，终能运用所掌握的科学方法和科学手段，从其亲手记录的大量资料中，经过认真地拣选、提炼、加工，完成了《中国歙砚研究》，解决了一些研究歙砚的学者专家早就渴望解决但未能解决的问题，填补了歙砚研究中一大空白。"的确如此，他是研究砚文化的名家。他在砚石调查中跌断过脚，翻车扭伤了腰，造成终身残疾。但他无怨无悔，仍在砚田里默默地耕耘。

近日接程明铭先生来信，说他和他的学生柯崇在写一部《中国歙砚大观》的书，请我给他作序。柯崇先生有二十余年制作歙砚的经验，又是中华传统工艺大师，使这本书内容更加丰富。本书有歙砚史话、歙砚石矿床、歙砚石品研究、歙砚石鉴定与评价、歙砚的制作技艺、歙砚鉴赏、歙砚掌故、歙砚收藏保养与资源管理、歙砚诗文选、文房器具、砚苑杂谈等十一章，系统地阐述了歙砚文化的内涵，可谓包罗万象，蔚为大观，是当代歙砚研究中的一本好书。本书是作者多年实践和研究的成果，内容丰富，图文并茂，对制砚、售砚、藏砚、玩砚和研究砚文化的人很有参考价值。同时，对考古、博物馆工作人员，以及奇石、宝玉石等爱好者也是一本难得的好书。

程先生接近耄耋之年，仍坚持研究中国砚文化，闲来泼墨丹青，广事交游，著书不断，可敬可贺。

　　我对歙砚素无研究，承作者盛情邀为作序，诚惶诚恐，不容多言，但为了中国砚文化的发展，只好从命，也只能勉力从旁呐喊助威。

　　是为序。

常印佛

二〇一一年八月

常印佛：中国科学院院士，中国工程院院士，著名矿床地质学家。

前言

中国砚文化对中国文化发展做出过重大贡献。它对中国书画及历史、文化传承都起到了独特的不可替代的作用。歙砚，历史悠久，具有巧、妙、绝的特点，是砚中之首，历代文人墨客把它视为珍宝。爱砚、赏砚、藏砚，已成为我国的一种文化时尚。歙砚更是徽文化的重要组成部分。国务院公布"歙砚制作为国家级非物质文化遗产"，安徽歙县是"中国歙砚之乡"。为了继承和发扬这一文化遗产，使人们认识和爱护歙砚"国宝"，程明铭先生和柯崇先生编著了《中国歙砚大观》一书。本书共分为十一章30余万字400多幅图片，内容丰富，图文并茂。对制砚、售砚、藏砚、玩砚和研究砚文化的人很有参考价值。同时，对考古、博物馆工作人员，以及对奇石、宝玉石等爱好者也是一本难得的好书。其主要内容和价值简述如下：

第一章　歙砚史话　用大量实物和考古资料及有关文献，阐述歙砚始于汉代，以古歙而得名。推翻前人提出的歙砚始于唐代开元年间的观点，把歙砚以歙州而得名的论断以及歙砚的历史，向前推进了五六百年。

在歙砚调查史中，许多考古资料和研究成果，前人未披露过，很有研究价值。

第二章　歙砚石矿床　用地质学原理阐述歙砚石产地的变迁和歙砚石的基本特征，同时详细地阐述了歙砚石矿点的分布情况及各砚坑的砚石特征和评价。运用科学测试，通过砚石鉴定、砚石化学分析等手段，使人们了解歙砚石的好坏。正如安徽省博物馆学者、砚研专家、美术史论家穆孝天研究员在《中国歙砚研究》一书的序中所述："程明铭同志凭借他多年地质工作经历，又担负着砚石考察任务，终能运用所掌握的科学方法和科学手段，从其亲自普查的大量资料中，经过认真地拣选、提炼、加工，完成了《中国歙砚研究》，解决了一些研究歙砚的学者专家早就渴望解决却未能解决的问题，填补了歙砚研究中一大空白。"

第三章　歙砚石品研究　本章介绍歙砚石各种石品类型及形态，用地质学原理解释天然纹饰的成因。使人们了解歙砚石的品类，以及歙砚石各种纹饰的天然生成原理和歙砚石石质细润、发墨、不吸水等特点及成因，从而有助于更好地挑选歙砚。

第四章　歙砚石鉴定与评价　本章说明砚石的物理性质，诸如力学性质、电学性质和砚的吸水性、触感以及砚石矿物成分结构及天然纹饰鉴定和化学分析等，使人们科学地认识歙砚石各种性质以及评价标准。

第五章　歙砚的制作技艺　本章介绍歙砚制作工序和造型雕刻艺术及工具和刀法，分析了歙砚雕刻艺术的特点和风格，解释了各种砚雕术语。

第六章　歙砚鉴赏　本章介绍古今砚谱图及图案出典和古今砚品鉴赏以及真伪鉴别等知识。

第七章　歙砚掌故　本章介绍名人论砚、古砚春秋、名人砚乡游踪、歙砚逸闻等44个故事，使人们认识历史名人对歙砚的研究鉴赏和讴歌情况及广为流传的佳话韵事。

第八章　歙砚收藏保养与资源管理　本章介绍歙砚的收藏和保养知识及砚石资源的管理和保护。

第九章　歙砚诗文选　本章介绍各时代名人对歙砚赞美的诗文20余首。

第十章　文房器具　本章介绍文房四宝的知识、它的历史价值以及文房配套器具知识。

第十一章　砚苑杂谈　本章介绍歙砚发墨机理、稀有砚品鉴考、古砚坑考析等知识。

第一章 歙砚史话

珠联璧合

一、歙砚探源

砚，是人们熟悉的磨墨工具，据史料记载："砚与文字同兴，起于黄帝时代也。"《西京杂记》上说："汉制天子，以玉为砚，取其不冰。"这是现存的关于砚的最早记录。据考古资料来看，砚最早是从磨器、磨棒演变而来。早在仰韶文化初期，就已经有了作为磨研用的砚石了，从问世至今已有五六千年历史。

歙砚始于何时？多年来一直是个谜。多数人认为始于唐开元年间，少数学者认为始于唐代以前。据《徽州府志》记载："歙县建于秦，地广大，后割为休宁为婺源为绩溪为淳安遂安今无异。名曰：古歙。"笔者通过古歙砚考证，歙砚始于汉代，以古歙而得名。

古砚，多数属于文物范畴，唯其物希价昂。研究古砚，足以证明砚史和砚雕艺术发展及各时代风格的演变，有其深远的历史意义和明显的现实价值。从《西清砚谱》收录各类砚240方，将汉至明清的砚称为"旧砚"，大多数是明清之际制作。这些砚均有乾隆题铭，具有文物参考价值，这是砚谱精华。笔者将汉到明清发崛的歙砚称为"古砚"，这些古砚雕琢艺术历史悠久，博大精深，是徽文化的重要组成部分。研究"古歙砚"的源流和发展及歙砚雕琢艺术，对如何继承和发扬砚文化都有其深远意义。笔者收录"古歙砚"稽考，可以探源其砚史。

（一）春秋战国时期

砚的制作和笔的产生似乎是孪生兄弟。中国古代文人主要用笔墨来书写。石器时代在彩陶上就可见很多图案的线条，有明显的笔触，说明当时已经有笔。有毛笔必定有研磨颜色的工具，如陕西姜寨仰韶文化遗址中就曾发现过这类石质的研器，可视为古砚的起源。

据《初学记》引《从学记》记载，鲁国孔子庙"夫子床前有石砚一枚，作甚古朴，盖为夫子平生物"。其砚造型制作简单，也很粗糙，但说明在春秋战国时期已出现石砚，当时铁器的出现和广泛的使用，促使砚雕艺术的发展。

"孔子砚"流失何方？存何处？石质考证很难，但根据砚史资料，石砚中歙砚流源最早，笔者推测"孔子砚"可能是歙砚，但有待考古证实。

（二）秦汉时期

秦始皇一统六国后，分全国为36郡，黟、歙属稽郡，楚汉之际属鄣郡，歙县是徽州建置最早的县，随着经济繁荣、文化发达及制墨工艺的发展，书画艺术勃兴，可以说是在我国文化兴盛时期，歙砚工艺蓬勃发展起来。根据现存汉代"古歙砚"实物，确切表明歙砚始于汉代，其古朴生动、雄浑侈丽的造型，已跨进了富丽堂皇的工艺美术之宫了。

汉代前出土石砚，多数是薄而平整的长方形或圆形长片砚板，常常伴有墨盘和磨棒，如汉代前的研墨器（图1-1）和汉代瓦当砚（图1-2）。

汉代出土的古歙砚最流行式样是雕蟠龙的盖砚、三足砚和砚板，举例如下：

1956年安徽太和县李阁乡出土的"汉代三足歙砚"（图1-3），直径15.6厘米，高14.3厘米，上下分为盖和底两部分，盖钮雕成双龙盘绕状，龙首高昂相对，颈部透雕成孔，龙身盘转，三足匍状。盖内周廓略高，平面线刻云纹，间有奔马、飞鹿、犬、鱼等动物形象，正中有一直径4厘米、深3.3厘米的凹窝，为研墨用。砚底有三足，均是三角形，线刻有熊样纹，石质细润，确为歙砚，现存安徽省博物馆。

在章放童《中国印章歙砚玩赏》书中见三方汉代古歙砚。其一，"汉

图1-1　汉代以前的研磨器

图1-2　汉代瓦当砚

图1-3 汉代三足歙砚

图1-4 汉代歙石大砚板及研石

图1-5 汉代鱼子金星砚板

图1-6 汉歙石砚板

歙石大砚板",研面长18.2厘米,宽8.8厘米,高0.7厘米(图1-4),在杭州湖墅南路二百大古玩地摊市场上,常见刻汉歙石砚板,但像这样大的却罕见;其二,"汉鱼子金星砚板"(图1-5),长14.8厘米,宽5.5厘米,高0.8厘米,砚面有墨锈,砚背面层面有剥落,层状结构,满板鱼子金星;其三,"汉歙砚石砚板"(图1-6)长8.8厘米,宽6.7厘米,高0.5厘米。砚板虽然有微凹砚堂,石质青黑色细润。

笔者根据以上三方砚的造型判断,无疑是汉代砚雕造型,石质也是歙砚,但无具体发掘时间、地点记载,难以佐证。

(三)晋朝时期

由于晋朝经济、文化和科技发展,制墨和造纸工艺改进,出现了一些千古传颂的书法家,相应地促进了制砚工艺的发展。另外,外来文化的影响,佛教雕塑艺术的引进,石砚出现了浮雕,使作品大大增加了立体感,同时石砚出现了砚铭。从晋朝实存石砚来看,砚雕艺术比前朝精美,造型浑厚奇特,形象逼真,刀法纯熟。根据砚史文献,晋代现存砚

▇ 图1-7 晋朝如意池砚　　　　▇ 图1-8 晋朝歙石三足圆砚

极少，歙砚更加罕见。以下几方晋代古歙砚，笔者加以考释。

"石研斋"，有一方西晋永嘉元年墓中出土的"如意池砚"（图1-7）。砚长12.2厘米，宽6厘米，高1.7厘米。砚池是如意形，池深1.5厘米，砚堂磨成凹形，似猪食槽模样，很粗糙，砚池与砚堂有两小孔，砚额上也有两个孔，此砚在造型上有重大突破，可用绳子穿过两个小孔，便于携带，内涵颇丰，可以说是晋代砚雕造型的一种特征。

"如意池砚"是歙县富褐项村东汉时的墓葬品，还有出土文物明器、陶铝龟、酒卮、铁斧、线跎（耳环）等。现存放在安徽歙县文管所，1995年《黄山日报》曾报道过。笔者曾作过调查研究，其墓志记载："永嘉元年十二月六日寅□□。"根据我国历代纪元表查阅有两个永嘉年号，东汉永嘉元年为公元145年，西晋永嘉元年为公元307年，两者相差162年。究竟是东汉还是西晋不能断定。但根据艺术造型、郑氏宗谱资料和其他现存古砚，笔者断为晋代实物。

章放童《中国印章歙砚玩赏》书中记载一方"晋歙石三足圆砚"（图1-8），外径24.2厘米，内径21厘米，高4.5厘米。砚边是连续之内凹弧形，上有阴刻之光芒纹，象征太阳，背面有三足，并草刻有两行字，因年代久远，石层剥蚀，字迹漫漶，无法识别。石质青绿色，细腻而坚，为歙青。由此可见，歙青的开发早于唐。

从《歙砚轶事》中，得知晋代诗人陶渊明在黟县亲手制了一方称为"砚中之魁"的特大歙砚。据《困学记闻》记载，其石"巨大如砥，纵横丈余"，宋代程师孟曾有诗："石仞峰前一水傍，晨光翠色助清凉。谁知片石多情甚，曾送渊明入梦乡。"陶渊明将此石刻成特大歙砚，背面刻有"陶潜题"三个字。砚边刻有"白云芳草疑无路，流水桃花别有天"

诗句。据说此砚整整刻了三年零六个月，后人有诗为证："长日白云狎，破屋青山外。陶公桃花村，砚石已太古。"此砚不知流失何处，已查无踪迹。

（四）南北朝时期

安徽和县苦石楼画廊藏有一方六朝"四足辟雍砚"（图1-9），砚身直径14.5厘米，水池深约0.5厘米，砚边宽1厘米，水池宽1.5厘米，砚高4.8厘米，蝠足高2.7~2.9厘米。砚堂、砚背均有金星若干颗，石质青色细润，为歙石庙前青。辟雍砚又名渠砚，辟雍者，周王朝时贵族子弟所读的大学，取四周有水、形如璧环而得名。

在章放童《中国印章歙砚玩赏》一书中记载了一方"南北朝歙红四足砚"。长宽各8、9厘米，砚底长宽各13厘米，高4.8厘米（图1-10），砚为覆斗形，砚面正方形，阳线起边，有小墨池。后挖四足，而将砚刻的阳线凿断，使线条有变化。南北朝造型多四方砚，且多起阳线，似乎是这一时期的造型艺术特征。石为浅紫红色砂岩，其中有微鱼子银星。石质和笔者定名的歙红有差异，笔者发掘的歙红均为粉砂质板岩和板岩。

汉之后，中国南方进入六朝时期，当时中国社会异常复杂，一方面是政权的频繁更迭，一方面是思想领域的百花齐放，各种学术形成战国以来的第二繁荣时期。佛教的传入、道教的兴盛，雕刻、绘画、书法、石窟、墓志等蓬勃发展，促使雕砚工艺进一步发展，材质多样，造型活泼，纹饰精美多样。汉末、西晋和南北朝以后，三次人口大迁移，许多文人纷纷进入古歙，对歙砚雕刻起到推进作用。

图1-9　南北朝四足辟雍砚

图1-10　南北朝歙砚四足砚

（五）唐宋时期

唐宋是中国砚文化昌盛时期。砚材种类比前朝多，石砚有歙砚、端砚、洮河砚、红丝砚、乐石砚等四十多个品种。宋代同时出现了大量砚著。如苏易简的《文房四宝》，米芾的《砚史》，蔡襄的《砚记》，苏东坡的《评砚》等，为砚文化营造了学术氛围。笔者认为唐宋时期是徽派砚雕艺术盛兴时期，徽派制砚名家不断涌现。如南唐李少微制砚精湛，受到南唐元宗李璟的赏识，招为砚务官。后来出现"三姓四家十人"的隆兴景象。这三姓四家十人是周进城、周进昌、周小四、戴文宝、戴义和、戴义城、戴三、方文宗、方庆子、胡崇兴。唐宋时期是徽派砚雕艺术继承和发展时期。艺术造型的特点：注重实用，古朴大方，端庄典雅。唐代一般为箕形砚，流行双足砚、箕形砚、凤字砚。宋代以抄手砚为典型。圆形和蝉形砚也普遍。从《西清砚谱》收藏的240方砚，可以看出各时期砚雕造

🔴 图1-11 唐代双足箕形歙砚（左图）
🔴 图1-12 唐代高台箕形歙砚（右图）

🔴 图1-13 唐代平底箕形歙砚（上左图）
🔴 图1-14 宋代歙青抄手砚 （上右图）
🔴 图1-15 宋式抄手歙砚（明汪廷讷藏）（下左图）

型艺术。

如1976年安徽合肥唐墓出土的箕形歙石砚（图1-11），长20厘米，上宽11厘米，下宽15厘米，高3.5厘米。线条流畅，底有双足。石质细润而坚，呈青碧色。墓葬年代是唐开成五年，即公元840年。现存安徽文物管理处。

又如"唐歙石高台箕形砚"（图1-12）和"唐平底箕形砚"（图1-13）。唐高台箕形砚不同于当时流行的双足和平底箕形砚，构图独特新颖。

宋代歙砚石品丰富多彩，据唐积《歙州砚谱》记载，有30种之多。其造型五花八门，古代雕琢式样70余种，在构图上虽有简繁，但在刀法、风格上却古朴典雅，以抄手为典型。如"宋细罗纹歙青抄手砚"（图1-14），长12.7厘米，前宽8.3厘米，后宽9厘米，前高2.9厘米，后高2.8厘米。石质细润，抚之似"孩儿面，美人肤"，工艺非凡。又如藏安徽歙县博物馆的宋代抄手歙砚（图1-15），均古朴，讲究线条美。

（六）明清时期

明清时期是徽文化昌盛时期，徽州共有54所书画院，儒风独茂，人文荟萃，中举者就有990人，书画家有240人，歙县进士录上有683人。这些文人，个个需要砚台，他们把歙砚视为掌上明珠。明末清初又是"新安画派"鼎盛时期，随着徽商的崛起，促进了徽州砚台文化的发展。

明清时期徽派砚雕艺术空前繁荣，无论是造型还是构图，都达到沉稳精炼的程度，具有敦厚的艺术特征。徽派砚雕涌现不少名家，文人玩砚的风气盛行起来。如高凤翰、汪启淑、汪扶晨、吴梅颠、巴慰祖、胡长庚、许楚等。其中不少人身通数艺，匠智非凡。如高凤翰曾在歙县任过知县，而且是著名书画家，同时又是收藏家和评论家。他收藏一千余方砚，半数出于自己的手。如吴梅颠（吴熊），工诗、善画兰、刻砚，而且又行医。又如巴慰祖是知名篆刻家，同时是刻砚家，又是书画家。他制有一方"歙红砚"，呈长方形，砚长23.5厘米，宽10.7厘米，厚2.3厘米，重3斤，砚的左右、上额均有砚铭，背面有巴慰祖像。现存安徽歙县博物馆。

1994年笔者在香港一位朋友那里见到一方正方形"三阳开泰歙红砚"（图1-16），雕刻精细，羊刻得栩栩如生，砚堂呈圆形，似太阳，线

图1-16 明代三阳开泰歙红砚

图1-17 清代瓜形歙砚

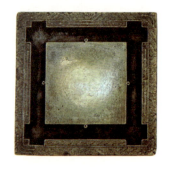

图1-18 清代四水回归歙砚

条流畅，周边刻有太阳纹。砚池呈圆形，似月亮，边有云纹。三者很协调，背面有砚铭："似端非端，祖传奇珍。晶莹可爱，产于邑中。"并注"嘉靖壬午年（1522年）石山居士"。从这方砚的雕刻艺术来看比前朝进步。从砚铭可知砚台产地、收藏者及收藏时间、石质等，像这种砚不但有文物价值和收藏价值，同时具有很大的研究价值。

明清两代大量开采歙砚石，传世的砚品甚多。这一时期受到徽州三雕（木、砖、石雕）的影响，歙砚所做的瓜果鱼龙、人物、楼台等无不惟妙惟肖。砚边有回纹、云纹、龙纹、花草拐子纹等，雕琢细腻，层次分明，一般采用浮雕，浅浮雕，同时出现深雕，造型以正方形素池砚为多，同时出现了就形砚（参看图1-17和图1-18）。

通过上述古歙砚资料，可以了解歙砚历史和各时代歙砚雕刻艺术的发展及特征，如何继承和发扬徽派砚雕艺术，保护这珍贵的"非物质文化遗产"，是我们这一代肩负的责任。

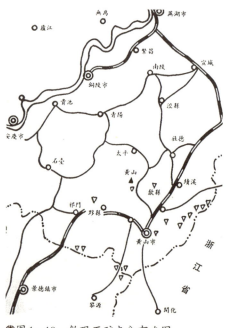

图1-19 歙砚石矿点分布略图

二、歙砚产地沿革与地理环境

歙砚产地位于皖、浙、赣交界处。砚坑分布在黄山山脉和天目山山脉之间的古歙州（歙县、黟县、休宁、婺源、绩溪、祁门）境内（图1-19）。

徽州建置最早的是黟县和歙县。秦始皇统一六国后，分全国为36郡，黟、歙两县，属于会稽郡，楚汉之际属鄣郡。

汉高祖六年（公元前201年），黟、歙属荆国。汉高祖十二年（公元前195年），歙、黟属吴国。汉景帝前元三年（公元前154年），歙、黟属江都国。汉武帝元狩二年（公元前121年），更改为丹阳郡。这一郡名基本上沿用到东汉末年。当时是由郡府出一名都尉分管歙、黟，而最后一任都尉便是《三国演义》中的黄盖。

汉献帝建安十三年（公元208年）十二月，孙权部将贺齐平定黟、歙山越，分歙县之东乡为始新县（今淳安），南乡为新定县（今遂安），西乡为黎阳和休阳，后黎阳并休宁县，休阳并入黟县，歙、黟、始新、新定、黎阳、休阳共六县，从丹阳县分出来，自置新都郡，隶扬州。郡的治所在始新。吴永安元年（公元258年），休阳县因吴主孙权，改名海阳县（后改休宁）。公元280年，晋武帝又将新都郡改为新安郡。

南北朝的时候，徽州在建置上又有一些变化，曾从新安郡中分出了新宁郡。直至隋文帝开皇九年（公元589年），全国取消郡，以州代之。两郡复并，置歙州，郡府设在黟县。隋末，将府治迁到休宁的万安山，以后又迁到歙县的乌聊山。

唐玄宗开元二十八年（公元740年），从休宁分出婺源县。歙州令有歙、休宁、黟、北黟和婺源五县。天宝元年（公元742年），改歙州为新安郡，治所仍在歙。唐肃宗乾元元年（公元758年），后改新安郡为歙州。宋徽宗宣和三年（公元1121年），治所仍在歙县，人们称歙县为"徽州府"。于此，歙砚之名也就不难理解了。

歙石产地在建置上变更频繁，研究歙砚必须了解它的历史。人们一提起歙石产地，往往只知龙尾山（砚山），对其他砚坑则不甚了解。历史上有的人称歙砚为"龙尾砚"，但龙尾石并不能代替所有歙石，而只是歙砚石的一个品种。歙砚因产于古歙而得名。若以为歙石只产于龙尾山一地，便失之片面了。唐、五代时，歙州管辖歙、休宁、黟、婺源诸县。宋人著作记载，产砚诸坑主要在歙县、祁门、婺源等地，而以婺源所出为后。笔者花费3年时间，进行实地调查研究，也证实了这一点。正是这个原因，婺源县于1975年建立龙尾砚厂，产品名为龙尾砚。而歙县砚台厂（工艺厂）加工的产品仍称为歙砚。

歙砚产地，是一个"八山一水一分田"的山区。区内山峦起伏，千米以上高峰星罗棋布，黄山山脉与天目山脉——白际山脉分列两侧，傲然相对。峰峦耸峙，山势陡峭，气派雄伟。新安江及支流蜿蜒于山谷盆地之间，犹如一条青丝带。山水掩映，奇峭秀丽，风景如画。而黄山、白岳吸引了无数中外游客，是旅游胜地。古徽州秀丽的山川，自古以来便赢得骚人墨客的留恋。明代戏曲家汤显祖诗："欲识金银气，多从黄白游；一生痴绝处，无梦到徽州。"则是最好的写照。有的游客甚至"爱其山水清澈，遂久居"。徽州山川，险阻天成，且兵革少到，东晋南朝和唐宋的避难者，则以为桃花源，是人文荟萃之地。抗日战争时期，屯溪有"小上海"之称。徽州资源丰富，历来就是一个经济繁荣之地。经济、文化的发达，更进一步促进了歙砚、徽墨的发展。

歙砚石产地分布在群山伏布的中低山区，比高200～1000米，深谷纵横，溪流环回。砚坑标高绝大部分在250～450米。林木繁茂，村落分散，人烟稀少，交通不大方便。

三、歙砚文献与调查史

历史上记载砚的文献甚多，但多属直觉性的记述，而专门从事这项研究的人员则是寥若晨星。即使有，也大多归属于文玩杂项。如柳公权的《论研》、欧阳修的《砚谱》、陆放翁的《砚录》、米芾的《砚史》、苏东坡的《评砚》、苏易简的《文房四谱》、高似孙的《砚笺》、衡铃的《文房四考图说》等。这些文献都没有系统的科学研究和分类方案。只有从北宋诗人、书法家黄庭坚的《砚山行》中看出他在"陆不通车水不舟"的条件下，不畏艰险，拨雾穿云，越过崇山峻岭，到砚山进行歙砚石调查。诗人对龙尾山砚坑的交通、地理环境、砚石品种、当地居民状况、石质的品位及砚石开采情况作了形象的描绘，为后人留下了宝贵的资料，对歙砚石的研究和发展做出了贡献。然后就是乾隆五年徐毅编辑的《歙砚辑考》一卷，对各地的砚石产地进行了调查研究，特别对四大名砚中的端溪砚石和歙砚石作了对比，对歙砚石的研究有许多建树。我国地质学的先驱及奠基人之一、中国地质学会第一届会长章鸿剑（1877–1951年）先生在其《雅石》中也提出，"歙砚以安徽婺源龙尾石最有名"。

（一）歙砚专著文献

(1)《婺源砚图谱》　　　　　宋·唐积
(2)《歙砚谱》　　　　　　　宋·洪景伯
(3)《歙砚说》　　　　　　　宋·曹继善
(4)《辨歙石说》　　　　　　宋·曹继善
(5)"送侄济舟售砚序"　　　元·江光启
(6)《歙砚志》　　　　　　　明·江贞
(7)《歙砚志》　　　　　　　明·叶天球
(8)《歙砚辑考》　　　　　　清·徐毅
(9)《龙尾石辨》　　　　　　清·汪扶晨
(10)《中国歙砚研究》　　　当代·程明铭
(11)《歙砚志》　　　　　　歙县二轻工业局编
(12)《歙砚丛谈》　　　　　当代·程明铭
(13)《歙砚与名人》　　　　当代·程明铭
(14)《歙砚的鉴别和欣赏》　当代·胡中泰
(15)《歙之国宝》　　　　　当代·周小林
(16)《歙砚新考》　　　　　当代·凌红军、王宏俊

（二）歙砚的调查研究文献

（1）《皖赣边区歙县、休宁、婺源一带砚石材料调查报告》，1964年7月陈琼林、袁守诚编。

（2）《安徽省休宁汪村、大连地区砚石板岩调查报告》，1979年8月陈琼林、袁守诚编。

（3）《安徽省休宁樟前——花桥地区砚石板岩地质工作报告》，1981年10月支利庚等人编。

（4）《安徽省歙县大谷运双河口歙砚石调查简报》，1981年11月程明铭编。

（5）《安徽省徽州地区砚石普查设计书》，1982年6月程明铭编。

（6）《1982年安徽省徽州地区砚石工作报告》，程明铭编。

（7）《安徽省歙县大谷运、苏川、洽河、周家村一带砚石普查设计书》，1982年程明铭编。

（8）《安徽省徽州地区砚石普查评价报告》，1985年8月程明铭编。

（9）《安徽省歙砚石料评价要求及天然纹饰的研究科研报告》，1986年12月程明铭编。

（三）新中国成立后歙砚石调查史

（1）1963年2月歙县手工业管理局组织了砚石探察小组，由俞逸仙、胡灶苟、钱泥寿三人组成，去婺源龙尾山寻找砚石。当地群众对历史上赫赫有名的龙尾砚坑竟一无所知。后来得到当地政府的支持，邀集乡里老人回忆，根据砚史确定的砚坑方位探索，最后在当地60多岁的退休教师江义宝的指点下，历时三个月，终于找到了金星、眉子、水浪纹等砚石。5月试采，同年10月，第一方金星砚重新问世，停产近两百年的歙砚从此获得新生。1964年5月，新华社报道了"歙砚正式恢复生产"的消息。

（2）1964年7月安徽省地质局332地质队袁守诚高级工程师曾赴皖赣边区进行砚石材料调查。

（3）1979年8月由安徽省地质局332地质队科研室副主任陈琼林和袁守诚先生两人，对休宁县汪村至大连地区的砚石作了进一步调查。

（4）1981年10月安徽地质局332地质队由支利庚为地质组长带领赵高生、马安春、李光辉、曹诚等人在休宁县板桥一带进行砚石板岩考察。

（5）1981年11月安徽省地质局332地质队副队长解俊臣、主任工程师马荣生和傅却来、支利庚、程明铭与歙县工艺厂副厂长叶善祝等，对歙县大谷运双河口一带砚石板岩进行了考察。

（6）1981年12月14日—20日由安徽省徽州行署副专员王乐平带队，由地区工交办主任韩双力、地区行署秘书邵培华、地区二轻局会计俞庆嗣、安徽省美术公司经理于心良和黄石济工程师、安徽省地质局332地质队总工程师马荣生和程明铭、歙县县委书记夏发年和歙县二轻局副局长汪全兴及歙县工艺厂厂长汪德政等组成代表团，根据中央领导人李先念的批示，及安徽省委书记张劲夫和江西省省长白栋材在北京的协商精神，与江西省上饶行署和婺源县及龙尾砚厂等单位商谈签订如何保护国宝——歙砚石和歙砚名牌的协议。名贵的龙尾石只供应安徽省歙砚厂和江西龙尾砚厂使用。双方代表团成员均到实地砚山砚坑考察。徽州地区代表团成员对安徽休宁县大连、冯村、歙县双河口等砚石产地进行了考察。

（7）1982年元月笔者根据安徽省地质局和徽州行署的指示，以及歙县工艺厂的要求，编写了"安徽省徽州地区砚石普查设计书"，1月10日由332地质队专门开会进行审议。在搜集有关文献资料和初步考察的基础上，初步拟定了寻找砚石板岩的地层层位和工作靶区，程明铭总结了砚石的一般工艺要求。

（8）1982年3月8日安徽省地质局332地质队正式成立砚石普查组，由程明铭担任普查组长和技术负责，地质员有李光辉、曹诚、肖正权等人，工人有余书亭、戴星、苏厚禄、江水明、杜安先等人。于3月2日出队，11月25日结束野外工作，历时8个月，在皖、浙、赣三省边区歙县、休宁、祁门、黟县、淳安、江山（浙江省）、玉山、婺源（江西省）等县境内进行砚石普查。踏勘路线1000余公里，控制面积1669平方公里，实测地质剖面6条，全长18490.02米。通过上述工作，新发现砚石矿点14处。

（9）1982年7月—10月，歙县工艺厂组织了退休工作吴伏淦、吴元诚、何安禄老艺人到皖、赣边界休宁五城、岭南、大连、祁门芦溪等地进行了砚石调查，由余共明负责。

（10）1987年北京大学地质系郑辙教授和安徽歙砚厂杨震、汪永龙先生对歙砚砚石的矿物岩石学进行研究，并发表了歙砚的发墨理论。1988年《科学通报》第17期发表了"中国歙砚的自磨刃发墨理论"。

（11）1988年10月笔者和歙县上丰工艺厂厂长汪满和及青年工人江立明同志在歙县上丰乡进行砚石调查，发现了"歙红"、"歙青"两种新品种歙砚石。

（12）1995年4月8日—28日，"中国名砚地质学研究和开发研究"课题组成员——中国地质大学软科学研究中心主任吕录生教授（原常务副校长）、研究生院院长、博士生导师、岩石学专家莫宣学教授，中国地质大学办公室副主任孙善学助理研究员（构造地质学硕士研究生毕业）、地质大学地层学家毕先梅教授、谭天林硕士生和安徽省地矿局332地质队程明铭高工、甘肃省地质矿产局蔡体梁高工等七人对歙县大谷运、洽河、周家村等砚坑及祁门县砚坑和江西省婺源砚山、岭背等砚坑进行了实地考察。同时和歙砚厂、歙县文房四宝公司、歙县艺海公司、江西省婺源县龙尾砚厂、婺源工艺雕刻厂、婺源县文房四宝公司、砚山砚矿及砚石生产部门召开座谈会，还参观了婺源县博物馆存放的古砚、书画等。在考察当中得到安徽省地矿局、黄山市人民政府和歙县人民政府以及江西省地矿厅、婺源县人民政府等各级领导的大力支持。

四、歙砚发展史

从唐代末年开始，歙砚就成为上献帝王的贡品。它以石质坚润发墨，雕琢精细雅致名传海内外，是文人墨客最为珍视的中国四大名砚之一。

1956年，在安徽太和县李阁乡出土的汉代三足圆形石砚，根据石质判定为歙砚。由此说明汉代已经有歙砚问世。

汉代至唐代未见歙砚石详细开采记载，唐开元以后，歙砚石开采主要集中在婺源龙尾山一带。在砚山村几乎家家都制砚。歙砚进入大发展时期。据宋代洪景伯《歙砚谱》所载，歙砚石品目有：眉子七种、外山罗纹十三种、里山罗纹一种、水航坑水蕨坑十种、金星三种、驴坑一种，各种纹饰姿态宛然。据《歙砚谱》记载，宋代景祐年间进行一次大规模开采歙砚石，以后嘉祐年间和清乾隆丁酉年（公元1777年）也有开采记录。元明两代大约500年内未见开采记录，除公元1910年前后安徽军阀下令婺源驻军掘取一些残石外无其他正式开采。

古时开采砚石，是一项十分艰巨并且危险的劳动。由于交通闭塞、山高路险，砚坑大都隐藏在深涧中，而且用洞采法，洞内小，既曲折，又潮湿，暗无天日。洞内用猪油灯盏照明，安全条件极差，石塌人亡的惨剧时常发生。"采石而出者，下身沾黄泥，上身受烟煤，无不剥驳如鬼。"加之当地绅士的残酷剥削和压迫，制砚艺人度日艰难，被迫放下雕刀，另谋生路。

民国初年，歙砚生产濒临绝境。歙县只剩下汪义兴（斋名翰宝室）一家砚店。店面设在城内打箍井，石料来自江西玉山及歙县本地。生产低档砚台，徒存歙砚之名，已失歙砚之实。汪义兴砚店于抗日战争期间倒闭，砚雕艺人纷纷改行，流离失所。

新中国成立以后，1963年在中央和地方政府的关怀下，歙县工艺厂（安徽歙砚厂）和地质学家对歙砚石进行了专门调查和科学研究。发现了新老砚坑40余处。自从1964年5月，新华社报道了"歙砚正式恢复生产"的新闻，从此，歙砚这朵民族艺术之花绝处逢生，脱颖而出，焕发出美好的青春。20余年来，砚工们遍查砚史资料，挖掘传统技艺，培养造就了一大批技术人才，歙砚得到了较大较快的发展。

十年"文革"，歙砚生产受到严重破坏。仿古砚被视为"四旧"，停止生产。歙砚厂只好转产毛主席石膏像、电流电压表和修理轴承等业务。

十一届三中全会以前歙砚生产几乎由歙县工艺厂独家生产。1972年美国总统尼克松访华之后，国际上掀起"中国热"。这对歙砚生产不无刺激。但因材料缺乏，生产受到限制。其时适逢休宁县修建汪村至大连的公路，长距离的开山爆破，群众发现有类似的砚石板岩（后称休宁流口歙砚石）分布，不久即建立休宁砚台厂，在46、48、49、50号公路里程碑处进行开采。接着，屯溪、歙县、上海等有关单位相继前来订购。于是，休宁砚台生产盛极一时，后只追求数量，忽视质量，滥竽充数，无法行销，被迫停产。

为了继承和发扬传统的砚雕艺术，开发歙砚新品种，促进歙砚生产的发展，1984年成立了歙砚研究所。后来又成立了歙县文房四宝公司。1989年歙砚研究所又和歙县工艺厂合并。

随着国民经济的发展和改革开放的不断深入，制砚厂不断扩大、增多，目前黄山市三区四县均有砚台经营，制砚厂如雨后春笋遍及全市。过去由歙砚厂独家经营，20世纪80年代发展到几十家。有歙县文房四宝公司、歙县徽城文化服务部砚台厂、歙县上丰工艺厂、歙县龙潭砚厂、歙县洽河工艺厂、歙县正口工艺厂、歙县紫云砚厂、黄山市美术工艺厂、黟县工艺厂、屯溪文房四宝堂厂家和个体户生产砚台。黄山市屯溪区有40余家商店出售砚台。最大的有"汲古斋"、"文雕苑"。后有名牌砚店"三百砚斋"。

在这期间"歙红"、"歙青"、"豆斑"、"绿刷丝"、"紫云"等新品种歙砚石不断被挖掘出来。

歙砚珍品，历来价值连城。唐代李山甫说"何啻值千金"；宋代大书法家蔡襄把歙砚比作"和氏璧"，"肯要秦人十五城"。米芾云，宋时一般的歙砚"值五、七千，上无估"。1985年一方"黄山风景图"巨砚，在日本以6000美元成交。歙砚畅销国内外市场，国外主要有日本、朝鲜、印度及南洋群岛，其中日本的销售量最高。据1986年安徽省歙县二轻工业局编写的《歙砚志》资料，历年产量为：

1965年	779方	1966年	991方
1967年	1217方	1968年	1092方
1969年	1458方	1970年	1568方

1971年	1750方	1972年	3272方
1973年	5496方	1974年	6707方
1975年	6500方	1976年	7437方
1977年	7864方	1978年	8872方
1979年	11744方	1980年	11314方
1981年	9058方	1982年	15964方
1983年	11736方	1984年	12549方
1985年	18525方		

从上世纪60年代以后二三十年间，歙砚生产处于一枝独秀地位。90年代末，随着工厂改制的深入，歙砚制作艺术重回民间。以家庭作坊式生产，前店后坊式经营，目前黄山市三区四县（屯溪区、徽州区、黄山区、歙县、休宁、黟县、祁门）和古徽州婺源县（今属江西）及绩溪县（今属宣城市）从事砚雕工作的有15000人左右，其中歙县雕砚专业人员约4380人。据不完全统计，年产值3.5亿元左右，出口创外汇100万美元左右。可以说这期间歙砚生产是历史上的鼎盛时期。

2006年6月歙砚制作技艺入选国家非物质文化遗产。同年成立了"歙砚协会"，推进了歙砚制作艺术的继承研究和发展，促进歙砚原料的保护和合理开发，并涌现出一批骨干力量，有50余名高级工艺美术师。

2008年成立了新安歙砚艺术博物馆。

2011年4月，安徽省质量技术监督局，黄山市歙县质量技术监督局和歙砚工艺厂等单位，在歙县披云山庄组织专家组审批了"歙砚安徽省地方标准"，从而使歙砚制作艺术走向规范化。

五、歙砚瑰宝天下冠

"一生多被端砚误，老去方知歙砚佳。"这是清代江宁程锦庄的诗。历代许多文学家、书法家、画家、巨贾、达官、帝王都把歙砚视为珍宝。爱砚、赏砚、藏砚，已成为我国一种独特的文化。

歙砚，是经过几百年甚至几千年实践被人们公认的而且是有一定特点和价值的砚品，它的特点是：石质细润，纹饰妍丽；发墨益毫，滑不拒墨；质坚耐用，玉德金声；贮墨不涸，寒冬不冰，易涤洗；造型美观，工

图1-20 中国歙砚之乡

图1-21 国家非物质文化遗产——歙砚制作技艺

艺超绝。笔者认为"歙砚天下冠"除了石质外，另一个原因就是歙砚历史悠久，始于汉代。从地学来看，歙砚石矿层属于中元古界震旦系地层，根据同位素测定，距今十亿年左右。其次，就是优质石料稀少，开采难度大，人们得之不易，俗为"黄金易得，歙砚难求"。真是所谓"麻石三尺，隐砚材三寸而已，犹玉在璞也"。（宋·曹继善《歙砚说》）因优质砚石一般厚度不大，只有一二十厘米，几千吨砚石材中，只能选出一二方优质品。如庙前红石料就是"可望不可求"的歙砚石绝品。

据《徽州府志》云，南唐（公元937—975年）后主李煜视歙砚为"天下冠"，第一次亲自在歙州设置了"砚务官"，擢砚工李少微为"砚务官"，"命以九品之服，自有奉禀之给"，派砚工周全专为皇宫搜集佳砚，从此歙砚的身价扶摇直上。

古今赞美歙砚的文人墨客甚多，宋代书法家蔡襄誉歙砚为"和氏璧"，诗曰，"玉质纯苍理致精，锋芒都尽墨无声；相如闻道还持去，肯要秦人十五城"。大书法家米芾对歙砚更是如痴如醉，他收藏宋徽宗一方36分砚，称为"砚山砚"，换取友人苏仲恭在北固山一片宅地，建成"海岳楼"，自号"海岳外史"。宋代著名文学家、书画家苏东坡爱砚成癖，蓄砚盈室，枕砚而卧，他说"我生无田，食破砚"。后人说他"东坡无田砚为食，此地研田飞碎金"。他为了得到张近一方砚，竟用传家宝剑与之交换。苏东坡对歙砚是顶礼膜拜，他评歙砚："砚之美，润而发墨，其他皆余事也，然两者相害，发墨者必费笔，不费笔者必不退墨，二德难兼，唯有歙砚。涩不留笔，滑不拒墨，二德相兼。"在苏东坡眼里把歙砚视为珍宝，砚苑之冠。历代视歙砚"天下冠"的诗文不胜枚举。

2004年9月，安徽歙县被中国轻工业联合会和中国文房四宝协会评为

"中国歙砚之乡"（图1-20）。2006年6月国务院公布，文化部颁发了"国家非物质文化遗产——歙砚制作技艺"（图1-21）。2008年8月25日在歙县举行《文房四宝》特种邮票首发仪式。歙砚为入票砚品中最佳代表，为砚中之冠。在当代中外交流中，歙砚多次被国家领导人选为"国礼"。

歙砚不但为国家创取外汇，而且可以增进国际之间的友谊。

1965年，歙砚珍品"荷叶砚"、"蝉形砚"各一方，由徽州地委馈赠越南胡志明主席。

1966年，歙砚珍品"山水砚"、"怀素砚"各一方，由歙县中学赴京代表敬呈毛泽东主席。

1980年，歙砚珍品"玉带金星砚"一方，被万里副总理访问朝鲜时送金日成主席。

1984年，歙砚厂向中国老年书画研究会赠送"新安山水"大砚一方，重196斤，被称为"国宝"。

1985年，歙砚珍品"黄山日出"一方，由省委购赠彭真委员长。

六、砚铭题跋

砚铭，是刻在砚台上的文字，也称"砚铭书"，是研究砚史的依据之一。砚铭和其他文物上的款识一样，是评定文物的标准，鉴定真伪的依据。据《大戴礼记》记载，西周初就有砚铭。人们为何喜爱镌刻砚铭呢？我们从清代林正青的一段话中便可领略其中奥妙："然田宅有时而墟，金帛有时而尽；而是砚，千秋万岁莫如汝寿，而题识永垂不朽。"题跋，是写在书籍或字画等前后的文字，题是指写在前面的，跋是指写在后面的，总称为"题跋"，在这里是指刻在砚背、砚额、砚侧上的评价文字。

砚铭，是一种自由文体，长短各异，诗文皆可，可对砚的石质、纹饰、雕刻加以评论，也可以砚寄情或写纪念意义的文字。言志是砚铭中比较多见的内容之一。如"砚田多润，笔管生春"、"以文为业，砚为良田"、"我生无田，食破砚""不雕不琢，纯任自然，笔耕无税，永为良田""一卷石砚泰岱，一勺水见沧海，吾与石交终不改"，等等，砚铭往往言词华美、言简意赅、妙语惊人，对砚的评价推崇备至。（图1-22—37）

砚铭，书体不拘一格，有甲骨文、金石文、钟鼎文、篆、隶、楷、草、行等，应有尽有，融书法艺术和雕刻艺术为一体。凭借砚形和字体，往往可推测砚的时代，从而鉴定出收藏及使用者。如宋代民族英雄岳飞用过的砚，在背面镌"持坚、守白、不磷，不淄"八个字，但无款。何以见得是岳飞所用呢？原来岳飞遇害一百多年后，宋代爱国诗人谢枋得获这方砚，他根据砚铭言简意赅的八个字，揣摩出这些字具有民族英雄坚贞气节的心迹，另外又把砚铭字体，与家藏的岳飞墨迹对照，证实砚铭确为岳飞所书。又如著名的明代顾从义石鼓文砚是以大篆书体摹刻了石鼓文400多字，较原迹相差无几，可以使我们一览秦代大篆书体。特别是乾隆一生，爱砚成癖，题砚也成癖，《西清砚谱》所载之砚共240方，95%以上经过他亲手御题，然后命砚工镌刻，配备以精制砚匣，形成了一套完善、独特的装饰保护体系。他题砚有诗、歌、赋、铭、款识等。同时发挥了他善书法的特长，兴之所至信手挥洒，行、草、隶、篆各体必备，有的还加盖御用玺印。所以这些砚流传后世，文物价值很高。我们不难看出，砚铭是研究砚史，评定文物的重要依据之一。

图1-22

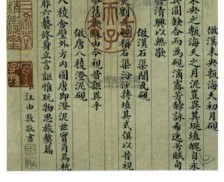
图1-23

图1-24

图1-25

图 1-26

图 1-27

图 1-28

图 1-29

图 1-30

图 1-31

图 1-32

图 1-33 清润韵古砚

● 图1-34 仿唐菱镜砚　　　　　　　　● 图1-35 鹅形砚 胡中泰制

● 图1-36 虚心劲节砚
柯崇制 朱祝新铭

● 图1-37 古琴砚 吴敏慧、
程春风制 朱祝新铭

第二章 歙砚石矿床

一、歙砚石产地的变迁

地球自诞生以来，已有46亿年的历史。在这漫长的岁月中，整个地壳都在不停地运动、变化和发展。风云变幻，沧海桑田。歙砚石产地也不例外，其质地坚细、纹饰繁美的形神特点是怎样形成呢？要揭开这个奥秘，就要追溯亿万年的沧桑变化，必须从地质学的原理上加以解释了。

歙砚石产于风景秀丽的黄山与天目山、白际山之间的歙县、休宁、黟县、婺源（今属江西）、绩溪（今属宣城）境内。

歙砚石产地，历史上均属歙州管辖，所产的砚石统称歙砚石，制作成砚台成为歙砚。歙砚石产地按黄汲清大地构造单元，属扬子准地台北东段。又可分为两个次级构造，大体以大历山岩体——黄山岩体——旌德岩体为界，以南属江南台隆；以北为浙西——皖南台褶带。江南台隆在中元古代早期为一优化地槽，晋宁期褶皱回返形成基底，其基底为中元古代上溪群和上元古代沥口群组成。上溪群岩性：灰、灰绿、灰黑色千枚岩，千枚状粉砂岩、板岩。总厚度2709米。歙砚石岩层就形成于8亿年前的晋宁期。

大约在13亿5千万年前，这里是一片汪洋大海，到处是白浪滔滔之地，晋宁运动为本区一次具有划时代意义的褶皱——造山运动。部分地区上升为陆地。后遭海侵而成黟县——绩溪海湾，东出下扬子海槽，中隔歙县半岛，与浙西海相通。即是说，在震旦纪至寒武纪，黄山、白际山、天目山均为汪洋泽国。部分歙砚石矿点为海水淹没，参看震旦纪——寒武纪古地理图，就一目了然（图2-1）。到距今大约4亿年的泥盆纪，这时更是天水极目。地壳中成千上万米厚的地层就像一部地球"史书"，地层中的化石就是这部史书的"插图"。到了距今3亿3千万年的石炭纪至2亿3千万年的二叠纪，歙砚产地的地貌又变了样。有的大海变成了陆地，有的陆地变成了海峡。如海水从乐平方向侵入休宁，因

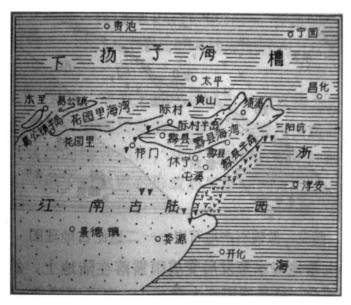

图2-1 歙砚石产地震旦—寒武纪古地理图

而变成了休宁海峡（图2-2）。

以上足以说明海陆变迁现象。正如唐代诗人白居易在一组《浪淘沙》中写道：

> 一泊沙来一泊去，一重浪灭又重生。
> 相搅相淘无歇日，今教山海一时平。
> 白浪茫茫与海连，平沙浩浩四无边。
> 暮去朝来淘不住，遂令东海变桑田。

以上诗中描述了地质学中的河流与海浪的侵蚀和沉积作用。地球在漫长的几十亿年历史中，曾经发生过很多次大规模的海陆变迁。远的不说，就在最近100万年中，就曾发生过多次冰期。冰期中的气候比现在冷得多，大量海水蒸发后变成雨雪落在陆地上，然后冻结成冰不再融化。结果使海水大量减少，海平面降低。以后天气又转暖，冰雪消融，海平面又迅速上升。由于地球上的气候变化、造山运动、火山爆发、流水侵蚀等，形成了如今的砚石矿点，有的在高山之巅，有的在河谷深处，有的砚石板岩产状平缓，有的产状近于直立。

歙砚石就是经过风化、搬运、沉积、成岩等地质作用和某些火山作用形成的产物，经过变形变质而形成的。

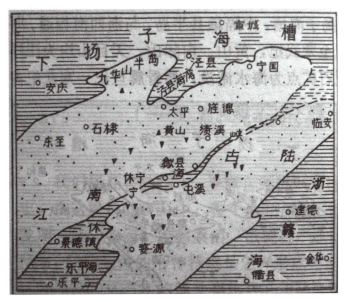

图2-2 歙砚石产地石炭—二叠纪古地理图

歙砚石属于变质岩。变质岩是火成岩和沉积岩，在高压的作用下，改变了其原来的结构，生成一种新岩。歙砚石未变质之前，是一种水成岩，岩性为粉砂岩、泥岩和页岩。它的原始物质非常平凡，主要是黏土，变质后形成绢云母。近代地质科学已正确地揭示了歙砚石的机理，经显微镜鉴定，其岩性为板岩、含粉沙板岩及粉砂质板岩。通过能谱分析和电子探针分析已确定歙砚石由多硅白云母、蠕绿泥石、石英、金属矿物和微量炭质组成。蠕绿泥石颗粒约为0.01毫米左右，含量35%～40%；多硅白云母多在0.01～0.001毫米之间，含量25%～30%；石英多呈粒状，粒径0.01～0.005毫米，含量25%～35%；长石等碎屑约2%～3%。歙砚石平均硬度4°左右，比重2.5～3，平均为2.9。

歙砚石覆盖层之压延，地力之蕴热，吸日月之光耀，经风雨之滋露；难怪歙砚石坚细而温润。轻敲之，发出清脆的金属声，这正是大自然的精妙杰作。从以上歙砚石产地的地质演变阐述，我们不难了解歙砚形成的奥秘。

二、歙砚石矿的基本特征

中国砚石原料基本上分两大类：一类属石料，另一类属泥料。石料又分"板岩"和"灰岩"两类。石料如端砚石、歙砚石、洮河砚石、鲁砚石、贺兰砚等；泥料以澄泥、汉砖泥为代表。石料砚石的特征主要包括颜色、质地、纹饰、光泽、硬度、加工性能和比重、吸水率等物理性能。板岩砚石的矿物化学成分为硅酸盐，主要由粘土矿物、绢云母、石英、黄铁矿等组成；灰岩砚石的矿物化学成分为碳酸盐，主要由方解石及少量白云石、绢云母、石英和铁质等组成。少数砚石含古生物化石，如珠角石、三叶虫、菊花石等。

（一）颜色

颜色是砚石最醒目的标志之一，有的砚是根据其颜色来定名，如紫云砚、庙前青、庙前红、青绿晕石、歙红、歙青、歙黄等。砚石的颜色以灰黑色调为主，还有灰、黑、灰褐、紫红、淡绿、绿灰、灰黄、淡黄等各种颜色，但概括起来，可划分为本色和晕色两类。

本色，也称原生色，是砚石在成岩阶段自生矿物的颜色，即是组成砚石的造砚矿物本身呈现的颜色，以及渗入矿物均匀分布所呈现的颜色；晕色，也称次生色，是指砚石经后生作用或氧化作用而产生的颜色或呈现的彩色薄膜，它是由原生色变化而形成的。

砚石颜色的变化除砚石的造岩矿物本身的颜色，矿物组成形成和砚石成因有密切联系外，主要是取决于一些杂质物。常见的染色物质主要是有机物和铁锰质。这些染色物质的能量很大，哪怕是只有百分之几或千分之几，就足以使石砚的颜色发生强烈变化；如同一盆清水稍加一滴色素，马上会使整盆水发生颜色变化一样。有机质和铁的硫酸盐、还原的硫化铁都是重要的黑色染色师。如黑色砚石即与富含有机质和硫化铁有密切关系。铁质也是一种重要的染色物质，主要取决于它的价态及其比值。例如三价铁呈红色，为红色色素；二价铁呈绿色，为绿色色素。当三价铁与二价铁的比值发生变化时，石质的颜色可发生明显的变化。如比值大于3时，石质显红色；在3～1.6间时，石质显紫色、棕色等；小于1.6时，石质显浅灰或灰色；近于0时，石质显黑色。

(二)质地

质地:包括矿物颗粒大小、排列情况以及脉筋、裂膈等。

细碎屑岩粒度分类(表2-1)

碎屑颗粒大小(毫米)	碎屑名称	岩石名称
1~0.5	粗粒	粗粒砂岩
0.5~0.25	中粒	中粒砂岩
0.25~0.1	细粒	细粒砂岩
0.1~0.01	粉砂	粉砂岩
<0.01	泥质	泥砂岩

歙砚石质地要求致密,矿物颗粒十分细小,约80%以上矿物颗粒粒径都在0.01~0.05毫米。物质成分分布要均匀,石质要柔嫩光滑、细腻滋润。用手摸上去似小孩皮肤一样柔嫩,古称"孩儿面"、"美人肤"。哈上一口气,能凝聚小水珠,不透水,不吸水,吸水率0.02~0.27%。

砚石艺术加工的最大忌讳就是石筋、石膈等,按照地质术语就是制成一定的砚坯,见不到节理、裂隙和次生充填物的细脉(如方解石细脉和石英细脉)及砂的表层。

(三)纹饰

砚石的纹饰对砚石的价值影响很大。砚的纹饰繁多,按照天然纹理来分,主要有罗纹、刷丝纹、眉纹、金星、银星、金线、银线、金晕、玉带、鳝肚黄、紫云、歙红、庙前红、歙青、庙前青、紫袍绿带等。然而从地质成因上则可将其复杂的纹饰归纳成五大类:色泽纹饰、成岩纹饰、生物化石纹饰、构造纹饰、金属纹饰。其形态各异,千姿百态,有的如山川,巍巍壮丽;有的似白云飘逸,或秋水涟漪;有的金光灿烂,或陨石纷堕;有的似奔马……工艺师们利用这些纹饰,因材施艺。

(四)光泽

矿物的光泽分为金属光泽和非金属光泽,能划出黑色条痕,甚至连薄片也不透明的矿物属于金属光泽,例如煤、石墨、黄铁矿、白铁矿等。

能划出彩色或白色条痕的一般属非金属光泽。在非金属光泽中，可以分为下列不同程度的光泽：金刚光泽、玻璃光泽、丝绢光泽、珍珠光泽等。

砚石的光泽是指砚石表面反光的能力。光泽的强弱取决于砚石的结构、矿物成分、化学性质、光学性质和造砚矿物的结晶程度等。一般而言，砚石的颜色深，组成的矿物单一，颗粒细小而均匀。如在歙砚中有眉纹，即砚石成黑色，用手摸上去润滑，颗粒明显细小而均匀。金晕砚石同样光泽强而且润滑。砚石的光泽强弱是选择砚的好坏标准之一。

（五）硬度

人们选择10种矿物作为标准，列成相对的硬度进行比较，这就是"摩氏硬度计"（见下表）。

摩氏硬度计（表2-2）

1度	滑石	6度	正长石
2度	石膏	7度	石英
3度	方解石	8度	黄玉
4度	萤石	9度	刚玉
5度	磷灰石	10度	金刚石

测定砚石硬度平常可用指甲（硬度2.5度）、小刀（硬度约5.5度）及碎玻璃（硬度约6.5度）来粗测矿物（或岩石）硬度。

硬度是鉴别砚石的重要依据之一。硬度过大，雕刻困难；硬度过小，容易使墨堂（磨墨处）磨成凹凸不平，影响砚的寿命；如果砚石的硬度低于墨的硬度，容易将砚石研成粉末，混入墨中，影响书写效果。砚石的硬度一般在摩氏计3～4度之间。

硬度是指岩石抵抗其他物体压入的阻力，计量单位是kg/cm^2，试验方法有压入试验、动力或回弹试验和划痕试验（Mohs的十级矿物硬度计）等。其中划痕试验（摩氏硬度）对砚石鉴定适用。

（六）其他物理性质

砚石的其他物理性质是指比重、孔隙度、吸水率、传热性、耐冻性等。不同类型的砚石物理性能不同，笔者曾经将歙砚石料的比重作过系统的研究比对，不同砚坑，不同石质比重，吸水率等不相同。如石质细，黏土矿物高，则砚石的比重就大，反之就小。与砚石矿物的质点排列紧密，比重就大；排列较疏，比重就小。

（七）加工性能

加工性能是指对各类砚石进行锯、切和磨，或加工成为各种形状的砚台时，对所使用加工工具具有屈服性。通俗的解释是加工成砚台的难易程度。加工性能的好坏取决于砚台的硬度、矿物组分、结构构造等。

三、歙砚石产地的区域地质特征

歙砚石产于皖、赣边区域歙县、休宁、黟县、祁门、婺源（今江西），其地层属扬子地层区江南分区。区内地层由老到新发育较全，总厚度37500米。本区从震旦系开始，由地槽型沉积转为地台型沉积。从侏罗纪开始，转入陆相断盆地的红色粗屑沉积。

砚石矿点，经查明均产于中元古界前震旦系上溪群板桥组、木坑组、牛屋组地层中，绝大多数砚石矿点产于牛屋组下段，由一套区域动力变质形成的千枚岩、板岩及变质砂岩组成，属于槽盆杂陆屑复理石建造。

根据本区1∶200000区域调查资料（1971年），列表说明（表2-3）如下：

砚石构造单元，可割分出三个二级单元和七个三级单元。

1.江南台隆，为扬子准地台东南边缘的一个长形隆起带，可进一步割分为羊栈领台拱、障公山台拱、白际山断裂带及休宁断陷四个三级构造单元。

2.皖南台褶带，为震旦纪—三叠纪的拗陷带，这可割分为绩溪和太平复向斜两个三级构造单元。

3.浙江台褶带，位于皖南至褶之南东侧，两者以伏岭深断裂为界，其主体位于浙江西部。本区境内三级构造单元有仙霞褶皱带。

砚石产地前震旦系地层表（2-3）

系统	地层名称		符号	厚度（m）	岩性
前震旦系	上溪群	牛屋组 上段	Pth^3	>494	灰黑色粉砂质千枚岩与轻变质含粉砂岩
		牛屋组 中段	Pth^2	878~968	灰绿色千枚状砂岩及板岩
		牛屋组 下段	Pth^1	932~1341	黄褐色千枚状砂岩、硬砂质砂岩板岩
		环沙组	pth	1100~2660	浅灰绿色千枚岩及砂质千枚岩
		木坑组	ptm	3045~5457	蓝灰绿色千枚岩、含砂粉砂岩、硬砂质砂岩
		板桥组 上段	Pth^3	1545	灰黑色板岩与灰色千枚状含粉砂岩互层
		板桥组 中段	Pth^2	770~2000	轻变质含砂粉砂岩，夹含钙质长石石英砂岩
		板桥组 下段	Pth^1	1173~1375	黑色板岩夹灰黑色千枚状含砂粉砂岩
	漳前组		Pt^2	>2600	绿色千枚状砂质粉砂岩夹同色千枚岩

四、歙砚石矿点的地质特征及石质评价

歙砚石坑分布在风景秀丽的黄山、天目山与白际山脉之间的歙县、休宁、祁门、婺源等县境内。有的在高山之巅，有的在河谷深处，有的砚石板岩产状平缓，有的产状近于直立。各自地理环境及地质特征不一，同时岩性也有差异。为了便于对歙砚石地层、岩性的研究，笔者将地层分为：含砚石岩系，含砚石地层，砚石矿层。现将各砚坑地质特征及石质评价如下：

（一）江西婺源县砚石矿点地质特征及评价

江西婺源为历史上知名歙砚石采坑之一。其质地，历代文人墨客讴歌赋诗，推崇备至，享有"瓜肤谷理"、"玉德金声"、"孩儿面"、"美人肤"

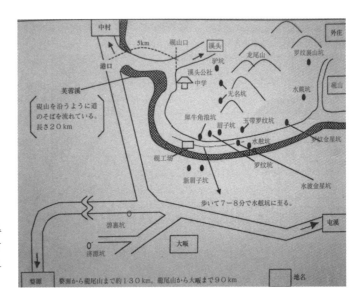

图2-3 婺源县砚坑分布图（日本山本石涛资料）

图2-4 砚山砚坑分布图

的美誉，但从科学角度来阐述的却凤毛麟角。为了发展砚文化，开发"国宝"，保护"国宝"，笔者10次到婺源县龙尾山及大畈等地砚石产地进行调查研究。见婺源县砚坑分布图（图2-3）和砚山砚坑分布图（图2-4）。

《古矿录》记载："徽州府婺源县龙尾山在县北东百里，周三十里，产砚。"但砚坑位置不详。《歙州砚谱》记载："罗纹山，亦称芙蓉溪。砚坑十余处，蔓延百里。"这十余处砚坑是：

（1）眉子坑，在罗纹山。发砚时间为唐代开元年间，从溪下至取石处为32米，洞宽8.6米，深4.3米。

（2）罗纹里山坑，在罗纹山后。罗纹坑在眉子坑之东。山下至取石处为250米，洞宽60米，深51米。

（3）水航坑在眉子坑外临溪。只能在冬天溪水干涸时开采，春夏两季不可取。此坑石质多数为金花、眉子纹。

（4）水蕨坑在罗纹山西北，距水航坑18米。洞宽4.3米，穿笼取石，石质为水纹浪。

（5）溪水坑在罗纹山金星坑之北约1～1.5公里处。

（6）叶九三坑在溪头坑之西约0.5公里，石质为眉纹。

（7）罗纹金星坑在罗纹山西北，离罗纹坑150米。

（8）驴坑在县之北西35公里，其石质为青绿晕。

（9）济源坑在县之正北，石质有金星、金花、金晕。

（10）洞灵岩在县西北65公里。

1995年考察时开采的砚坑有樟树背、石顶山、路旁边、鱼背脊4处，另有领背坑等，均处于障公山台拱东南部、白际领断裂带的南西端。砚石赋存在前震旦系木坑组地层中。其岩性为黄褐、灰绿色千枚岩夹千枚状砂岩、板岩等。砚石层岩性为含粉砂板岩、含砂粉砂质板岩和砂质板岩。其中适于制砚的板岩占30%左右。砚石矿岩性为淡灰色、灰黑色、黑色、变余含粉砂泥质，显微鳞片变晶结构，片状构造，局部残余层理。矿物成分：显微鳞片绢云母51%～79%、绿泥石1%～3%、粉砂及微粒石英15%～20%、金属矿物3%～4%、细脉石英1%～2%。碎屑物成分：粉砂为石英及少量长石、云母、金属矿物、电气石等，分布较均匀（见砚石显微照片图2A-1）。碎屑物形状呈棱角状及次棱角状。其粒度：粉砂0.03～0.06毫米，微粒石英0.01～0.04毫米，金属矿物一般0.06毫米。其平均化学成分：SiO_2占61.60%，Al_2O_3占17.98%，Fe_2O_3占13.43%，FeO占6.1%，MgO占2.34%，CaO占2.75%，Na_2O占1.81%，K_2O占4.02%，TiO_2占0.78%，P_2O_5占1.465%，MnO占1.26%，SO_3占0.04%，CO_2占0.12%。其物理性质：硬度3～4度，相对密度2.89～2.94。其天然纹饰有金星、银星、金晕、金花、眉纹、眉子、水浪纹、枣心纹、玉带等。

● 图2A-1　婺源县砚山砚石矿含粉砂板岩（正交编光19.4倍）

砚山周围地质情况是：东

图2-5 砚山老坑采石部位,处于小型背斜的轴部(程明铭摄)

图2-6 砚山石顶山老洞外貌(程明铭摄)

图2-7 婺源县罗纹砚厂外貌(程明铭摄)

有灵山岩石体,面积10564平方公里,岩性为中粗粒花岗岩。侵入时代为休宁期(震旦纪)。南有邦彦坑岩体,出露面积1.3平方公里。岩性为斑状花岗岩,侵入时代为燕山期第四次(0.7~1.38亿年)。西有段辛岩体,出露面积约20.8平方公里。侵入于尖岭庙—芳村复式背斜东转摺端向南弯曲处,平面形状呈"鸡冠"状。与元古界板桥组侵入接触。围岩多呈斑状石英片岩或斑点状砂质千枚岩。东边缘并存有强烈的云英化。

砚山地区含砚石地层中,有花岗闪长岩脉穿插,脉宽2~15米不等。同时含砚石地层及砚石层小构造发育,如褶曲、石香肠构造等,这些构造是眉纹形成的主要因素。砚山老坑采石部位处于小型背斜的轴部(图2-5),砚山石顶山老洞外貌可见(图2-6),砚山、领背一带砚石特征:(1)石质丝娟光泽强,润滑柔嫩、细腻,其中玉带、眉纹、金晕为优,摸上去和孩儿皮肤一样;(2)含炭质成分少,在碎屑物中有少量电气石;(3)根据化学分析表明,Al_2O_3和MgO成分比其他歙砚石高,这说明黏土矿物高于其他歙砚石,经X光晶体分析黏土矿物为钠长石、白云母、高领土、绿泥石;(4)总的来看,龙尾歙砚石,比安徽境内歙砚石变质程度深;

● 图2-8 济溪砚坑（程明铭摄）

● 图2A-2 婺源县济溪鱼子石坑斑点含粉砂板岩（正交编光19.4倍）

（5）成材率较高。

笔者根据多年来的调查研究，认为龙尾（砚山）歙砚石优质砚材多，不愧为历史名坑。1957年婺源县建立了龙尾砚厂（图2-7）。

济溪砚矿地质特征及评价：济溪砚坑（图2-8），属于江西省婺源县大畈镇济溪村管辖，位于济溪村庄东顺河上200米左右乡村公路边的北侧。为露天开采，采坑长20米左右，宽5米，高15米。

该砚石矿点处于皖赣边界莲花岩体和灵山岩体之间一条长窄的变质岩中，含砚石地层为前震旦系牛屋组中段。地层产状：倾向295°，倾角70°。其岩性为黄绿色粉砂质千枚岩、砂质板岩和斑点含粉砂板岩。砚石矿岩性为斑点含粉砂板岩，呈灰黑、浅黄、黑绿色，变余粉砂泥质显微鳞片变晶结构，片状构造、斑点状构造（图2A-2）。其矿物成分：由绢云母72%、绿泥石6%、隐晶质10%、金属矿物2%组成。碎屑物成分主要为石英，另有少量长石、云母、金属矿物等。碎屑物形状次棱角状，粒度0.02~0.03毫米，其物理性质：硬度4~5度，相对密度2.7。

砚石矿经化学全分析：SiO_2占62.5%，Al_2O_3占17.8%，Fe_2O_3占2.16%，FeO占4.5%，MgO占1.88%，CaO占0.55%，Na_2O占1.61%，K_2O占3.60%，TiO_2占0.40%，P_2O_5占0.13%，MnO占0.13%，SO_3占0.08%，CO_2占0.12%。

济溪砚石矿特征：

（1）天然纹饰妍丽，别具一格，纹饰为鱼子纹或鳝肚纹。有的在一方砚石上色彩不一，有深有浅，有的四周色浅呈青绿色，基底中撒布着鱼子，中间颜色深，呈深黑色，基底中无纹饰，有的相反，四周颜色深，中间颜色浅，总之颜色变化无穷，妙趣横生，十分逗人喜爱。

（2）石质硬度，比其他砚坑中石质坚硬，一般4～5度，局部硅化达6度左右。有时平面与断面硬度不一。

（3）板理平整，厚度适中，一般3～20厘米。

（4）节理、裂隙不甚发育，很少见到方解石和石英脉充填。

（5）砚石成材率高，块度大。

（6）经X光晶体分析，黏土矿物为白云母、高领土、钠长石、少量绿泥石、水铝镁石。笔者对鱼子石总的评价：纹饰特殊，成材率高，受墨、发墨性能较好，可制作成批的礼品砚。

在济溪另有庙前红砚石矿层出露，厚度0.2～0.5米左右。岩石呈绛紫色、黑红色，岩性为板岩(硅化)，硬度50左右，有白色条纹，润滑发墨、益毫、不吸水，叩之发出金属声，也就是"玉德金声"，是歙砚石中绝品。

（二）安徽休宁县砚石矿点地质特征及评价

（1）汪村——大连一带砚石坑（图2-9）

该地砚坑较多，有46、48、49、50号采坑及水坑采石坑等。所采之石统称"休宁歙砚石"，因属流口镇管辖，也称"流口石"。地处障公山台拱，含砚石地层属前震旦系板桥组中段，岩性为灰绿色薄层千枚状板岩夹砂质板岩，呈单斜倒转地层，产状倾向200°，倾角51°，区域片理产状倾

图2-9 休宁县大连砚坑

❀图2A-3 休宁大连46号采坑　　　❀图2A-4 休宁大连49采坑含含粉砂
　　　　　　　　　　　　　　　　　　　质板岩（正交编光19.4倍）粉砂板岩
　　　　　　　　　　　　　　　　　　　（正交编光19.4倍）

向165°，倾角48°，砚石矿层岩性为含砂粉砂质板岩（图2A-3）及含粉砂板岩（图2A-4）和粉砂质板岩，呈黑色、黑灰色，变余含砂粉砂泥质结构、片状构造、残余层理构造。砚石矿物成分：绢云母56%、绿泥石5%、细砂6%、粉砂及微粒石英30%、金属矿物及微量炭质等3%。碎屑物形态：次棱角状、棱角状。粒度细砂0.15毫米，粉砂0.05~0.08毫米，微粒石英一般0.01~0.03毫米。其物理性质：硬度3~4度，相对密度2.98。

其砚石化学分析结果：

SiO_2占59.54%，Al_2O_3占18.39%，Fe_2O_3占1.35%，FeO占6.87%，MgO占2.36%，CaO占0.28%，Na_2O占1.90%，K_2O占2.90%，TiO_2占1.80%，P_2O_5占0.19%，MnO占0.14%，SO_3占0.09%。

其砚石矿质有下列特征：

①天然纹饰有刷丝纹、金星、银星、银花等，后两种纹饰其他坑中少见。

②Al_2O_3占18.39%，FeO占6.87%，高于本区其他砚坑中歙砚石。

③歙石中缝合线较多，节理，裂隙发育，有较多方解石脉、石英脉穿插。

评价：本区含砚石层岩性以含粉砂板岩为佳，矿物颗粒分布均匀、细润，纹理清晰，但成材率不高。

（2）冯村砚石点地质特征

位于大连砚坑西侧10公里左右，处于障公山台拱。含砚石地层，属前震旦系板桥组，地层呈单斜状产状，地层倾向170°，倾角51°。

砚石矿层岩性为含粉砂板岩，呈黑色、浅灰黑色，变余含粉砂泥质

图2A-5 休宁冯村砚矿点含粉砂板岩（正交编光19.4倍）　　图2A-6 休宁冯村砚矿点粉砂板岩（正交编光19.4倍）

显微鳞片变晶结构，片状构造。其矿物成分：绢云母48%～64%、绿泥石3%～6%、粉砂及微粒石英30%～49%、碳酸盐3%、金属矿物及微量炭质3%。碎屑物成分：粉砂以石英为主，少量长石、云母等，呈次棱角状、棱角状。其粒度：粉砂0.03毫米，微粒石英为重结晶产物，呈它形粒状，一般0.01～0.03毫米，砚石硬度4～5度（图2A-5，至2A-6）。

其砚石化学成分：SiO_2占69.015%，Al_2O_3占14.81%，Fe_2O_3占1.33%，FeO占3.66%，MgO占2.20%，CaO占0.79%，Na_2O占2.49%，K_2O占3.13%，TiO_2占0.68%，P_2O_5占0.14%，MnO占0.07%，SO_3占0.04%。

其砚石矿特征：

①绢云母成分48%～64%，低于其他砚坑中歙砚石。粉砂及微粒石英30%～49%，高于其他砚坑中歙砚石粉砂含量。

②经化验Al_2O_3占14.81%，低于其他砚坑，而SiO_2占69.015%，高于其他砚坑中歙砚石，故石质硬度在5～6左右。

③砚石中有少量石英细脉穿插，影响质量。

④一般质地粗，只能作低档砚，或作磨刀石用。

（3）前坦砚石点地质特征

该点位于皖赣边界，属安徽省休宁岭南乡管辖，和江西济溪砚石点同一构造带，处于白际岭断裂带，

图2A-7 休宁岭南前坦矿点斑点含粉砂板岩（正交编光 d=2.7毫米）

含砚地层也相似。其砚石矿层岩性为斑点状含粉砂板岩（图2A-7）和含砂粉砂板岩。后者经鉴定：变余含粉砂泥质显微鳞片变晶结构、片状构造、斑点状构造。其矿物成分由绢云母44％、绿泥石6％、隐晶状石英15％、细砂15％、粉砂30％组成。碎屑物成分以石英、长石为主，其次有少量岩屑、云母、金属矿物及微量电气石、凝灰石等。粒度：粉砂0.02～0.08毫米，砂级0.1～0.25毫米，砚石硬度4～5度，相对密度2.63。

砚石化学全分析结果：SiO_2占67.95％，Al_2O_3占14.50％，Fe_2O_3占0.45％，FeO占4.79％，MgO占1.52％，CaO占1.33％，Na_2O占3.60％，K_2O占2.14％，TiO_2占0.10％，P_2O_5占0.13％，MnO占0.13％，SO_3占0.08％。

该砚石矿特点：

①石质细润，纹理清晰，鱼子纹明显，发墨好；

②板理平整，很少见石英细脉穿插；

③节理发育，不成大块，无法取到大砚材；

④吸水率小于0.16％。

（三）安徽祁门县砚石矿点地质特征及评价

根据《唐公砚录》记载："祁门县出细罗纹石，琢砚酷似龙尾石，不善鉴别，可以乱真。"宋代曹继善在《辨歙石说》中云："祁门出罗纹石，酷似泥浆石，亦有罗纹，但石理稍慢，不甚坚，色淡易干耳，此石甚乱真人，多以为资源泥浆石，须精辨之。"又据《云林石谱》记载："祁门县文溪所产石，紫色理润，发墨颇兴后历石差坚，近时出处，价格于常，工人各以材厚大者为贵。"根据以上文献记载，祁门县古时产砚石。笔者于1982年10月15日至11月20日在祁门县大北埠、历口、东源、闪里、塔坊、芦溪、乔山、胥岭等地开展砚石普查，考察路线达560余公里，控制面积1500平方公里。工作方法：大部分用小吉普车沿公路观察；小面积骑自行车或步行沿河谷、山区小道、板车路观察。初步查明了砚石地层的分布情况及特征。含砚地层分布在祁门县文溪、大北埠——历口、历口——东源、祁门县城——塔坊、中港——芦溪、盛家——乔山以及胥领等地。祁门县总面积2257平方公里，出露地层绝大部分为前震旦系牛屋组和木坑组。通过全面踏勘，对祁门县含砚石地层前震旦系牛屋组、木坑组、环沙组、板桥组岩性有了一定的认识。总的来看，木坑组、环沙组地层，其岩性为灰绿色厚层含粉砂岩和黄绿色粉砂质千枚岩夹中厚层灰绿色砂岩，以砂岩为主，局部夹灰黑色砂质板岩及灰黑色含粉砂板岩。木坑组产状变化多端，板桥组片理特别发育，炭质成分较高。牛屋组下段以板岩、粉砂质千枚岩为主，夹少量砂岩，砚石层大部分在此段地层中。在祁门发现三处砚石矿点，其地质特征如下：

（1）历口歙红砚石矿坑（也有人称祁红）地质特点

歙红砚坑长20米左右，方位120°，砚石产于牛屋组地层中，其砚石矿层产状，倾向105°，倾角74°。岩性为绛紫色铁质绢云母板岩，夹变质泥钙质粉砂岩薄层。变余泥质显微鳞片变晶结构，变余微层构造、板状构造。矿物成分主要由板岩化的含铁质泥岩组成，其泥质物全部变质为很细的绢云母显微鳞片（d=0.01～0.02毫米），具平行排列，但定向性不强，形成板状构造。铁质物为紫红色褐铁矿，星点状，断续浅红状，浸染于泥质变质物中。石英细砂混入物约占2%～3%（d＜0.02毫米）。

夹层为浅色层，厚0.5～1.5毫米，此部分原岩为泥钙质细砂岩，亦浅变质重结晶，具板状构造，粉砂成分主要为石英，少量钠长石。泥质物主要变为绢云母，少许绿泥石，钙质物为方解石，d＜0.1毫米。星点状、浸染状褐矿铁少量散布，夹层仅占1/9～1/10。

其砚石矿特征：

①色似端非端，细润，发墨，是歙砚石中名品；

②板理5～3.5厘米，大块砚材可取；

③硬度适中，3～4度；

④砚石层5.5米，顶底为紫绿色、灰绿色板岩，砚石矿中有翠绿色条带，颜色艳丽，同时可见火捺和眼等纹饰；

⑤片理不发育，节理较发育；

⑥石质脆，成材率不高，以稀为贵。

（2）祁门上洲砚矿点地质特征

该点处于障公山台拱，含砚石地层为前震旦系牛屋组下段，地层走向263°，倾角陡60°～85°。砚石矿层宽约30米，板理厚3～10厘米左右，砚石矿层底板岩性为黄绿色粉砂岩。

砚石矿层中局部可见黑色泥砾，呈次圆状，砾径0.3～1厘米左右，大者3～10厘米左右，裂隙节理发育，有碳酸盐细脉和石英脉穿插。

砚石矿层岩性为含细砂含粉砂板岩，呈黑色、灰黑色，变余含粉砂泥质结构，片状构造。矿物成分由绢云母63%、粉砂24%、细砂5%、碳酸盐3%、次生石英脉及隐晶石英8%、金属矿物及铁质1%等组成，碎屑物成分为石英、长石等。其粒度一般0.2～0.3厘米（图2A-8），硬度3～4度，相对密度2.83。

其砚石化学成分：SiO_2占63%，Al_2O_3占17.11%，Fe_2O_3占1.07%，FeO占4.60%，MgO占1.76%，CaO占0.44%，Na_2O占2.18%，K_2O占3.20%，TiO_2占0.89%，P_2O_5占0.08%，MnO占0.08%，SO_3占0.32%。

其砚石特征：

①板理清晰，3～10厘米厚，板理平整合乎工艺要求；

②石质较粗，可见罗纹、刷丝纹；

③其弱点：绝大部分砚石节理发育，规格砚材难取，成材率低。

图2A-8　祁门县上洲砚石矿点含细砂粉砂绢板岩（正交偏光 d=2.7毫米）

（3）胥领砚石矿点地质特征：产地处于羊栈领台拱。含砚石地层为前震旦系牛屋组下段。砚石矿层宽2.5米左右，板理厚3～8厘米，板理平整，但裂隙、节理发育，其中有石英细脉穿插，脉宽0.1～0.2毫米。砚石矿层顶底岩性为黄绿色粉砂岩，地层产状倾向180°，倾角87°。

砚石矿层岩性为黑色粉砂板岩，变余粉砂泥质显微鳞片变晶结构，片状构造。矿物成分由绢云母71%及粉砂25%、微粒金属矿物及铁质2%、白云石1%组成。碎屑物成分为石英、长石等，其粒度一般为0.02～0.03厘米，粒度大小均匀。砚石硬度2～4度，相对密度2.36。

其砚石矿特征与上洲砚石相似，在祁门县境内砚石普查时，在中港——芦溪沿公路西侧发现过金星砚石，纹理清晰，质地好，如若进行详查，也许可找到有价值的砚石材料。

（四）安徽黟县砚石矿点地质特征及评价

（1）在黟县境内尚未找到像样的砚石，仅在方家岭——美溪一线发现有含砚石地层，属前震旦系牛屋组地层。在方家领头公路16里程碑处发现砚石矿层，地层产状倾向295″，倾角55°，微层理发育，板理3～5厘米适中。

其砚石矿岩性为含粉砂板岩，呈灰黑色，变余含粉砂泥质显微鳞片变晶结构，片状构造。其矿物成分由绢云母92%、粉砂5%、绿泥石<2%、微粒金属矿物及铁质2%组成。碎屑物为石英、长石。硬度3～4度，相对密度2.5。

砚石化学成分：SiO_2占65.49%，Al_2O_3占16.26%，Fe_2O_3占1.72%，FeO占4.41%，MgO占1.60%，CaO占0.33%，Na_2O占2.26%，K_2O占2.80%，TiO_2占0.74%，P_2O_5占0.13%，MnO占0.13%，SO_3占0.08%。

其砚石特点：石质细润，但性脆、节理发育，可见刷丝纹，成材率不高。

（2）黟县青砚石矿地质特征：有关文献记载，黟县东源乡产"黟县青"石料，笔者经实地考察，在东源乡西递村附近（庄岭）发现古开采洞有天字号、地字号、人字号、金鸡洞四处，其中天字号与地字号最大，可容纳几千人。天字号洞内面积约2630平方米，洞高8米左右；地字号洞内面积660平方米，洞高6米。明清两代西递建筑物甚多，如祠堂、民居、牌坊、牌楼等所有石料均为大理石化结晶灰岩，民间称"黟县青"。连村中小巷道路铺的石板路均为此石。

"黟县青"石料，为石雕最佳材料，如歙县北岸吴氏宗祠内的"百鹿图"和"西湖小景"石雕石料均为"黟县青"石料，其作品是古徽州石雕代表作之一，"百鹿图"（图2-10）共7块，长1.74米，宽0.65米，厚0.2米。"西湖小景"（图2-11）共6块，长1.5米，宽0.80米，厚0.2米，是文物精品，

图2-10　黟县青"百鹿图"

图2-11　黟县青"西湖小景"

图2A-9 黟县方家岭砚石矿点含粉砂板岩（正交编光d=2.7毫米）

所雕图案古雅精致，栩栩如生。古代用此石雕琢砚台，其中可见金星。

笔者将有关石雕材料和古"黟县青"砚石作了分析对比，"黟县青石料"经鉴定为大理石化含炭质板岩，赋存在寒武系大阵岭组地层中，与黑色炭质板岩互层，单层厚0.8～3米。作为砚料尚嫌欠缺。其一，含炭质成分可高达5%～6%；其二，矿物粒度粗，碳酸盐成分高，占78%左右，泥质含6%左右，粉砂3%左右，金云母8%，金属矿物1%；其三，润度不够。故只能作低档砚材和石雕原料。

另在黟县方岭一带有含砚石地层出露，在方家岭头取石鉴定，为含粉砂板岩（图2A-9），石质细润，可见刷丝纹，但石质脆，大料难取。

（五）安徽歙县砚石矿点地质特征及评价

歙县历史上砚坑甚多，有溪头、庙前、小洲、清溪、棉潭等砚石产地。其石品有龙潭石、上丰石、岔口石、紫云石、歙红、歙青、歙黄、庙前青、庙前红等。笔者根据历史文献和有关地质资料，前后在歙县境内开展砚石普查工作三载，工作面积250平方公里，行程2200余公里，1：5000实测地质剖面为15822.95米。1：10000实测地质剖面5316.73米。详查中，填制1：10000地质图24.1平方公里。1：500实测地质剖面649.50米。其结果，基本摸清歙县境内含砚石地层和含砚岩系及砚石矿层的地质特征及砚石坑分布规律。砚石坑基本上分布在歙县南北两端，南端砚石点分布在天目山西麓，其地质构造单元在汪村（休宁县）——定潭（歙县）隆起南侧，共有砚矿点8处；北端分布在黄山山脉南侧，其地质构造单元在历口（祁门县）——许村（歙县）隆起北侧，共有砚石矿点10处。其地质特征分述如下：

（1）歙县北端砚石矿点

已知砚坑有10余处，比较集中，分布在溪头镇大谷运乡双河口一带，有冰纹砚坑（图2-12）、龙潭老砚坑（图2-13）、双河口一号坑（图

歙县砚石矿点分布图

2-14)、泥潭坞砚坑(图2-15)、双河口七号坑(图2-16)、紫荆湾一号坑(图2-17)、紫荆湾二号坑(图2-18)、双河口十号坑(图2-19)、冰纹及千层石坑(图2-20)、大谷运上坑(图2-21)、大谷运下坑(图2-22)、双河口一角(图2-23),都称为龙潭砚石。本区位于江南台隆北侧,旌德大断裂与绩溪大断裂之间的汪满田倒转扇形背斜的附近,组成背斜的地层为前震旦系牛屋组浅变质碎屑岩系,宽约7公里,南端与休宁组紫红色砂岩呈断层接触,北端与休宁组灰黄色砂岩呈不整合接触,底部见一层0.2米的砂砾岩,其砾岩成分为细砂岩,呈扁平状,砾径最大40厘米,长轴平行层面。

其含砚石地层为前震旦系牛屋组,含砚石岩系分为第一岩性段,为不含砚石矿板岩段,岩性为粉砂质千枚岩、千枚状砂岩和粉砂岩,为倒

图2-12 冰纹砚坑

图2-13 龙潭老砚坑

图2-14 双河口一号坑,现已经停产多年(1983年程明铭摄)

图2-15 泥潭坞砚坑

图2-16 双河口七号坑

◉ 图2-17 紫荆湾一号坑　　◉ 图2-18 紫荆湾二号坑

◉ 图2-19 双河口十号坑　　◉ 图2-20 冰纹及千层石坑

◉ 图2-21 大谷运上坑　　◉ 图2-22 大谷运下坑

图2-23 双河口一角

转背斜轴部。第二岩性段,为含板岩段,其中可分B1段和B2段。B1段其岩性以灰黑色板岩为主,夹少量千枚状粉砂岩;B2段岩性以黄绿色千枚状粉砂岩及绿色砂岩为主,其中含少量板岩,每隔50～100米间距就可见到一层砚石矿层,厚度10～30米,很有规律。第三岩性段,其岩性为灰色砂岩和粉砂岩。

砚石矿层岩性,为板岩、含粉砂板岩(图2A-10)和砂质板岩。本区共有11层砚石矿层,长度一般50～600米不等,厚度0.5～4米左右,个别砚石矿层断续出露长200～1500米左右,厚度0.5～4米左右,其砚石矿层产状倾向45°～175°,倾角较陡,一般在80°以上,局部50°～60°。采坑中岩性为黑色板岩,黑色含粉砂板岩和灰黑色砂质板岩互层,其厚度一般为0.5～2米,局部5米左右,顶底板为黄绿色千枚岩及黑色

图2A-10 双河口矿点含量粉板岩(正交编光 d=2.7毫米)

图2A-11 双河口矿点板岩(正交编光 d=2.7毫米)

板岩。其岩性经镜下鉴定：砚石矿板岩，呈黑色，变余泥质头微鳞片变晶结构，片状构造，由显微鳞片状绢云母及少部分隐晶质92%～95%，绿泥石3%、石英及粉砂4%，铁质1%组成。碎屑物为石英、长石、云母，粒度一般0.07毫米，分布均匀（图2A-11），其物理性质：硬度3～4度，相对密度2.47～3.02。

其砚石化学全分析结果：SiO_2占60.80%，Al_2O_3占16.85%，Fe_2O_3占0.81%，FeO占6.22%，MgO占2.89%，CaO占1.19%，K_2O占3.10%，TiO_2占0.82%，P_2O_5占0.17%，MnO占0.01%，SO_3占0.03%。

双河口一带砚石矿层有如下特征：

①砚石矿层层数多，规模大，石质细润，粒度均匀，发墨益毫，叩之金属声。质石颜色偏黑。

②天然纹饰繁多，见龙潭砚石天然纹饰，有金星、金花、金晕、水浪纹、罗纹、玉带、眉纹、雁湖眉子、牛毛纹、冰纹、雪花等，其中以水浪纹为普遍。金星石中含有少量黄金。

③雕刻粉末呈灰色。

④吸水性小，一般每昼夜为0.02%～0.10%，个别0.27%～0.37%，平均为0.14%。

⑤局部砚石矿层中可见大小不同黑色泥砾，形状不一，有圆形、椭圆形、次圆形、长条形、树叶形等，泥砾物质成分细于基底，且坚硬细润。

⑥经X光晶体分析，黏土矿物为钠长石、白云母、高岭石、绿泥石和少量叶蜡石、蒙脱石、水铝镁石。

⑦其弱点是局部砚石层中含粉砂薄层（厚1厘米）和微层。

⑧总体来看，本区砚石变质程度比龙尾石浅，砚石表面暗淡，丝绢光泽不强。笔者在大谷运前后调查研究3年，作过详细的地质工作，测制平面图、剖面图，各砚坑砚石对比进行石矿鉴定、化学分析、X光分析、成材率试验、砚石吸水性试验等。

1987年笔者在歙县北乡上丰、岩源、许村今岭、黄村等地发现歙红砚石产地，其石质细润、坚而发墨，硬度适中，贮水不涸，属上等砚石原料。经几年生产，"歙红"被国内外砚石收藏家视为珍宝，特别在我国香港、台湾以及韩国、日本深受欢迎，目前供不应求。

经调查研究，"歙红"石料稀少，含砚石层属震旦系牛屋组上部紫色层，距今9亿年左右，砚石层厚30米左右，能作砚料者仅0.2米左右，其

🌺 图2-24　歙红石眼砚
正面、背面

岩性镜下鉴定为板岩，呈紫红色、猪肝色，变余泥质鳞片结构。矿物成分由绢云母55%左右、泥质及微粒长英质硅化物39%左右，碎屑物（粉砂质）4%，碳酸盐1%，氧化铁1%等组成。绢云母呈片状聚集体，聚合体呈薄片的薄层，定向性清晰，泥质类夹于绢云母之间，泥质物中局部伴生少量长英质硅质物质。在歙红砚石中见有彩带和石眼（图2-24），石眼很特殊似眼睛，而且有白色睫毛，眼的外圈呈黑色，黑色里圈为白色，白色里面为黑绿色圈，中心为白色似眼珠。此种石料非常细润，紫红带中有龟裂，有人称龟背，也有人称庙前红砚石。形成原因：受动力作用所致。是石品中绝品。此坑笔者首次公开（图2-25）。为了保护砚矿资源，80年代上丰工艺厂均在河中取红色滚石，制作歙红砚（图2-26）。

笔者1987年发现"歙青"砚石矿产地在原岩源乡（现属上丰镇），老屋基、道溪、黄柏山等地，歙青玉带砚石坑（图2-27），含砚石地层仍属前震旦系牛屋组。砚石矿层岩性为粉砂质板岩，呈青色、青灰色，由绢云母、泥质及粉砂、绿泥石和少量金属矿物及炭质组成。其特点：纹饰艳艳，可见短眉、金星、玉带等，石质细腻，发墨益毫，硬度适中，稀少，是一种理想的砚材。但歙青各砚坑石料各异：

①道溪砚坑：砚石呈灰白色，略带黑色，黑白之间玉带5～7厘米。黑带宽6厘米左右，其中有黑色线眉，白带窄0.4～6毫米。岩石胶结致密，硬度50～60，叩之有声。

②黄柏山砚坑：砚石呈灰黑，偏黑，略带绛紫色，玉带不明显，而且多黑带，宽0.1～0.5厘米，硬度40～50，比道溪砚石软。手摸冰凉，有手印，叩之金声。黑带中有似小鱼黑点，似在海中游玩。

❀图2-25 岩源歙红石砚坑

❀图2-26 岩源河中歙红滚石

❀图2-27 岩源歙青砚坑

❀图2-28 岩源王进坑眉纹坑

③老屋基砚坑：石呈灰白，略带黑色，黑白玉带明显，白带宽0.1～1厘米，黑带0.2～3厘米，其中有黑色斑点。另外在汪进坑发现眉纹砚石坑（图2-28）和歙青绿晕砚石坑（图2-29）。岩性均为黑色板岩。歙青绿晕石中有紫绿色、黑色玉带互层，黑带宽0.1～0.2厘米，紫绿带宽0.1～0.6厘米，此种石料稀少，石质细润，叩之金声，表面光泽度强，手摸似玉，可与龙尾石媲美。

（2）歙县南端砚石矿点

歙县南端历代砚坑甚多，有小溪、小洲、庙前、紫云等砚坑。笔者根据有关文献和地质资料于1981—1983年及1995年前后在歙南大阜、深渡、定潭、昌溪、正口、大川、小川、洽河、周家村、三阳——竹铺和

图2-29 岩源青绿石砚坑远景和近景

小洲、黄备、森村、绍濂、小溪、清溪等地进行砚石调查，工作面积110平方公里，行程1000余公里，发现正口、洽河、北群、白石岭、苏川、渔岸、小溪、抽司、庙前等砚石矿点，在岔口周家村和苏川一带作过详细调查。现重点简述如下：

紫云坑位于周家村3公里（直线）叶家山（又称牛栏槽），大地构造单元属江南台隆、白际岭断裂带。采坑长20米左右，高8米左右，宽3米，出露地层为青白口系井潭组与体宁组接触部位。距今7亿～10亿年左右，倒转地层产状倾向293°，倾角65°，含砚石层厚度6米左右，岩性为粉砂质板岩，顶部为变质沉凝灰岩，下部为凝灰质含砂板岩。

紫云砚石经镜下鉴定为含粉砂板岩，呈紫色、紫红色、猪肝色，变余含粉砂泥质鳞片变晶结构，矿物成分有绢云母及其他鳞片状矿物66%～76%，绿泥石3%、粉砂质及微粒石英20%～30%、黄铁矿1%、砂质碎屑4%等。碎屑物成分为石英、少量岩屑及微量凝灰质金属矿物等。砂粒一般为0.1～0.2毫米，粉砂一般为0.03～0.08毫米。微量石英小于0.02毫米（图2A-12）。砚石硬度3～4度，相对密度2.78。

其砚石化学成分：SiO_2占61.04%，Al_2O_3占17.79%，Fe_2O_3占6.42%，FeO占2.11%，MgO占1.67%，CaO占0.02%，Na_2O占0.78%，K_2O占4.98%，TiO_2占0.11%，P_2O_5占0.06%，MnO占0.02%。

紫云石特点：

①砚石颜色与众不同，呈紫红色或猪肝色，其中有翡翠色纹理、翠色

图2A-12 周家村叶家山紫云砚石矿含粉砂板岩（正交编光19.4倍）

的斑条和斑点。有的紫色基底带翠色的玉斑、玉点和玉块、条带；有的翠色基底夹些泥砾，呈斑点状。

②石质较粗，粉砂及砂质含量高，占20%～30%，砂质碎屑4%。

③最大特点是发墨快。

④Fe_2O_3占6.42%，高于其他歙石5倍至6倍。H_2O占2.85%，高于其他歙石10倍左右。

周家村一带砚石矿点地质特征及评价：

本区砚石地层为前震旦系牛屋组下部。其产状呈南东向的单斜产状，倾角一般20°～50°，局部倾角大于60°。

其含砚石岩系岩性分为一段和二段。一段是本区主要含砚石层，其岩性为青灰色含粉砂板岩，局部夹有黄绿色千枚状粉砂岩；二段岩性为黄绿色千枚状粉砂岩，局部夹少量板岩。

三层砚石矿层主要出露在庙前一带，岩性为青灰色含粉砂板岩（工艺名称为庙前青砚石），厚度为1～1.6米不等，地表出露长100～200米左右。板理厚3～5米，顶底板岩性为砂质板岩和千枚状板岩、千枚状粉砂岩。本区共有14个石坑，其中只有一个为砚石采坑，现将砚石采坑情况简述如下：

庙前坑（图2-30）始于唐宋，其采坑长20米、宽10米、高（深）30米。地质构造单元处于白际岭断裂带。出露地层前震旦系牛屋组下段。岩性为含粉砂板岩，厚度2米。其中板理平整，质量优者1米左右，板理3～8米，石质细润，地层产状倾向265°，倾角30°，顶底板岩性为

图2-30 庙前坑

青灰色砂岩。

砚石矿经镜下鉴定为含粉砂板岩，呈青灰色、青绿色，变余含粉砂泥质显微变晶结构、片状构造、残余层理构造。矿物成分由绢云母及少量石英、隐晶质等78%、绿泥石1%、铁质1%、粉砂20%组成。碎屑物成分以石英为主，少量长石、云母、金属矿物，粒度一般0.03毫米，分布尚均匀（图2A-13）。砚石硬度3-4度，相对密度2.77。

其砚石化学成分：SiO_2占63.43%，Al_2O_3占17.61%，Fe_2O_3占0.68%，FeO占5.86%，MgO占2.08%，CaO占0.40%，Na_2O占1.67%，K_2O占3.29%，TiO_2占0.80%，P_2O_5占0.18%，MnO占0.12%，SO_3占0.02%。

图2A-13 周家村庙前青砚石矿含粉砂板岩（正交编光 d=2.7毫米）

其砚石特征和评价：

①庙前青砚石，石质细润，发墨益毫。吸水性小，为0.07%。

②其色艳丽，为青绿、青灰色，可见银丝纹、眉纹、水浪纹、金星、细罗纹等。

③FeO成分较高，为5.86%。

④经X光晶体分析：黏土矿物为钠长石、白云母、高岭土、绿泥石。

⑤庙前青古代砚石采坑已毁，被群众建房所占，石料难取，稀少，为上品。

（3）洽河车川樟树坑砚石矿点

樟树坑属武阳乡车川村管辖，位于平坦村南西400米山沟中，采坑

图2-31 洽河车川砚坑

图2-32 车川采坑远景

● 图 2-33 车川采坑一号

● 图 2-34 车川采坑二号车川采坑二号

长约20米，宽15米，高10米（图2-31至图2-34）。此坑歙县工艺厂和洽河工艺厂曾大规模开采过，主要为西安变压器电炉厂作5万千伏安电抗气绝缘板的原料，曾昌盛一时。

本区位于白际岭断裂带，含砚石地层为牛屋组下段，砚石矿层厚5米左右，板理5～10厘米，地层产状倾向263°，倾角26°，两侧为黄绿色粉砂质千枚岩。

砚石矿层岩性为含粉砂板岩，呈青灰色，变余含粉砂泥质显微鳞片变晶结构，片状构造。矿物成分由绢云母及微粒至隐晶质石英78%、绿泥石2%、粉砂20%组成。碎屑物以石英为主，少量长石、白云母、金属矿物等。粒度大小不甚均匀，一般为0.02～0.05毫米。

其砚石特征和评价：

①石质坚而细，发墨益毫，板理厚20～40厘米，片理不发育，成材率高，是制砚的理想材料。

②石质颜色为青灰色，可见刷丝纹、牛毛纹、云雾金星等。

③不但可作砚料，还可作其他工业用途（制绝缘板片）。

（4）歙县正口、白石岭、北群砚石矿点

属歙县武阳乡管辖，分布在新安江东侧（正口——小川老公路边，被水淹没）。笔者调查时为大旱季节，乘小舟至小川，沿途观察，采集了标本。

正口西500米砚石矿点地质特征：

位于白际岭断裂带岩性为含粉砂板岩，呈灰黑色，变余含粉砂泥质显微鳞片变晶结构，片状构造，矿物成分由绢云母及少量微粒石英

82%、铁质及碳质3%、碳酸盐2%、粉砂15%组成,碎屑物为石英及少量长石、云母等。粒度一般0.02~0.04毫米,大小尚均匀,硬度3~4度,相对密度2.70。

白石岭砚矿点地质特征:

属武阳乡白石岭,位于白际岭断裂带。含砚石地层属前震旦系牛屋组下段。地层产状倾向145°,倾角50°,板理厚2~10厘米。

砚石矿层岩性为粉砂质板岩,呈青灰色,矿物成分由绢云母及少量微粒石英66%、绿泥石1%、粉砂30%、铁质2%、碳酸盐1%组成。碎屑物成分以石英为主,有少量长石、岩屑等。粒度0.03~0.05毫米。硬度3~4度,相对密度2.75。

其砚石化学成分:SiO_2占64.45%,Al_2O_3占17.27%,Fe_2O_3占0.63%,FeO占5.32%,MgO占2.10%,CaO占0.50%,Na_2O占2.13%,K_2O占2.90%,TiO_2占0.58%,P_2O_5占0.16%,MnO占0.12%,SO_3占0.43%。

北群(大川北西)砚石矿点地质特征:

处于白际岭断裂带。含砚石地层为前震旦系牛屋组下段,地层产状倾向130°、倾角45°。砚石矿层厚度6米左右,板理3~15厘米。顶板岩性为青灰色砂岩,底板为千枚岩。

砚石矿层岩性为含粉砂板岩,呈灰黑色,矿物成分由绢云母及少量微粒至隐晶状石英81%、铁质及灰质4%、粉砂15%组成。粒度大小不甚均匀,一般为0.03~0.06毫米。硬度4度,相对密度2.83。

以上三个砚矿的评价:

①砚石开采困难,均在新安江水边。

②石质细润,发墨涩,叩之微金属声。

③纹理好,有眉纹、水浪纹、细罗纹、金星等天然纹饰,色泽仅次于龙尾石。

④只能做一般砚材。

(5)苏川砚石矿点

位于歙县的小洲乡南东150°,平距2.2公里苏川村朱河口(苏川村庄500米山脚下河边,鸡公凸岭下)。从苏川水电站到朱河口共有三处采石坑。一号采坑在鸡公凸脚下,标高250米,采坑长15米,宽4米,深10米左右(图2-35);二号采坑位于小溪西侧小路边,标高250米,采坑长8.2米,宽3米,深6.4米(图2-36);三号采坑(图2-37)位于苏川水电站南100米小河中,采坑标高240米,采坑长8米,宽5米,深1米

❀ 图2-35 苏川一号采坑

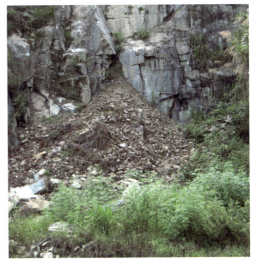

❀ 图2-36 苏川二号采坑（程明铭摄）

❀ 图2-37 苏川三号采坑（程明铭摄）

❀ 图2-38 苏川五号采坑（程明铭摄）

左右。还有苏木坦小学边、古隐堂村南大沟边、古隐堂北100米、苏木坦西、神仙坞村北山沟等采石坑，采坑均在20米左右，深8米左右（图2-38）。

本区位于白际岭断裂带，含砚地层为前震旦系牛屋组下段，地层产状倾向145°，倾角16°，含砚岩系分为板岩段和千枚岩段。砚石矿层厚度5～10米不等，板理与层理一致。

砚石矿层岩性经镜下鉴定为含粉砂板岩（图2A-14），呈灰黑色，变余含粉砂泥质显微鳞片变晶结构，片状构造，矿物成分由绢云母及少量

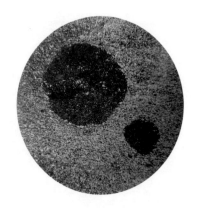

图2A-14　小洲苏川含粉砂板岩2幅（正交编光 d=2.7毫米）

隐晶质91％、粉砂6％、金属矿物3％组成。碎屑物为石英、云母、电气石等。粒度0.02～0.03毫米。硬度3～4度，相对密度2.72。

其砚石化学成分：SiO_2占60.80％，Al_2O_3占16.75％，Fe_2O_3占1.43％，FeO占6.27％，MgO占2.61％，CaO占0.68％，Na_2O占1.53％，K_2O占4.29％，TiO_2占0.68％，P_2O_5占0.19％，MnO占0.01％，SO_3占0.03％。

其砚石特征：

①成层性好，片理不发育，岩层倾角平缓，板理和层理一致，节理、裂隙不发育，成材率高，厚、薄、长、短，任意取舍。

②纹理特别清晰，可见眉纹、金星、罗纹及刷丝纹等天然纹饰，以后者为主。

③最大特点：黑色基底中有白色斑点，像繁星点缀夜空，别有一番情趣，白星都呈次圆形状，粒度一般1～1.6毫米，其量约5％，经镜下鉴定，白星为碳酸盐和少量石英聚集的斑点。

④砚石敲之清脆，似金属声。

⑤碳质少，含有少量电气石。

⑥黏土矿物高于徽州地区其他砚坑歙石，和龙尾石相似，Al_2O_3占19.59％，黏土矿物高，结构致密，相对吸水率低。K_2O占6.43％，比其他砚坑歙石高，说明为含富钾型岩石。P_2O_5占0.22％，也比其他砚坑歙石高。

（6）渔岸砚矿点

渔岸砚坑，位于歙县森村乡渔岸村石桥边。处于白际岭断裂带，出露砚石地层为前震旦系牛屋组下段，砚石矿层为板岩，厚度22.3米，其板理厚3～15厘米，厚者达15～30厘米，能选砚料顶板为粉砂千枚岩。板岩粗细不一，分含粉砂板岩，含砂粉砂板岩（图2A-15）和砂质板岩。

砚石矿层岩性经鉴定为含粉砂板岩，呈灰黑色，变余含粉砂泥质显微鳞片变晶结构，片状构造，由绢云母及少量隐晶质88%、炭质及微粒金属矿物3%、粉砂6%、碳酸盐3%组成。碎屑物为石英等，粒度0.02~0.04毫米。硬度3~4度，相对密度2.64。

其砚石特征及评价：

① 纹饰可见花点晕，晦而不明，局部可见眉纹。

图2A-15 渔岸砚石矿区点含砂粉砂质板岩（正交编光19.4倍）

② 发墨快，有轻微响声。

③ 粗糙，石面不润，但有少量石质细润，粒度均匀，可与龙尾石相媲美，其优质砚层度仅0.2毫米~0.5米左右。

④ Fe_2O_3占1.43%，FeO占6.27%，TFe占5.15%，K_2O占4.29%，一般高于本区其他砚坑歙石，和龙尾石相似，说明铁质成分高，其中钾钠成分比值2倍左右，为含富钾型岩石。

⑤ 其弱点：裂隙发育，砚料难取，在公路边开采难度也大。

（7）小溪砚石矿点：仅在小溪——上坞一线见到灰色千枚状板岩及少量黑色板岩，其中部分砚石经挑选可作一般砚料，未做详细工作。

古籍记载，"棉潭产砚石"。笔者1983年曾在深渡、棉潭一带作过调查，棉潭一带有含砚石地层出露。妹滩在建水库大坝（图2-39）时，笔者在那里作过砚石调查，不但有含砚石地层，含砚石矿层地层为前震旦系牛屋组。其岩性为板岩、粉砂质板岩，矿物成分为绢云母、粉砂、泥质及少量铁质等。笔者在坝下40余米深处发现有金星砚矿。曾取一块金星、金晕、金线砚石雕成《柳下双牛》砚（图2-40），酷似龙尾砚。同时可见妹滩金龙潭二号砚坑（图2-41）少量青黑色板岩，部分砚石经挑选可作砚，可与龙尾石相媲美。

（8）歙南街川砚石矿点

璜蔚砚矿新考

璜蔚以前是乡政府所在地，今并入璜田乡。璜田乡位于歙南街口腹地，距县城75公里，东与街口镇接连，西与长核乡比邻，北与小川乡交界，南与浙江省淳安接壤，总面积86.05平方公里。1983年332地质队砚石普查组曾在森村、黄备、小洲、小川一带及璜田、璜蔚、长陔一

图2-39 妹滩水库大坝

图2-40 柳下双牛砚

图2-41 妹滩金龙潭二号砚坑

带进行过砚石调查。特别在小州苏川一带做过详细砚石调查和评价。1983年笔者在蜈公岭、璜蔚等地发现有含砚石层，赋在前震旦系地层中，岩性为泥质、粉砂质板岩（图2-42），由于笔者在六连吴公岭、鸡公凸一带作砚石勘察时跌断了脚，故未作详细调查。苏川砚矿点已作过详细地质工作和评价，当时歙县工艺厂也开采过。具体地质资料可见1985年8月笔者编写的《安徽省徽州地区砚石普查评价报告》。

2003年柯崇听吴公岭村民方水香说：在吴公岭一带见到砚石，砚石有被单纹状纹饰（估计就是玉带纹）。2011年11月正有意前往调查，而恰巧听朱祝新先生说在璜田乡（璜蔚）西山村西山组半山腰上发现砚石坑，并拍摄了砚坑照片，取石请春风砚堂、程春风和吴敏慧试雕成《琴砚》，背面有砚铭："马年人朱祝新发掘并铭题，吴敏慧、程春风首试制。"正面有砚铭："歙州街川村后东，藏有砚石万古封。沉默寂寂人未识，新开幸逢马年翁。"（祝新先生属马故以马年翁自称）。辛卯孟冬并将实物和照片送到舍下，请吾鉴定。可喜可贺为歙砚提供新资源，是一大贡献。事后又请柯崇雕成《虚心劲节》砚一方，背面有铭："歙南街川砚，朱祝新探发采集，柯崇砚苑制作。"

12月3日再次与柯崇一道上门要求去到实地考察，由于本人身体欠佳，行动不便，故请门生柯崇带领考察队与朱祝新先生、潘邦明等人于12月4日同往实地考察，其结果如下：

此砚石产地，处在远古约4亿年的泥盆纪时的浙西海与歙县半岛之间，属浙西——皖南台褶带。为前震旦面断裂带（即西山与蒙观山）的断头，且处在阴山阴北处。长年出水，系水坑石。

采坑位于璜田乡西山村西山上（标高400米左右）的山水坑处（图2-43），长150米，露面约宽50米，深10余米。砚石厚度30～50厘米。砚坑坐西朝东，呈85度倾斜，砚石层面朝南呈90度垂直，砚石矿层地表出露160余米，其他被植物覆盖。在西山、山亩、源头沿河沿路均有砚石层出露。此砚坑储藏量特别大，而且成才率高，是制砚的好材料，可进行大规模开采。从采坑砚石出露来看板理平整，且已有古人开采过（图2-44）的痕迹。12月5日柯崇带来砚石标本，石质呈灰黑色，块状，条带状构造，岩质为泥质板岩，粉砂质板岩，矿物成分由泥质、粉砂、绢云母等组成，绢云母隐晶质为90%～95%，粉砂2%～4%，绿泥石为1%～3%，金属（铜）硫化物1%～2%，属优质玉带板岩。石材可取作装潢的石墙砖、地面砖材料及砚石。纹饰有灰色、黑、白色

图2-42 璜蔚砚石标本

图2-43 璜蔚砚坑局部

图2-44 璜蔚砚坑

玉带,石质细、发墨,表面纹理对比光较弱,呈条带状的不均衡的平行直线,层次不太清晰,颜色灰黑相间,偏黑,条带宽约0.3~1.6厘米左右,受覆盖层之压延。地力之蕴热,经风雨之滋露,石坚细而温润。轻敲之能发出清脆的金属声。与笔者当年在吴公岭所见砚石十分相似,可做一般砚材。但深部石质如何,有待详细研究。笔者综上分析和试验鉴定:该石为优质歙青砚石,是歙砚新石材。且优于婺源砚石,是歙砚上品石。

目前歙砚砚石资源紧缺，而如此大规模的砚坑在歙州范围内为数不多，如果发动村民开采一定可以带来巨大的经济效益，不仅给当地村民带来财富，而且为歙砚提供新资源，满足歙砚市场的需要，功不可没。但若某些人私心贪婪，想控制或占有此砚坑，办事不公，引起纠纷无法开采，那就恐怕真的"沉默寂寂万古封"了。

总的来说，歙县砚石矿点甚多，资源丰富，其中特别是歙县大谷运龙潭砚石最为丰富，石质优良，天然纹饰繁美，如金星、金晕、银星、银晕、黄膘、黄皮、金膘、金皮、金花、银花、金丝、银丝、金线、银线等，其次歙县境内以上丰岩源、周家村、洽河等地砚矿优良，很有开采价值。

（9）雄村鲍坑砚石矿点

鲍坑砚石矿点位于歙县雄村乡西鲍坑，距县城20华里左右，2012年2月由砚雕大师柯崇发现，并将砚坑拍照片（图2-45、47、49），同时采集了标本（图2-46、48）送到寒舍。观之，石质细润，扣之金声，发墨益毫，纹理妍丽。有眉纹、水浪、玉带等纹饰，并根据条纹有序地分布少量金星和金晕。岩石为灰黑色千枚状板岩，粉砂质、泥质板岩，由粉砂、泥质、绢云母及少量金矿物组成，是歙砚石材上品，可与龙尾石媲美。

有人说：徽州兴盛赖教育，确实是这样。全国历史文化名城歙县雄

图2-45　鲍坑1号砚石矿点

图2-46 鲍坑1号砚坑砚石标本

图2-47 鲍坑2号砚石矿点

村就是一座以教育发达、人才辈出著称的古村落。雄村因曹氏臣显而扬名徽州，明清两代，曹祥、曹深、曹楼、曹学诗、曹文埴、曹坦、曹城、曹振镛、曹恩淡考中进士、考中文武举人20名，贡生15名。有"一门三进士"（曹观之子曹祯、曹观之孙曹楼）、"四世四经魁"（三世曹观、四世曹祯、五世曹深、六世曹楼）、"同朝三学政"（乾隆曹文埴、曹城、曹振镛）、"父子尚书"（曹文埴户部尚书、曹振镛户、工、吏部尚书）等。清末翰林许承尧称"吾乡昔宦达，首数雄村曹"。

图2-48　鲍坑2号坑砚石标本

而位于雄村的鲍坑砚石（图2-49）却有着鲜为人知的故事：

雄村原名洪村，元末曹姓人迁至此，取《曹全碑》中枝叶分布，所在为雄更名雄村。历代徽商虽富贾连城，但因受程朱理学影响深刻，都会要求后代子弟步入书院，求取仕途。历代名臣出自雄村的可谓济济，村口矗立的一座四世一品坊即专为嘉奖曹文埴祖孙四代而立，此外还有进士29名，中举者52人。这所有从山村中走到埠外做官的学子，都曾经在坐落于桃花坝上、新安江畔的"竹山书院"里埋头苦读。这些名士在雄村"竹山书院"读书时用的砚，都是鲍坑一带砚石制作的。据传那里有个"乌龙坑"，所以鲍坑砚石称为"乌龙砚石"。

据传曹振镛（图2-50）自幼在雄村"竹山书院"读书时，身边有方祖传长方形

图2-49　鲍坑3号砚石矿点

图2-50 曹振镛雕像

"眉纹、金星、乌龙吐水砚",长20厘米,宽12厘米,厚4厘米。砚池中有条龙昂首吐水,两只龙眼利用两颗金星,闪闪发光,口中吐出的水是几道线眉,背面有七颗金星,雕琢成北斗七星。并且有七律诗一首:"天然歙砚石生光,徽墨研来满室香。细味端祥金星砚,如同夜空闪宝光。"此砚非常神奇,哈气生云。无水可研墨,晚上无灯砚发光。曹振镛就是用这方砚于乾隆四十六年(1781年)考取了进士,授翰林院庶吉士。后一直青云直上,累迁工部尚书,实录馆、文颖馆总裁,太子少保,吏部、户部、刑部尚书,翰林院掌院学士,协办大学士,体仁阁大学士,太子太保会典馆总裁,军机大臣等职。这方宝砚伴他终身,使他完成《纶阁延晖集》《话云轩咏史诗》《高宗实录》《仁宗实录》《全唐文》等史著。

现由柯崇发现鲍坑砚石矿点,经吾鉴定,证实了雄村名士在"竹山书院"读书时用的砚都是用鲍坑砚石制作的传闻不虚。又为歙砚增加一处新资源,可喜可贺!

五、歙砚矿石的等级划分

砚石的划分及评价历来无统一标准，在砚谱里及教科书里也找不到资料。笔者根据调查、测试，在1985年撰写的《安徽省徽州地区砚石普查评价报告》和1987年出版的《中国歙砚研究》、1991年出版的《歙砚丛谈》中，均作了试探性的阐述，仅起抛砖引玉作用。

砚作为中国独有的文化现象，受到人们普遍的重视。20世纪80年代以后砚文化的研究出现了前所未有的繁荣局面，大量的古砚出土，新品种的砚石被发掘，研究者颇多，这些专家学者在报刊上发表了大量的论文和专著，为砚文化做出了贡献。笔者根据歙砚石色泽、形态、成因、分布特色及工艺美术性能和物质成分等，并综合同人资料阐述如下：

（一）歙砚矿石的分级

（1）笔者按矿物组分，将歙砚石分为一般砚材和优质砚材两种。

一般砚材矿物成分：绢云母及部分隐晶质50％～75％、粉砂质13％～35％、砂质4％～15％、绿泥石1％～6％、金属硫化物（一般为黄铁矿）及碳质2％～3％。

优质砚材矿物成分：绢云母及部分隐晶质72～95％、粉砂2％～15％、含砂量>1％、绿泥石1％～5％、金属矿物1％～2％、炭质2％～3％。

根据考察研究，能做砚材的岩性有6种，其岩性矿物成分列于表2-4。

歙砚石分级简表（表2-4）

岩石名称	砚材等级	岩石组分（％）					
		绢云母隐晶质	粉砂	砂级	绿泥石	金属矿物	炭质
板岩	优质	90～95	2～4		1～3	1～2	
含粉砂板岩	优质	75～90	6～15		2～3	1～2	2～3
斑点含粉砂板岩	优质	70～90	12～15		5	1～2	
粉砂质板岩	一般	55～65	23～25	4～6	1～6	1～2	2～3
含砂含粉砂板岩	一般	55～75	13～35	6～10	2～3	2	
含粉砂砂质板岩	一般	50～58	25～30	6～15	5	1～2	

（2）也可按物质成分、结构构造、工艺美术性、砚锋密度等划分砚石等级。

北大郑辙教授将歙石分为五级：一般歙石、良好歙石、优良歙石、优级歙石、特级歙石。

一般歙石：以点状面型刃为主，粗糙、无光泽、矿物颗粒易于脱落。

良好矿石：以粉砂结构为主的干枚状板岩，具有混合面型刃，砚锋相对密度 $\alpha<0.6$，比较粗糙，光泽暗淡。

优良歙石：为多硅白云母、硬绿泥石千枚岩，具显微鳞片结构和球粒结构，质地细腻、鳞片状面型刃，$0.6<d<1$，光泽较弱。

优级歙石：为多硅白云母，硬绿泥石板岩、千枚岩，具显微鳞片结构和球粒结构，质地细腻，鳞片状面型刃 $d>1$，有光泽。

特级歙石：除具备特级歙石和优良歙石条件外，还具有稀少、珍奇、块大、完整等特性，并为名家赞誉。

（3）按照天然纹饰、色泽、手感、声音、受墨、发墨、吸水性稀小等性质，综合研究分析，笔者将歙石分为特级品歙石、优质品歙石、良好歙石、一般歙石、次品歙石等五个级别，现阐述如下：

①特级品歙石，有庙前红、歙红、歙黄、眉纹、金星、玉带、细罗纹等。

庙前红歙石，质地极佳，润而坚、手感好，摸上去似孩儿面、美人肤。纹理多变，颜色艳丽，黑中带紫，其中有彩带，呈淡黄、紫红、黑色、青灰色。用手指弹砚，声音清脆，如金属声。本品传世稀少，砚石矿层变化大，厚度5～20厘米左右，砚材极其难得，属歙石稀有砚品。

歙红歙石，其颜色与庙前红不同，呈紫红色，猪肝色，近似端石，其中可见黄绿色、绿色条带豆斑，似眼非眼，形状不一，有圆形、树叶形、竹叶形等。石质细而坚，下墨如风，传世稀少，砚料难得。有眼、火捺、红线者更加珍贵，此种歙红砚材极难得。

歙黄歙石传世特少，色泽绚丽，橘黄、蜡黄、米黄色、鳝肚黄，石质细腻，属稀有砚材。

眉纹歙石，只有在特殊的地质构造环境中才能找到，凡是眉纹砚石石质均细腻、纹饰艳丽，不吸水。它的原岩是泥质岩石，经轻微变质后，黏土矿物部分重结为绢云母和绿泥石，经电镜X身线能谱和电子探针分析，绢云母变为硅白云母，绿泥石为硬绿泥石，它是眉纹砚石中黑色的主要色素矿物。炭质聚集成小团粒。新生的矿物具有定向排列，在所形成的纹饰中，具有特殊的光泽。其矿物成分：绢云母10%左右，高岭石泥质80%，石英6%，磁铁矿、磷灰石、电气石等3%左右。

②优良品歙石，有金晕、金花、枣心眉、眉子、庙前青等。

金晕、金花石质细腻，色泽艳丽，手感好，发墨、不损笔。此种石料均产在小溪或河沟之中，硫化物呈云雾状、圈环状展布。其矿物成分含绢云母、黏土矿物90%左右、石英6%、铁质2%及少量电气石等。

枣心眉、眉子石质均细润、发墨、不损笔。其基底有许多黑色斑点，和鱼子石不同，斑点小，粒度0.1~1毫米左右，其成分为碳质。枣心眉，两条眉纹平行排列，中间有充填物。

庙前青歙石，石质细润，颜色好看，石料难取。

③良好歙砚石：有金星、银星、罗纹、水浪纹、刷丝纹、鱼子石、紫云等。

良好歙砚石，石质细润，纹饰绚丽，发墨性能好，其矿物成分为绢云母及隐晶质（黏土矿物）85%左右，石英10%~15%，铁质少量。除紫云石以外，均为深灰色、灰黑色板岩。

④一般歙石有新坑金星石、无纹理歙石及杂石。石料多，成材率高，但收藏价值不高。新坑金星石（指大畈碧里坑石），金星不亮，节理、裂隙发育、其断面容易裂开，吸水性强。

⑤次品歙石：次品歙石主要指有石筋及石隔、裂隙多的石品和一般它山之石如玉山石当歙石。石质软，钙质成分高、不发墨。

从地质学观点看，黄山市三区四县均有砚石地层出露，但砚石矿层并不多，可作优质砚料来开采的更少。砚石的等级划分及优劣程度有很多因素：

一是砚石产地是否是历史上名坑；二是文人墨客赞誉程度和帝王将相宠爱程度如何；三是砚石雕琢工艺的精细程度，等等。当然砚石等级划分不是绝对的，新坑也有好石料。一个砚坑里石料等级差别都不一样，优质石料难取而稀少，其名贵就在这里。

六、歙砚石矿寻找方向和方法

寻找砚石具有独特的工作方法和研究内容。笔者对寻找砚石矿有下列几点浅识：

（1）已知砚石矿点均分布在江南台隆南北两侧的边缘地段。其次砚石地层均为前震旦系地层，绝大多数砚石在牛屋组下段，所以找歙砚石必须到变质岩区进行。

（2）江南台隆中部地区寻找砚石矿不利，因为一个近东西向和北东东向的地质构造带出现在地轴中部，西起祁门县渚口，向东至歙县杞梓里以东延绵近150公里，这是一个长期活动的构造断裂带。两侧岩层产状混乱，倾角陡70°～80°，有的几乎直立。含砚石层岩石节理、裂隙发育，并有石英脉、方解石细脉贯入，砚材难取。

（3）笔者根据已知矿点认为有以下几处可作歙砚原料基地：①歙县大谷运地区可找到优良砚石，如眉纹、金星、水浪纹、刷丝纹，可与龙尾石媲美。但必须作详细工作，在有利地段进行揭露，做到边探、边采、边雕三结合；②在歙县岔口地区周家村、洽河一带，可找到庙前青、青绿晕石、银丝、刷丝、紫云等石料；③在休宁前坦、三溪、苦李山一线可找到优质鱼子石原料，以上地段和婺源大畈济溪鱼子石矿点同一构造带，同一地层，石质相似；④在歙县和祁门一带可找到优质歙红石料；⑤在岩源一带可找到优质砚石。

（4）今后寻找歙石要到地层层序正常地区寻找砚石层，板理要适中，岩石节理、裂隙不发育。顶底板有坚韧性较大的厚砂质板岩，保护地段要进行详细工作。

（5）要注意砚石资料收集：①查《府志》或《县志》，了解其历史上的砚坑和有关文献；②到当地砚台厂参观了解其生产过程，收集各种品类标本和已知砚坑位置及地质特征；③注意周围的名胜古迹，看其是否有石雕之物，以便了解其特征；④发动群众报矿，拿着砚石标本，找访民间砚雕艺人、石匠和老农，向他们了解当地山山水水、一砖一石。

（6）砚石的普查工作方法和其他矿产不一样，在自然界，它分布稀少而分散，其工作方法可参照宝玉石工作方法。普查找矿一般不宜小比例尺地质测量，而应以跑点为主。

（7）砚石很难计算储量，每层砚石不可能都能制砚，要了解工艺要求，经过精心挑选才能成砚材，只能估算成材率。

（8）工作程度以达到了解含砚石层的岩性组合和分布，主要砚石层（可作砚料的）的层数、厚度、产状、规模、成材率及砚石质量优劣即可。

第三章 歙砚石品研究

一、歙砚石品

歙砚的名贵,除了巧夺天工的雕琢艺术外,起决定作用的是它那稀世的石质。按地名来分有龙尾歙砚石、大畈歙砚石、龙潭歙砚石、岔口歙砚石、庙前歙砚石、上丰歙砚石、黟县青歙砚石、休宁流口歙砚石、祁门歙砚石、绩溪上庄歙砚石,等等。歙砚石历史上有水坑、干坑之分,有湿润与干燥之别,湿润者即出水坑,干燥者即非水坑所出。石质有粗细之分,纹理有疏密之别。歙砚石具有多种形式的结构和构造,它是形成歙砚石绚丽多姿的天然纹饰的决定性因素之一。

歙砚石品名繁多,历史记载数百种。按照天然纹饰来分有眉纹、罗纹、金星、银星、金晕、银晕、金花、鱼子、玉带、紫云、青绿晕石等。每种按其形态又可分数种以至数十种。

(一)金星、银星、金晕、银晕类

金星按其形状可分雨点金星(图3-1)、金线金星(图3-2)、云雾金星(图3-3)、水浪金星(图3-4)、暴雨金星(图3-5)、大豆金星(图3-6)、满天星(图3-7),金晕(图3-8)按照形状可分为:斗样、云气、卧虫、鹤舞、双鸳鸯、金壶屏、罗汉入洞、双鱼蹲底、长寿仙人、湖中寒雁等。

宋人有所谓"歙砚石以金星为贵",近代人往往不能悟此,盲目追求金星,似乎砚上金星越多越为佳品。关于这个问题,清人徐毅曾在其《歙砚辑考》中说过:"歙石以眉子为绝。而眉子品目不一,要以石色青碧、石质莹润而纹理匀净者为精绝。至于金星之类,乃其余事。"此论完全符合岩石学观点。因为金星不过是一种硫黄铁之类物质,对发墨益毫无其好处,对砚的保养也不利,容易氧化成铁锈,影响砚的美观。但也不

▪ 图3-1 雨点金星（石研斋 藏）

▪ 图3-2 金线金星（柯崇砚苑 藏）

▪ 图3-3 云雾金星

▪ 图3-4 水浪金星

▪ 图3-5 暴雨金星（石研斋 藏）

▪ 图3-6 大豆金星（石研斋 藏）

图 3-7 满天星

图 3-8 金晕（柯崇砚苑 藏）

能一概而论，金星其形状有圆、方、三角、多角形和碎星，大的如绿豆，小的似微尘，其中以粉末状（即云雾金星）最佳，对发墨有好处。同时磨出的墨汁，用来作画，虫不易蛀，其奥妙在于石质含硫黄，黄铁矿为硫化物。在工艺上最忌"铁钉"，即晶形完整的四方形、颗粒较大的黄铁矿，硬度大，影响雕刻，极损笔。

总之，金星类只能增加点装饰美，以物稀为贵而已。银星也同样如此。

（二）罗纹类

罗纹，顾名思义，是指石质上的纹饰有像绫罗一样的细纹。罗纹分粗罗纹和细罗纹。

按其形状可分古犀罗纹（图3-9）、松木罗纹（图3-10）、细罗纹（图3-11）、水浪纹（图3-12）和牛毛纹（图3-13）。

图 3-9 古犀罗纹（石研斋 藏）　　图 3-10 松木罗纹（上海砚苑程爱喜 藏）

◆图3-11 细罗纹

◆图3-12 水浪纹

◆图3-13 牛毛纹（石研斋 藏）

（三）眉子纹、眉纹、玉带类

眉子纹（图3-14）面上布满黑色的小点，细如针尖戳痕。小黑点主要是碳质，呈球粒状构造。炭质球粒大小不等，从零点几毫米到0.001毫米，形状近似球形，但边缘多不规则。炭球粒自身是由云雾状微炭粒密集体构成的。

其炭质黑点有稀密，有的分布均匀，有的分布不均匀。

眉纹，顾名思义，石质上的纹饰像眉毛一样。根据形态不同，分对眉（图3-15）、阔眉（图3-16）、长眉、线眉（图3-17）、短眉（图3-18）、簇眉（图3-19）、雁湖眉子（图3-20）、金星眉子（图3-21）、枣心眉（图3-22）诸种。对眉、雁湖眉子都很难得。鳝肚眉纹亦罕见。

◆图3-14 眉子纹（石研斋 藏）

● 图3-15 对眉（柯崇砚苑 藏）　　　　● 图3-16 阔眉

● 图3-17 长眉、线眉

● 图3-18 短眉　　　　● 图3-19 簇眉

☙图3-20 雁湖眉子

☙图3-21 金星眉子（柯崇砚苑 藏）

☙图3-22 枣心眉 柯 崇 制（石研斋 藏）

（四）色泽品类

有彩带（图3-23）、玉带（图3-24）、金星玉带（图3-25）、翠玉带（图3-26）。玉带，呈条带状，颜色偏黑或白色，长宽0.3~2厘米左右。

歙红（图3-27）、庙前红（图3-28）、米纹（图3-29）、歙青（图3-30）、庙前青（图3-31）、青绿晕石（图3-32）、歙绿（图3-33）、歙黄（图3-34）、豹皮纹（图3-35）等。

歙红、庙前红砚包括紫云石、歙红石、徽红石、祁红石、婺源紫红石等，但歙红与庙前红石质有区别。

图3-23 彩带

图3-24 玉带（柯崇砚苑 藏）

图3-25 金星玉带（石研斋 藏）

图3-26 翠玉带（柯崇砚苑 藏）

图3-27 歙红

图3-28 庙前红（石研斋 藏）

图 3-29 米纹

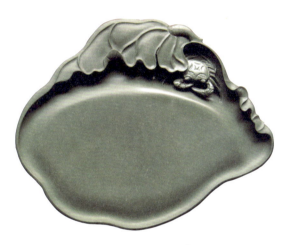

图 3-30 歙青

图 3-31 庙前青（绍峰 藏）

图 3-32 青绿晕石

图3-33 歙绿（上海砚苑程爱喜 藏）

图3-34 歙黄（上海砚苑程爱喜 藏）

图3-35 豹皮纹

二、歙砚石天然纹饰的形态与成因

歙砚为什么得到文人墨客如此青睐，久盛不衰，主要因素是石质优良、纹饰艳丽。笔者1985年曾在《地球》第二期及《宝玉石信息》杂志上发表过《歙砚的天然纹饰的形态及成因》，后在《中国歙砚研究》《歙砚丛谈》两本专著中均用地质学的原理阐述了歙砚天然纹饰的形态及成因，得到国内外砚石研究专家的好评：被认为"为中国歙砚研究填补了空白"。1993年作为全国第三次宝玉石学术交流会资料之一，被选入《论文摘要汇编》。在以上研究的基础上，笔者进一步将歙砚天然砚石的纹饰进行研究归纳，从地质学（岩石学、构造学）的原理出发，将砚石的天然纹饰分为五大类：（一）色泽纹饰；（二）成岩纹饰；（三）生物化石纹饰；（四）构造纹饰；（五）金属纹饰。

（一）色泽纹饰

歙石的色泽纹饰有黑色、赤紫色、紫红色、红色、青灰色、绿色、黄色等，其中以黑色为主。

砚石的色泽纹饰繁多，有极度色、冷色、暖色、暖冷色等。色泽纹饰能使观看者引起联想和情绪的变化。砚石的色泽纹饰一般为极度色，极度色属于无色系统的色彩，如黑、白、灰、金、银。因它能使色调起调和作用，如黑色、灰黑色纹饰，使人产生一种平静、严肃、刚健的感觉；如青、绿、紫等冷色纹饰，使人产生一种寒冷的感觉；绿色使观者情绪浮现出一种平和的倾向；紫色显得优雅；如红、黄、橙色纹饰，给人的感觉强，于是产生一种温暖的感觉。冷暖色是冷色与暖色的合称。

砚石的色泽与染色物质息息相关，如黑色砚石与富含有机质和硫化铁有密切关系。铁质是一种重要的染色物质，它的价态及其比值不同，呈现的颜色也不同。例如三价铁呈红色，为红色色素；二价铁呈绿色，为绿色色素。当三价铁与二价铁的比值发生变化时，石质的颜色可发生明显的变化。如比值大于3时，石质显红色；等于3～1.6时，石质紫色、棕色等；小于1.6时，石质显浅灰色；近于0时，石质显黑色。

（二）成岩纹饰

成岩纹饰指的是歙砚石中眼及鱼子纹、枣心纹和紫云玉斑、豹皮纹等纹饰。

1．"眼"

"眼"可分"活眼"、"死眼"、"翳眼"、"泪眼"和"彩眼"等。按形态来分可分为"鸲鹆眼"、"鹦哥眼"、"雀眼"、"鸡眼"、"猫眼"、"绿豆眼"等。

"活眼"圆晕轮廓分明，线条清晰，黄黑相间，墨眼晶莹。清代吴兰修在《端溪砚史》中记载："圆浑相重，黄黑相间，翳眼在内，晶莹可爱，谓之活眼。"

"死眼"又称"瞎眼"（中心为白点），即形体略具、白色无光彩（即无晕），没有瞳子，内外不明或青或黑而圆点横长。

"翳眼"，翳为遮盖之意。即眼的开头如遮似蔽，圆晕模糊不清，层次不明，或青或黑而圆点横长。

"泪眼"的下沿如滴水状，似在流泪，而又看不清下沿的边线。

"彩眼"，石眼的环为红褐、黄褐的火烙纹，"眼"内"睛"、"瞳"横缠竖线。

对于"眼"的成因，清代以前尚无合理解释，近代地质学家、砚石研究专家进行了探索和研究，持有不同见解。最早见于日本矿石地质家坂东贯三的《中国古砚与文艺》一书，其中称："石眼之质为石连虫，而其本体难有辉绿岩。石边缘虫形蛆虫或如蚯蚓状，此虫体为石灰质，从去石灰质而于其中渗入辉绿岩，以凝结成之物也。"刘雪椎先生在《略谈端石眼》一文中说："至1961年有人初步判断端石是一种泥质变质岩……其'眼'即是彩泥形成的'眼'，便是彩泥形成的'结核'……"刘演良先生在《端溪砚》一书中说："端砚石眼是一种含铁结核体。"1990年9月，季明钧在《广东地质》上发表《广东端砚石产出地质特征及其成因机制探讨》一文，对"石眼"的研究更为详细，他认为"石眼"是典型的"火山尘泥球"，为直径2～10毫米不等的球状体，分布范围较广，从潮上带到潮下带均有分布。推测它们主要是沿潮汐区沉积物表面滚动所形成的。其中"瞳子晕围石眼"，是由黄铁矿或赤铁矿碎屑等，沿泥质沉积表面滚动，沾上浅色及深色的尘状赤铁矿所形成。无瞳子的绿豆眼，则可能是潮上带已干涸的泥块经自滚动所形成的。莫濯支、赵庆隆先生在《地球》1993年第6期上发表《苴却砚石之考察》一文，对石眼也作了详细的阐述："石眼呈浅绿色，粒径0.1~2毫米，部分具同心放射状结构，由铁质物的规律分布展现出来。"

关于"眼"的成因，地质工作者有不同认识，以石眼是一种含铁质的结核为多数。笔者认为歙砚中"石眼"是一种色晕或矿物颗粒的集合体，中心部位为含铁质结核体，这种结核的特点与围岩的接触界限呈过渡关系，结核的成分除铁质外，其他与基质相似。笔者1982年在祁门历口至东源一带调查砚石时发现一种绛紫色砚石板岩，其中有石眼火捺、翠斑等。我取回石料由张永鸿大师制成瓜砚，背面有石眼（图3-36），眼直径0.7毫米大小，眼呈绿色，其中有黑点，外圈白色里圈呈黑色。从而

图3-36　祁红石眼与庙前青石眼　（石研斋　藏）

 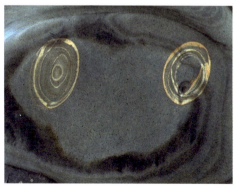

图3-37　鱼子石眼（上海砚苑程爱喜　藏）　　图3-38　金钱石眼

打破了歙砚无眼的论断。鱼子石眼（图3-37）呈黄黑色，外围呈黑色，黑色外环又有黄晕，眼的中心为黄色可称为"活眼"。另歙红中可见金钱石眼，也可称"彩眼"（图3-38），眼的直径约4厘米，眼的中心呈黑色，黑色之外又有一层外圈为白色，白色外又有一黑圈，黑圈外有1厘米青绿色，最外为深黑色。偶见小眼约0.8厘米左右，另外在歙县洽河车川砚坑石料中也发现石眼。

2. 鱼子纹

鱼子纹是歙砚石中石品之一，其形状像鱼卵，也称鳝肚纹，和黄鳝皮的颜色大致相似，纹饰艳丽，独具一格。颜色深浅不一，有的四周色淡呈青绿色，基底中撒布着鱼子，中间呈圆形或半圆形、椭圆形，无鱼子，颜色渐变。有的似端砚石中的鱼脑冻。有的似鳝黄，黄色混青绿色及灰黑色。总之，颜色变化无穷，经砚雕师们巧妙处理，因材施艺，制成的歙砚妙趣横生，深受国内外文人墨客的欢迎。

笔者从鱼子纹砚石的发现到开发利用做了大量的地质工作，经镜下鉴定，揭开了它的奥秘。其岩性为斑点状含粉砂板岩，由少量粉砂和大量绢云母组成。斑点由绿泥石隐晶质矿物聚集而成，构成斑点构造，粒度一般为0.3~1.2毫米，其量约15%~20%。其成因与地质环境息息相关。鱼子纹砚石产地为皖浙边界，处在莲花山岩体和灵山岩体之间，一条狭长的牛屋组地层中，岩石稍具硅化，和斑点状角岩差不多。

3. 紫云玉斑

紫云玉斑是歙砚的一种新品种，称为紫云砚。其岩性为含砂板岩，呈紫红色、猪肝色、翡色的纹理，翠色斑条和斑点。有的紫色中带翠绿色玉斑、玉点及玉块，有的翠绿色中夹有紫色，紫色是由于岩石中含有高价铁的氧化物和氢氧化物的缘故。

斑点纹饰成因：在变质作用初期，由于温度的升高及化学溶媒的不均匀分布，岩石中某些成分首先集中，不均匀地围绕着某些中心起化学反应，产生新矿物，结果就出现了形状不一、大小不等的斑点，常见的有炭质物质。

图3-39 菊花石砚　　图3-40 三叶虫化石砚

图3-41 羊齿蕨类化石砚　　图3-42 珠角石化石砚　　图3-43 恐龙蛋砚

（三）生物化石纹饰

纵观化石艺术的发展历史，在我国古代已有用化石制作砚的记载。还有战国时期，齐人用蝙蝠虫化石制砚，称为"识墨砚"；南北朝齐梁时期陶弘景对保存在琥珀中的昆虫化石有过述：晋代人曾称三叶虫中的蝙蝠虫化石为"识墨"；直至明崇祯年间，张华用蝙蝠石制砚，称为"多福砚"，作为进贡给明帝的贡品。还有菊花石砚（图3-39）、三叶虫化石砚（图3-40）、羊齿蕨类化石砚（图3-41）、珠角石化石砚（图3-42）、恐龙蛋砚（图3-43）等。这些化石纹饰砚往往能使人们浮想联翩，这也是化石本身的艺术性所在。在漫长的地质年代中，动植物死亡后的遗体、遗迹埋藏下来，经过长期的地质作用形成化石。这些化石保存了动植物死亡时的状态，其形态逼真，栩栩如生。它们不仅仅是研究古生态、古地理、古气候的珍贵资料，也是大自然留给人类的宝贵艺术品。

（四）构造纹饰

构造纹饰，又可分为层理纹饰、叶理纹饰、裂隙纹饰、沉积复型纹饰——混合纹饰四种。

1. 层理纹饰

层理纹饰有玉带、彩带、刷丝纹、红丝等。

歙砚石中的刷丝纹，如刷帚拂拭之状，显示出层状平行层理。它是由岩石成分、结构、颜色等的变化而成，实质上是一种细层理。影响刷丝纹形成的外部因素很多，但主要是地壳振荡运动。振荡运动引起海陆变迁、地形变化和介持性质、水流方向和强度的变化。另外，气候条件的变化、沉积和分异作用也影响到刷丝纹的形成。

歙砚石中的玉带呈条带状，颜色偏黑，条带宽约0.3～2厘米，实质上是条带状构造，由不同矿物成分的条带互层而成。黑色玉带含有机碳，其颜色与成分有关，还与粒变、干湿度有关，粒度越细，颜色越深。

2. 叶理纹饰

叶理纹饰有水浪纹、细罗纹、粗罗纹等。

水浪纹形状好像海里、湖里荡漾的波浪。它是构造变形与变质的结果，实际上是两组滑劈理的滑动，使早期面理形成一系列不同形态的皱纹。

罗纹和罗绢差不多，又似卫生纸上的皱纹。像罗绢质极精细者为"细罗纹"；粗一点纹理清晰者为"粗罗纹"；表面不能轻易看出，浸入水中观之，则隐隐约约可辨识之纹，其色稍青者为"暗细罗纹"；根据形态，纹像犀牛角的纹理称为"古犀罗纹"；形态像松木之纹为松纹。总之，按其形态而得名。

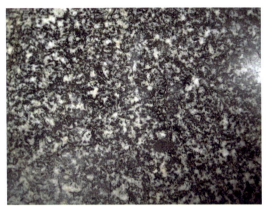

◆图3-44 冰纹

◆图3-45 龟背纹

罗纹，主要由岩石在变质作用中，新生的小片矿物（如绢云母等）密集地连续排列，呈现许多小皱纹而致。

3. 裂隙纹饰

裂隙纹饰有冰纹（图3-44）、龟背纹（图3-45）、金银线、翡翠线、碧玉线、金红线等。

冰纹犹如薄冰碎裂时表面上出现的裂纹。它由成岩期间或成岩之后，由于应力作用产生的微细裂隙，其内被白色泥质物（碳酸盐物质）充填胶结而成。其裂隙宽小于1毫米。

龟背纹，其纹理似乌龟背壳上的纹饰，由成岩后所产生的两组剪切裂隙，被黄铁矿或碳酸盐物质填充的细脉，其宽度1毫米左右，形状不一，有的像柳丝，有的犹如蜘蛛结网，有的似瀑布、飞泉，匠工们因材施艺，雕琢的砚台具有很高的欣赏价值。

4. 复型构造纹饰 —— 混合纹饰

复型构造纹饰有眉纹、水浪金星、玉带金星、眉纹金星、鱼子金星等。眉纹，犹如美人之眉毛，石质细润。它的纹理颜色大部分偏黑，有霞光，但也有青色或绿色。其成分由铁锰矿物、炭质及泥石聚焦而成。根据不同形态可分对眉、阔眉、簇眉、长眉、短眉、浅眉纹、夹心眉纹、雁湖眉、虎斑眉等。它是层理纹饰和劈理纹饰的混合物。

玉带金星，在砚石上具有玉带特点，其间撒布着金星。罗纹金星，是在砚石上具有罗纹特点，又撒布着金星、金晕等。鱼子金星，在砚石上有鱼子纹，又有金星撒布其间。

（五）金属纹饰

有金星、银星、金晕、金花、金线、银线等。

金银星按其形状可分满天星、雨点金银星。满天星，它们犹如黑夜晴空的星斗闪闪发光，是黄铁矿呈星散状分布在砚石表面，似天上星星，色泽呈金黄色。雨点金星形状像雨点状。银星是白铁矿呈星散状散布在砚石表面。

金晕、金花是黄铁矿或黄铜矿经氧化所呈现出来的一圈一圈的环状晕彩，如"金晕"。有的像金色霞雾散漫其间，又称"云雾金星"，其中晕圈似花状者为"金花"。砚雕师们利用这些纹饰，巧妙地设计砚台图案。如"嫦娥奔月砚"，砚上窈窕嫦娥，驾起朵朵彩云，飞向月宫，画中的云雾是巧妙地利用砚台上的"云雾金晕"纹饰雕刻而成。那若隐若现的斑点真像空中的云雾，那金星又似缀满夜空的无数繁星。空中及月中都显得那么逼真，嫦娥就在这虚无缥缈的空中注视人间，真是惟妙惟肖，堪称奇葩。

金线、银线是成岩期间或成岩后出现的裂隙被黄铁矿或白铁矿、硅酸盐和碳酸盐类充填而成的不规则细脉。

金星、银星、金晕、金花等金属纹饰，实际上是硫化物的结核，有的呈粉末状，有的呈圈层状。金属结核是岩石中的自生矿物析离体。它的成分、构造、颜色等都和围岩有所区别。绝大多数的结核是在成岩阶段形成的，形成的方式是：溶液透过沉积层而扩散，形成结核的物质围绕原始中心沉淀并且逐渐增长。从产出环境来看，具有金晕、金花纹饰的砚石，大多数出现在河流、小溪砚坑中，说明水的作用对其形成影响很大。

上述各种天然纹饰的形成与其砚石产地所处的地质环境关系甚大。众所周知，地球和地壳在不停地运动、发展和变化着，地球自形成以来沧桑变化，突变无穷。正如晚唐诗人胡玢的《桑落洲》所说：

图3-46　冰纹雪花砚石　　　　　　　图3-47　千层石

莫问桑田事，但看桑落洲。
数家新住处，昔日大江流。
古岩崩欲飞，平沙涨未休。
相应百年后，人世更悠悠。

虽然诗人借诗抒感，但我们却可以从这首诗中窥见砚石纹饰的成因与地壳变动的关系。

三、歙砚新花

从20世纪80年代，不断发掘歙红、庙前红、歙青等新品种石料。特别庙前红及歙红砚台深受台湾、香港地区以及日本收藏家欢迎，被视为珍宝，目前市场上供不应求。有关上述石料，笔者在《歙砚丛谈》《歙砚与名人》及有关杂志上，曾作过详细阐述。在本书第十一章砚苑杂谈中作了补充，在此就不赘述。

在90年代，不断新发掘了冰纹雪花砚石（图3-46）和千层石（图

3-47),现阐述如下:

冰纹雪花砚坑,位于歙县溪头镇大谷运山区。出露地层为前震系牛屋组。岩性为黑色粉砂质板岩,矿物成分由泥质、绢云、粉砂、碳酸盐等组成。岩石中有白色碳酸盐物质沿裂隙充填,有的沿层面充填,成为罗层状,厚度0.1~0.6毫米。有的似云彩,朵朵白云在空中飘逸;有的似奔马;有的似寒雁在冰湖中飞翔;有的像天空中飘落的鹅毛大雪,真是惟妙惟肖,堪为绝奇。工艺师们根据天然纹饰,巧夺天工,雕成"雪里探梅砚"、"寒江独钓砚"、"白马奔驰砚"等,成为绝品。

千层砚石,产于歙县大谷运山区。砚石为板岩,呈黑色,薄层状构造,矿物成分由泥质、绢云、微粒粉砂组成。胶结致密、细润、不吸水,外表有层灰色壳包裹,层理清晰,里面非常黑,可作奇石观赏,深受书画家欢迎。

第四章 歙砚石鉴定与评价

一、歙砚石的科学鉴定

砚石的好坏，必须通过科学鉴定。首先是采样，然后作物理性质和化学性质试验。现将砚石测试方法简述如下：

（一）采样

砚石采样技术性很强，要懂得砚石的工艺要求和掌握砚石野外鉴定的方法才能把样品取好。砚坑中的石质不可能一样，其中有粗有细。有质地好，有质地差。甚至一方砚石上的石质都不同。如在一个平面上软硬有差异，断面与表面硬度不一，矿物成分也有差异，所以样品要求代表性强。

（二）砚石的物理性质

砚石的物理性质，即砚石在光学、力学、电学以及其他方面的性质。砚石的物理性质，是鉴定砚石好坏的重要依据。

（1）砚石的光学性质：砚石对光线的反射、折射、吸收等呈现的光学现象称为砚石的光学性质。它包括砚石的颜色、条痕、光泽等。

①颜色：根据矿物呈色原因有自色、他色和假色三种。

自色是矿物本身固有的颜色，是由矿物的化学成分中含有带色离子所决定的；他色是矿物中含有外来色杂质、气泡等所引起的颜色称为他色；假色是矿物表面的氧化薄膜，或因裂隙等原因引起光线发生干涉而呈现的颜色为假色。

歙砚石的颜色以黑色、灰黑色为主，主要由色素成分造成。多数情况与变价元素及有机碳含量有关。其次与歙砚石粒度、干湿度有关，粒度越细，相应的颜色越深些；湿标本比干标本要深一些。歙砚石颜色深，是由于地表水和地下水或风化等作用改变了歙砚石的颜色。如歙砚石风化后颜色为黄绿色、灰色，天然纹饰中的"云雾"即为黄铁矿氧化后的假色。

②条痕：歙砚石刻划的条痕为灰白色。出现其他颜色说明杂质多。矿物条痕的颜色比较固定，可以清除假色，减弱他色，所以更具有鉴定意义。特别是鉴定"金星"、"银星"意义更大。如果"金星"是黄铁矿，它的条痕是绿、黑或褐色；"金星"若是黄铜矿，它的条痕是黑色带绿；如果"银星"是白铁矿，它的条痕为暗灰绿色。

③光泽（润度）：光泽是指砚石表面反光的能力。砚石反光能力的强弱由反射率来决定（即砚石反射的光线强度与照射到砚石表面的光线强度的比率）。反射率大，则光泽强；反之，则弱。如歙砚石表面具有丝绢光泽，因为歙砚石矿物成分绢云母含量高，故此润滑、不损笔、益毫。绢云母含量高，润度就好；反之，就差。光泽是鉴定歙砚的标准之一。

（2）砚石的力学性质：砚石的力学性质是指砚石在外力作用下（如打击、刻划、拉压等）所呈现的性质。

①硬度：砚石抵抗某种外来的机械作用（刻划、研磨、压力等）的能力叫做砚石的硬度。砚石的硬度鉴定很重要，石质坚硬，加工雕刻困难，且不受墨，发墨也慢；石质过软，墨堂（磨墨处）易成凹洼，不耐久用，同时还容易将砚石粉末混入墨之中，影响书法绘画时的质量。因此砚石的硬度要适中，一般摩氏硬度3～4度（墨的摩氏硬度为2～3度）为好。

何为摩氏硬度呢？一般以下列十种矿物作为鉴定矿物相对硬度的标准，这就是摩氏硬度计：

1)滑石、2)石膏、3)方解石、4)萤石、5)磷灰石、6)正长石、7)石英、8)黄玉、9)刚玉、10)金刚石。一般鉴定砚石硬度可利用指甲、硬币、回形针、萤石、小刀或玻璃等简单工具即可。

②比重：砚石的比重是指砚石在空气中的重量与同体积的水在4℃时重量之比。比重是鉴定矿物的重要特征。在其他矿物中，比重是选矿的依据，而且砚石的比重也很重要。砚石的比重大，说明组成矿物的质点排列越紧密，石质也就越细。砚石的比重小，说明矿物成分排列较疏，石质就比较粗。砚石的比重决定于它的化学成分和内部构造。各种砚石的石质可进行研究对比。根据本区和邻区（江西婺源龙尾砚，玉山罗纹砚，绢云砚）31个采坑砚石比重对比研究，可得出如下结论：如石质细，

黏土矿物多，绢云母含量高，Al_2O_3 与 MgO 的成分高，则砚石比重就大。如含粉砂板岩，粉砂质板岩其中绢云母及隐晶质70％以下者，它们的比重在2.16～2.64之间，一般在2.5左右，为轻比重；如含粉砂质板岩和板岩中，绢云母及隐晶质70％以上者，比重2.7～2.94，一般为中等比重；极个别的绢云母及隐晶质达90％以上者，比重为3.02。

（三）砚石的其他性质

（1）砚石的电学性质：如庙前青，为青灰色含粉砂板岩，不但能作为砚料，而且在工业上可作"5万千伏电抗气绝缘板"，故此测试其导电性能，很有必要。导电性就是砚石对电流的传导能力。因绢云母含量高，绝缘性好。

（2）砚的吸水性：砚石原料不能吸水性强，要测定其具体数据。测定方法由实验室进行，在野外则可进行简易的试验：用水洒在砚石表面，看其是否易干。易干，说明吸水性强；反之，则吸水性弱，石质就细。因石质细，其矿物成分聚结紧密，所以不吸水，不透水。组成砚石矿物颗粒粗，空隙就大，所以吸水性强。

（3）感触：手摸砚材，摸上去润滑，说明石质细，致密；摸上去粗糙，说明石质粗。

（四）砚石矿物成分、结构、天然纹饰鉴定

歙砚石原料主要是板岩及含粉砂板岩、粉砂质板岩。具泥质及粉砂结构，粒度要细，分布要均匀。自古以来评砚的好坏，首先是发墨如何。发墨不发墨的奥妙在于砚中含粉砂及微粒石英，呈棱角状及次棱角状，起着金刚砂的作用，达到发墨的效果。砂粒粗，发墨虽快，但磨下来的墨汁不细。砚石中无粉砂，则不发墨，由于砚石中含绢云母，所以益毫不损笔。砚石中有各种天然纹饰更是上品，可设计成美观大方的砚，所以研究各种纹饰很有意义。要研究歙砚的特点，必须通过科学鉴定，才能得到正确的数据。

（1）砚石岩矿鉴定（薄片）：砚石的矿物成分必须通过显微镜下鉴定。标本规格为3×6×9厘米。根据不同砚石矿点、不同纹饰及顶底板岩石分别采集，鉴定岩石结构、构造、粒度，物质成分，共生关系矿物的变质，

蚀变现象，确定岩石名称。

（2）砚石工艺鉴定：样品规格应等于或大于2.5×9×14厘米，将样品进行表面磨光（包括层面和垂直面两个方面），鉴定是否有天然纹饰、纹饰特征以及石质情况等。这项鉴定工艺应由鉴定部门加工或试雕。

（五）砚石化学分析

根据不同砚石板岩，采集拣块样品，进行化学全分析，并同时行进光谱分析，全面了解砚石板岩中各种元素及组分的含量，是否有伤害人体的放射性质物。其化学分析样品质量为500克。分析项目按全分析要求。

（六）物相分析

主要任务是通过差热分析和x射线分析、比较，准确地鉴定砚石中黏土矿物类别和名称以及在岩石中含量及共生关系。样品质量50克。

二、歙砚石的评价标准

砚石评价是一个新课题，目前尚没有统一标准，因为它具有独特的性质，而不同于一般工业矿物和岩石。砚石的好坏，取决于工艺要求。"工艺要求"与"工业要求"不同，前者侧重于质（质地）概念，后者侧重于量（品位）的概念。有经验的地质学者，尽管能把矿物和岩石准确地鉴别开来，但不一定能完全识别砚石的好坏。因此，总结和研究砚石的工艺要求十分必要。笔者认为，石质应该细润、贮墨不涸、久磨不损、涤之略无墨渍。但工艺部门对优质砚石的要求是十分严格的。作者根据十年来对歙砚的考察研究，结合工艺要求，汇集了本区砚石产地的地质资料。初步可归纳以下几条作为砚石评价标准。

1. 歙砚原料应以泥质和粉砂质板岩为主

色灰黑、黑者为佳，歙红、庙前红、紫云砚为紫红色或猪肝色，和端砚色相似。庙前青砚料，顾名思义，为青灰色。根据考察研究，能作为砚料的可分为六类。现将分类情况及岩石的矿物组分列表如下：

歙砚石原料石质组分表

岩石名称	砚材等级	岩石组分					
		绢云母隐晶质	粉砂	砂级	绿泥石	金属硫化物	炭质
板岩	优质	90~95	2~4		1~3	1~2	
含粉砂板岩	优质	75~90	6~15	<1	2~3	1~2	2~3
斑点含粉砂板岩	优质	70~80	12~15		5	1~2	
粉砂质板岩	一般	55~65	23~25	4~6	1~6	1~2	2~3
含砂含粉砂质板岩	一般	55~75	13~35	6~10	2~3	2	
含粉砂砂质板岩	一般	50~58	25~30	6~15	5	1~2	

2、砚石板岩的矿物组分

（1）优质砚材　绢云母及部分隐晶质70%~90%，粉砂2%~15%，含砂量<1%，绿泥石1%~5%，金属矿物1%~2%，炭质2%~3%。

（2）一般砚材　绢云母及部分隐晶质50%~70%，粉砂13%~35%，砂质4%~15%，绿泥石1%~6%，金属硫化物（一般黄铁矿）炭质2%~3%。

3．砚石板岩的主要化学成分

根据不同地区28个采坑样品化学分析资料归纳参考如下：
SiO_2一般是60%~65%，最高不能<70%，最低不能<55%。
Al_2O_3占15%~20%，最低不能<13%。
Fe_2O_3占0.3%~1.5%，FeO占2%~7%。
MgO占1.5%~3%，CaO占0.5%~3%。

Na_2O 占 1.5%~4%

Ka_2O 占 2.5%~3.5%,最高不能 >6,最低不能 <1.5%。

4. 块度

规格：砚石体积 13×9×2.5 立方米,其中无筋（指方解石及石英脉）、石隔（节理）、小损者等外,砚石体积小于规格砚石,其中包括规格砚石。上等砚石（有眉纹、金晕、罗纹、天然纹饰）,其中无石隔、石筋极少者。就形砚大小不限,只要有天然纹饰。

5. 粒度

砚石碎屑粒度要细,约 0.01~0.05 毫米,物质成分均匀,结构致密,不吸水,不透水,表面滋润（丝绢光泽）光滑,用手摸上去似小孩皮肤一样柔嫩,古称"孩子面"、"美人肤",呵上一口气,能凝聚许多小水珠,手指按上去一放,即有手印。歙砚轻击之有清脆的击铜声。

6. 硬度

砚石硬度要适中,一般在摩氏 30~40 之间（墨的硬度摩氏 2~3 级）砚石的断面硬度不能差别太大（1 级左右）。构成砚石纹饰的各杂质与砚石基本硬度不能差别太大,要求不超过 5 级（摩氏）。

7. 板理与层理

砚石板岩的板理与层理基本一致,砚石的板理要求平整。不宜有明显的褶曲,但微细褶皱除外。板理的划分厚度要大于 3 厘米。

8. 质地

制成一定形状和体积的砚坯后见不到节理裂隙和次生充填物的矿物细脉。不能有砂的夹层。

9. 天然纹饰

要有各种天然的纹饰才是上品砚。如传统工艺品种有金星、银星、雨点星、金晕、金花，鱼子纹、眉纹、罗纹、牛毛纹、刷丝纹、角浪丝、玉带等。

砚石的品级划分，不像矿石那样容易确定，很多情况下都是在边探边采过程中进行。需要时将原料送往砚台厂，共同研究，必要时可以进行试雕。

以上各条都互相联系，互相影响着，如砚石质地细颜色就深，组成砚石矿物的颗粒细，触之如儿肤，感觉润滑；结构细，胶结紧密，也就不吸水，不透水。所以各种性质是相辅相成，互相映衬的。

三、歙砚石的野外鉴定方法

砚石产地，绝大部分在深山、河流切割的沟谷之中，远离城市，交通不便。如果在野外不会挑选，不管质量的好坏，都用作砚台，这是徒劳无功的。砚石开采，自古以来劳动强度大，采石技术较高，故有"砚石一斤，价值千金"的说法。砚石采出来，不是全部都可以作砚台的。因此，必须认真挑选，去掉"破（即风化层）皮"，保留"石心"，然后按质分级。根据笔者长期野外工作的实践，归纳起来，用"看、摸、敲、洗、磨、刻"六个字，基本上可鉴定出砚料的好坏了。现简述如下：

1. 看

首先要寻找泥质及粉砂质板岩及微晶灰岩。遇见板岩要看是否成层，板理是否合乎工业要求，要是劈理（片理）发育，不成层，板理薄，不平整，节理裂隙（裂缝）密集，就不必开采。反之，就进一步工作。

2. 摸

拿到一方砚石板岩，用手摸一摸，是否润滑，像小孩皮肤一样柔嫩，说明石质细。摸上去毛糙，如老太婆皮肤似的，则说明石质粗糙。用手按上去，有手指印，用嘴呵一口气，有小水珠，就说明砚石结构紧密，不吸水，合乎工艺要求。

3. 敲

取砚石用手托空，轻击之，具清脆的"噔噔噔"声音，说明砚石无暗伤；如果声音"噗噗噗"地，说明砚石有伤痕。有一隐蔽节理（"暗节理"）是肉眼不易看出的一种裂隙（裂缝），只有当岩石受到打击时才能发现。

4. 洗

闭合节理是肉眼可以看出来的一种裂隙，但两壁靠得紧，中间没有空隙，敲打时不一定发现。有许多微细节理，肉眼是不容易看出的，只有放在水中一洗，砚石表面各种节理都显而易见。一方砚石放在水中一洗，晾几分钟，无裂隙的砚石表面及断面很容易干，而表面有裂隙则不易干，可看出一条水迹。

5. 磨

要想知道砚石中有什么天然纹饰，可将所取砚料，放在一块平整的石头上，抓些河中的自然砂，代替金刚砂进行水磨，很快就会磨平。然后放在水中将砚石洗干净，拿起来用偏光一瞧，即可显示砚石中是否有天然纹饰，更能看出砚料的细润度。

6. 刻

在野外如何鉴定砚石的硬度呢？可采用指甲（相当于2.50）、硬币（相当于30）、萤石（相当于40）、小刀或玻璃（相当于5.50～60）等简单工具鉴定。因砚石的硬度为30～40，故利用上述工具刻划即可以鉴定。

在野外通过以上办法挑选和鉴定，送到砚台厂制作砚台时，基本上合乎工艺要求，不会白费力气，劳而无功了。

第五章 歙砚的制作技艺

一、歙砚制作工序

歙砚为我国四大名砚之一,它载誉于世,其名久盛不衰。究其如此名贵的原因,除了歙砚石得天独厚、生于特殊的地理环境外,也和开采的艰巨、工艺的制作有关。那巧妙的构图和精细的雕琢,构成了我国工艺上的一颗璀璨的明珠,更令人赞不绝口。2006年6月国务院认定"歙砚制作技艺"为国家非物质文化遗产。

歙砚的制作工序分:采石、选料;制砚坯(既剥板,锯磨);设计、雕刻;配盒、包装。

每一方砚台的制成都要经过十几道工序。一方歙砚的制成离不开制砚工作和雕刻家的辛勤劳动。

1. 采石、选料

歙砚石的开采非常艰巨,采石工作成年累月在深山里进行,为了采到未受风化的砚石,攀藤附葛,如上天梯。有的在悬崖绝壁上一锤一锤地刻凿;有的在河流切割的深谷中,挥锤如舞,汗水淋漓。砚石的开采不同于矿山开采,不能放炮,否则震成伤痕,无法成为砚料。歙砚的工艺要求又十分严格,要有一定的块度、粒度,硬度也要适中,不能有筋(即方解石脉和石英脉)和隔(即裂缝,地质构造学上称节理)等,采砚工人每天只能采到几十公斤至几百公斤石料。采下来的石料不等于都能制砚,还要经过挑选。好的砚石往往藏在巨大的岩石之中,两侧为砂岩或砂质板岩,即所谓"麻石三尺,中隐砚材数寸而已,犹玉在璞也"。砚石的开采真的可谓是:"千锤百炼出深山,匠工为琢多苦颜!"

选料是一门技术强的工艺,工人按照规格、形状、工艺要求进行取料，然后剥板，将石料凿平，锯成一定形状，用水砂细磨成砚坯。过去都是用手工，现在机械化，略显省力。要精选石料，无好料，巧媳妇难为无米之炊。

2．制砚坯

砚坯分为定型坯、自然形坯（也称就形坯）两大类。定型坯是按计划生产的规格型坯，如正方形、圆形、不规划形等。自然形坯则是就砚石之自然形状加以修整，锯磨成坯。锯坯可利用半机械化。圆形可用车床切割，方形可用机锯，不规则形手工锯。磨坯分粗磨和细磨。先用粗砂加金刚砂和水在石板上平磨，后再用细砂水磨，最后用油打滑，使其四边平整、厚薄均匀。过去锯磨均为手工，现在发展机械化，有手提锯机（图5-1）、台锯（图5-2）、地锯（图5-3）、修边机（图5-4）、水磨机（图5-5）、吊磨机（图5-6）、磨坯机（图5-7）、角向磨光机及锯片（图5-8）、电钻（图5-9）、电磨（图5-10）等，配合手工制作提高了工作效率。

图5-1　手提锯机

图5-2　台锯

图5-3　地锯

图5-4　修边机（左图）

图5-5　水磨机（右图）

❋ 图5-6 吊磨机（左图）
❋ 图5-7 磨坯机（右图）

❋ 图5-8 角向磨光机及锯片

❋ 图5-9 电钻（左图）
❋ 图5-10 电磨（右图）

3. 设计、雕刻

雕刻是制作砚台过程中极其重要的关键性工序，要根据砚石的石质形态，认真考虑题材、立意、构图、造型以用雕刻的刀法刀路。雕刻分凿刻和雕刻两步。定稿（即设计成图案）后，开始凿坯，即将墨堂、墨池（也称水池）及背石、阴肚等部分该凿去的凿去适度，再用铲将凿过的部分铲平。主要是铲成应做的式样，再用油石磨平，水砂打光，这样的素池砚（即不雕刻图案的）即完成，如需要雕刻图案的，开始按图案式样进行雕刻。先将图案之外的铲低，深度一致，刮平，不能留有刀痕，再雕刻图案。仿古歙砚雕刻主要以浅浮雕、浅刻、细刻为主；现代以深浮雕结合浅浮雕。采取什么雕刻技法和刀法,要视图案而定。例如:要表现豪放刚健的,则采取以深浮雕为主,适当穿插浅浮雕;要表现精致古朴含蓄的,则以浅浮雕为主,适当结合细刻。总之细刻、浅刻需要"工精艺巧",做到粗中有细,粗细结合。细刻要求精细、准确、生动;浅刻要求线条细腻、柔婉、流畅、繁而不乱,繁简适度。

砚铭是雕刻在石砚背面或两侧的文字。砚铭的内容也丰富多彩。有的叙述砚的历史,有的指出砚的特点,有的刻上砚雕日期、砚的名称、制砚者,有的是对砚的评价等。古代文人学士对歙砚的立意、构图及雕工是赞美备至的。歙砚砚边,多采用古器物之螭纹、夔纹、云雷纹,间有云纹、几何纹、缠枝花纹和各种变异纹饰。整个造型和格调古朴典雅、美观大方。有的砚背刻一些人物或动物、风景,刀法使用浮雕。也有的吸收徽州三雕艺术。

4. 配盒

砚制成后,最后一道工序,就是配盒,也就是包装。俗语说:"人要衣装,马要鞍装。""三分人才七分打扮。"砚盒分木盒和锦盒两种,要美观大方,不俗气。

配盒分制盒和油漆,利用红木、梨木、樟木、红椿或木胎髹漆制成砚台盒。不管用什么木料制盒,都要"就体裁衣",按照砚台大小配制。做到砚在盒中,摇晃无声。要想把砚盒漆成光洁如玉,要经过反复磨漆。每一件成品要经过打底、做坯、调色、粗漆、粗磨、复漆、复磨直至抛光、打蜡等多种工序。在盒盖上刻上题款铭识,或以篆隶,或以行草,上石绿或描金,显得古色古香、典雅大方。

二、歙砚造型及雕刻艺术

我国砚雕艺术的兴衰经历了漫长而艰苦的道路,砚雕艺术最早出现于何时虽无明确记载,但从已出土的古砚带有雕琢纹饰的情况来看,至迟在汉代就开始了对雕砚艺术的探求。自从唐代开始使用优质石砚后,雕砚艺术就有较快的发展。

歙砚,它具有巧、妙、绝的工艺特点,雕刻浑厚朴实、美观大方,图案均匀饱满、线条挺秀、刀法刚健。用浮雕、浅浮雕、半圆雕等手法。历代歙砚造型，米芾《砚史》有过总结："唐之制见《文房四谱》（苏易简），今（宋）之制见歙州砚图（即唐《婺源砚图谱》）。"歙砚造型风格，多为正直端方之式，这是历代经常制作官砚所形成的传统。歙砚造型正直端方的特点，由来已久。据邓之诚《骨董琐记》记载："南唐砚官，岁为砚有数，观四方而平盛者，官砚也，其面尤精，制作亦不类今之侈窳。"现代歙砚造型，根据《歙砚志》资料大致可分五大类：

（1）仿古式，即仿照古代各种式样，如风字样、箕样、瓢样、荷叶样、龟样、钟式、琴式、古钱式、抄手式等。砚式浑厚古朴，多作收藏文玩。

（2）就形式，根据歙砚石的形状，纹饰因材施艺，巧作而成。强调名品与雕工结合，两臻其美。如"丹凤朝阳"、"海天旭日"、"八仙过海"、"嫦娥奔月"、"太白醉酒"、"怀素书蕉"等。

（3）大冠式，长方。按传统制作规范，砚堂约占全长三分之二，上砚边较宽，墨池两边砚边稍窄，砚堂两边砚边更窄。下端砚边最窄，一般比例为8∶4∶2∶1。砚边图案以回纹为主，其次以云纹、双龙、蟠螭等图案，池开砚舌，背刻复手，内镌铭文、人物、山水等。文静素雅、落落大方，是宋以后歙砚的传统砚式。

（4）玉堂式（又称素边砚或素砚），长方形，砚面四条边基本一样宽（边宽约砚的十五分之一），也可把底边刻窄些，边上不饰图案，有的砚为淌池，背面可刻复手或铭文，也可不刻，这种普通砚式十分适用。

（5）砚坯（又称砚砖或平板砚），多为方形或长方形，也有自然形。名品罕见，纹饰极美，以致砚刻家不忍下刀，留下观赏或长期构思成熟后再刻的珍品。这种砚板和高档砚一样名贵。还有一种情况是，有的砚坯表面纹饰很好，但石内藏有石病，雕刻后露了马脚，而丧失价值，不如留作砚砖观赏。

砚的造型特点和雕琢风格历代各不相同。唐宋时代，砚雕在构图上虽有简有繁，而在刀法上、风格上却是古朴雅洁。唐代一般为"箕形砚"，宋代以长方形桥亭卜卦砚和圆形石鼓为多数，以抄手为典型。文人墨客为了砚台携带方便，便于挪移、洗涤，将砚背部分挖空，即轻并稳。也有在抄手内刻"砚铭"、"砚题"。元代不如宋代，孛儿只斤铁木真于1206年统一蒙古各部，忽必烈1271年定国号为元，由于蒙古族的游牧生活习惯，元代崇尚强悍英武，这与表现在工艺品纹饰上的粗犷豪放、刚劲有力的艺术风格是相一致的。元代的龙珠砚，将砚的通体雕成蟠龙，砚堂为正圆形，恰似一珠，墨池位于蟠龙口部，宛如龙抱着珠正在吞云吐雾，真正是惟妙惟肖。总的来说，构图布局及气势来看，刚劲豪放，处处体现着元代统治者那种英武善战、粗犷强悍的民族精神。明清的长方形最为普通，兼有荷叶或荷花莲蓬式。明代抄手砚甚为罕见。明代制砚工艺，无论是造型还是构图都达到了沉稳精练的程度，具有端庄敦厚的艺术特征。除继承了唐宋传统外，讲究自然美，简朴，讲究铭刻等，出现了随石形因材施艺，雕饰造型朴而雅的特点。特别注意线与面的关系，一般砚的背部都刻有浅槽或微凹的格式。清代乾隆时内府砚台造型已达到集历代大成阶段，砚上都具有乾隆御铭图章。在艺术风格上、制作上，形成两种鲜明的对比，以民间制作为主的砚，具有地方特色，多以健美、质朴、实用为主，而官府御用之作，则以材料珍贵、技艺奇巧精细为上品。歙砚受新安画派、徽派版画、砖雕、木雕、石雕的影响，以精细见长。雕琢瓜果、鱼龙、殿阁、人物，都能神态入微，一般是浮雕或浅浮雕，并借助于线刻造型。

概括起来，宋以前砚雕，古朴浑厚、大方实用。宋代素淡幽雅，元代豪放刚劲，明代端庄敦厚，清代繁缛精巧。

新中国成立后，歙砚在造型、雕刻、铭文上吸收了传统技法，抛弃传统技法中的烦琐、零碎和堆砌，利用天然纹饰，因材施艺，创造了一批具有较高工艺水平的歙砚精品。有山水风景，苍松、竹节、花鸟鱼虫等近百个砚品。不管是仿古还是创新作品，这些均以精细见长，设计巧妙，美观大方，朴实典雅。

歙砚的雕刻艺术，是中华民族优秀文化的一个组成部分。近30年来，在老艺人的传帮带下涌现出不少歙砚雕刻名师，歙砚厂100余名雕砚工人，一半以上都有20余年的雕砚历史。目前古徽州不但制砚人多，而且高级工艺美术师也甚多。这说明，徽派雕砚艺术，后继有人，前程远大。他们的作品都具有浓厚的徽派特色，且别具一格。

三、歙砚雕刻工具及刀法

1. 砚雕工具

古话云："工欲善其事，必先利其器。"也就是说，做什么事，必须工

图5-11 靠刀

图5-12 凿刀和雕刀

具要好。砚雕艺人,是以刀代笔,所以刀的工具要好。

砚雕主要工具有小锤、小钻子、刀、刻笔、台虎钳、钢尺、角尺、油石、磨刀石、棕刷、垫板、垫包等。小锤,用以敲打小占子。小钻子分尖形(用于刻点)、斜铲形(利用刀尖刻线)、平铲形(利用平头铲平面)等几种。小钻子的杆用普通钢制成。刀头用合金钢制成,根据需要用砂轮磨成几种形状。

刀,大致分靠刀(图5-11)、凿刀和雕刀(图5-12)三种。雕刀分圆头刀、平头刀、半圆刀、斜三角刀、尖头刀等。平刀及圆刀宽1~5厘米不等。

2. 刀法

砚雕是造型艺术中工具性较强的画种之一,其特点是经过以刀雕石而创造出艺术作品来。由于用刀的局限性,使砚雕不能像中国画那样,进行多次皴、擦、点、染的描绘。刀法分轻、重、徐、疾,刚柔相济。

工艺美术师利用不同刀具的特点,发挥刀法组织的丰富多样的变化,来表现自己作品的情感和气质,塑造动人的形象。在运刀时往往是捏刀向石直刻下去,颇有国画家在构思凝神之后,挥毫作画一气呵成的气势。优秀的雕砚家,无一不具有高超的造型能力和绘画技法。

刀法种类很多,有单入刀、双入刀、复刀、反复刀、飞刀、挂刀、轻刀、涩刀、冲刀、迟刀等。雕刻时常用的不过是单刀、双刀、切刀、浮沉刀、浅刀几种刀法。

切刀,其运刀方法和冲刀大抵相同,是一种用以表达线条的含蓄和蕴涩的方法。

砚雕中的用线与刀法的表现二者紧密相关，又相辅相成。因线的变化最终靠刀法完成，而线的处理则是刀法表现的重要准备与依据。

在砚雕的刀具上，随着现代艺术的兴起，已不单靠雕刀来表现造成主体感。如刮、磨、敲等，方法是多种多样的。

砚雕的基本要求是方角宜钝、圆体宜浑、刭处无痕、起处不碍、开面宜相质、留攻宜得位、造型不宜立体、图饰不宜满砚。

四、砚的结构与尺寸换算

（一）砚的结构名称（图5-13）

（1）砚堂（黑堂）：砚墨处。
（2）砚池（墨池）：研磨出来的墨汁储存处。
（3）砚岗（池头，俗称罗汉肚）：砚堂与砚池交界处。
（4）砚缘：砚堂与砚池四周略高的边，主要指两侧边。
（5）砚额（砚头）：砚池上部两边的别称。

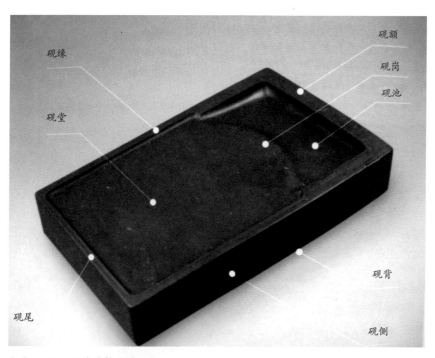

图5-13　砚的结构名称

（6）底边：指砚堂下边。

（7）砚壁：砚堂与砚池四周的壁。

（8）砚角：指长方形、方形砚的四角。

（9）砚底（砚背）：砚的背层面。

（10）砚侧（砚旁）砚的四周侧面。

（11）伏手：砚底中央凹陷部分。

（二）砚的尺寸换算

砚的长度单位是厘米或吋（英吋），1吋=2.54厘米。长方形砚分为常规型号、加厚型。根据长方砚的外形归纳成下表（表5-1）单位毫米。

	4吋	5吋	6吋
常规型	102×62×20	127×77×23	152×92×26
加厚型	102×62×40	127×77×45	152×92×55
	8吋	9吋	10吋
常规型	203×123×32	228×138×35	254×154×38
加厚型	203×123×65	228×138×70	254×154×75

长方砚的长宽比例为：长：宽=1：0.61

这样的比例被称为黄金分割（0.618），长方形砚计算困难，可用简便方法计算：

常规型　长度+2.5厘米　　　加厚型　长度+2.5厘米

宽度+1.5厘米　　　　　　　宽度+1.5厘米

厚度+0.3厘米　　　　　　　厚度+0.5厘米

举例：知道4吋长方形砚的尺吋，要换算5吋长方形砚的尺吋，按上公式推算。

4吋=长102、宽62、厚20（单位：毫米）

5吋=长：102+20；宽：62+15；厚：20+3（单位：毫米）

五、歙砚雕刻常用术语

1. 砚坑及砚石产地

砚坑是指砚石开采坑。砚石产地,是指砚石开采的地名,以及砚石展布的地区。

砚品:是指雕琢成品的砚台名称。如"嫦娥奔月砚"、"神龙神虎砚"、"素池砚"等,或冠上它的天然纹饰。如"金星砚"、"罗纹砚"等。砚台只能称一方砚,而不能叫一块砚;砚石可称为一块。

砚种:歙砚中分龙尾石砚、龙潭石砚、庙前青、歙红、歙青、紫云石砚等。

2. 砚的天然纹饰

天然纹饰是指砚石中自然形成的纹理,不是人工雕琢而成。天然纹理可分为构造纹理、金属纹理、沉积纹理等。

3. 砚的图案纹样

图案,广义指对某种物器的造型结构、色彩、纹饰进行工艺处理而事先设计的施工方案,制成图样,通称"图案"。狭义则指砚上雕饰图样而言。如吉祥图案"龙凤呈祥"、"平安如意"等。山水图案有鸟、鱼、虫、虾图案等。纹样,是对器物上的装饰花纹的总称。砚台的纹样,指的是砚上雕饰的花纹。一般分为单独纹样、适合纹样、隅饰纹样(即角隅纹样)、边饰纹样、散点纹样、连续纹样等。

4. 砚的造型

广义是指以艺术表现为目的,并具有一定美术要素的实用物之形态,甚至不论有无美的要素,凡通过人类的意识制造出来的眼睛能看、手能触摸的形象。可区分为以艺术表现为目的的造型和没有艺术表现意图的造型两种,还可能根据有无实用目的再加以区分。砚的造型,可分为自然形态和人为形态两大类。"造型"一词本意是雕塑。狭义的来说,造型只限于使用在立体造型方面。现在为更广泛的概念是：造形和造型常混同使用。

5. 立意、构思与章法结构图

立意和构思基本上属一种概念。不过立意是中国画家常讲的，指一定的思想内容。立意是确定主题思想。"意在笔先"，就是说在写作或创作之前就要明确文章或作品的主题或中心或思想。

构思是工艺师们对砚的制作的酝酿过程。它是指对主题思想、形象创造和砚的形态安排等的考虑过程。

"章法"和"构图"也是相似的概念。中国画称"章法"，西洋画称"构图"，都是指画家对一幅作品的画面上的安排。在砚雕艺术上，是指砚的结构和布局。也就是依据体裁和主题思想的要求，将所要表现的形象，加以组织和适当的配置，构成一个完整协调的画面。

6. 线条

线条，是砚雕的一种基本手段，就是用线条塑造形体，表现对象。一方砚的艺术价值，全靠线条功夫。

7. 浮雕

浮雕，是砚雕艺术之一。指在平面上雕出形象浮凸的一种雕刻。依照表面凸出厚度的不同，分出"高浮雕"、"浅浮雕"等。浅浮雕，一般指经过层次压缩处理的浮雕，从起线到浮雕面的单像厚度占实物厚度约十分之一内的浮雕。

高浮雕，一般指经过压缩处理，从起线到浮雕面相的厚度占实物厚度超过五分之二的一种浮雕。

8. 半圆雕

半圆雕是砚雕艺术之一。指使用圆雕技法，刻成所要表现的主要部分，舍弃次要部分，形成一半是圆雕的一种雕刻。而另一半，有的仍是原石块，也有用图案、景物、平面等不同手段作衬底面。砚雕常和各种浮雕与线刻装饰纹样互相配合，同时出现，具有很高的艺术水平。

六、歙砚艺术风格探讨

歙砚，历史悠久，具有独特的民族风格和传统的艺术造型。不但是实用品，而且是工艺美术品。骚人墨客，刻意追求，百般迷恋，把它视为"珍宝"。

歙砚的雕刻艺术，历代各不相同，艺术风格和表现手法也不同。总的来说，唐、宋时期，古朴精致，线条图匀流畅，一般以浮雕线刻为主，不作立体的镂空雕。明、清时期，主要继承宋砚雕琢的传统风格，在此基础上发展精细工整的特点。一般以浅浮雕、圆雕和半圆雕为主，但由于受到徽派砖、石、木雕的影响，也出现了深刀，所作楼台亭阁、人物等手法比较细腻，层次分明，而墨池的开挖也能做到相互呼应，因而显得十分协调，总体来说多为简作。新中国成立后，歙砚雕琢艺术风格有很大发展。继承和发扬了传统风格，各种形式的仿古砚，线条工整、规矩，墨池弧变适宜，特别是罗汉肚，使人看了舒畅。同时吸收了各地雕砚艺术的特长，并从其他艺术形式中吸取营养，扩大了随行雕琢的范围。在探索写实手法和自然风韵相结合方面，获得了突出的进展。

砚，是经常放在书桌案头的，实用和欣赏是分不开的。因此，制砚应将选坯、造型、雕琢、实用和欣赏有机地结合起来。一方砚石质虽然重要，但工艺更重要，要达到既实用又供欣赏的艺术，是件不容易的事。如果把制砚看做一般雕刻技术，那是很容易的，但有的砚台肤浅、俗陋，而且守旧，缺乏创造性，使用的图案张冠李戴很不协调，有的以工取胜，往往工过而俗，达不到应有的艺术效果。所以雕砚艺术必须有雕刻、绘画、书法、造型以及文学等方面的修养。以下就有关问题进行探讨：

1. 砚雕的承继和发扬

我国是世界文明古国之一。在世界文化发展史上，占有重要的地位。民族文化遗产领域很广，砚雕艺术可以从岩画、陶瓷工艺、铜器工艺等方面来探讨。早在旧石器时代，就出现了颜料描绘、工具刻磨的岩画。

陶器是新石器时代造型美术方面遗留下来的主要创作。青铜器的造型和装饰有重大的美学价值。这些宝贵艺术，对制砚艺术很有借鉴和运用的价值。特别是商、周的甲骨文、图案纹样、玉器雕刻；秦汉的刻石、竹简、砖、瓦上的图案；汉魏的画像石刻，南北朝、唐、五代的浮雕造像；以及历代漆器、瓷器上的图案、绘画、金石篆刻等，积累了丰富多彩的珍贵资料。如果有选择地、协调地而不是死搬硬套地搬到砚雕艺术上，便可能产生千变万化、古朴而又新颖的艺术效果。

2. 砚雕中线的艺术处理

砚雕中线与刀法紧密相关，相辅相成。因为线的变化最终靠刀法完成，而线的处理则是刀法表现的重要准备和依据。所以对于线的研究，就成为砚雕艺术中不可忽视的内容。

从晋代顾恺之作品算起，中国线画艺术的历史至今约有1700年。我们民族和民间的一切绘画形式都和线有着不可分割的关系。汉画像石、明清书籍插图、民间年画等都体现了线的艺术的深厚传统。歙砚的雕琢极重线的方式，不但体现雕砚家艺术高超，而且展示了雕砚艺术修养的深厚和知识面的广泛。砚的轮廓线和墨堂的边线，有起有伏，有方有圆，有曲有直，变化多端，直接关系着砚的生动、大方、古朴、豪放、琐碎等美的法则问题。线条流畅与否，是评价砚的好坏的标准之一。

3. 砚雕中刀法表现问题

雕砚家利用不同刀具的特点，发挥刀法组织的丰富多样的变化，来表现自己作品的情感和气质，塑造动人形象。为了表达雕砚家创造的理想形象，在运刀时往往是提刀向砚石直刻下去，颇有国画家在构思凝神、挥毫作画一气呵成的气势。砚雕主要靠手劲，持刀要稳，下刀要准，推刀要狠，不能摇。刀法要做到轻、重、徐、疾、刚柔相济。一般要求是：掩疵显美，不留刀痕。

4. 砚造型和巧夺天工问题

砚的艺术标准，先看造型，看布局和刀法。造型原则有二：一是根据石料形状、纹理来设计，因材施艺，巧夺天工；二是根据研磨和贮墨设计。所谓巧夺天工，即自然赋予砚石的一些特征。根据这些特点因材施艺，使之产生良好的艺术效果。不同的石品采用不同的艺术表现手法，因为歙砚石本身具备了自然的美。取其美之特点，合理地加以运用，要用得恰当，用得协调才能突出美的艺术效果。

5．砚雕的繁简与主次问题

歙砚多为简作，但也吸收了繁作的长处。繁作：设计属图案式，精雕细琢，左攀右挽，以显富丽。元代、清代多是此作。简作：设计属弦纹式，突出线面的刚柔转折，以素著称，铭文图案镌于砚背，宋、明多行此作。

砚既是实用品，又是艺术欣赏品，以实用为主，在造型、雕饰等方面的处理应该有主次之分。违背这一法则，就不能成为砚了。有的砚不是因材施艺，不分主次，单纯的表现艺术，包罗万象，无奇不有。有的甚至使用立雕透雕，像一幅山水画，将砚堂留得很小，雕琢占去大块面积，很不相称，叫做劳命伤神，吃力不讨好。雕饰纹样的主次、远近不能等同对待，否则既费工，又无艺术效果。墨堂一般不小于砚材的三分之二，雕饰部分为次。当然不能一概而论，要根据砚材特点，雕饰的需要，灵活对待。

从事任何艺术形式的创作，都离不开艺术修养和审美能力，而且要有熟练的艺术表现技巧，才能创作出好的作品。

第六章 歙砚鉴赏

一、古今砚谱

（一）古代砚谱图案

古代砚谱图案有着耐人寻味的深刻寓意，素讲会意传神，用谐音来表达人们内心对幸福的向往和对美好生活的祝愿。

古砚图谱，在《文房四宝》卷一《砚图》中有40余幅图谱，其中不少福寿类图谱和龙凤类图谱，以及云纹图案，这些图案具有高度的艺术装饰性，可方可圆，可随意曲折，适合各式各样的形态变化，而且龙的造型完美，变化万千、姿态生动、线条刚柔相济，凤更是绚丽多彩、仪态万千，所以，龙凤图案在我国传统吉祥图案中是常见的。早在殷商时期，铜器和骨刻上就有龙凤图案。周代铜器龙纹已渐趋完整，到汉代龙凤图案已相当普遍了。

（二）砚雕图案出典

砚雕艺术是我国民族雕刻中一种独特形式，经历了漫长的历程。追索砚雕的来历，从史前期彩陶图纹到记录于甲骨的殷商文字，从镌刻在青铜器上的金文到汉画像石刻，秦汉有形印章的广泛使用……可以说这一切都为我国砚雕图案的出现奠定了基础。

砚雕艺术品，不但有巧、妙、绝的技巧，别具匠心的构思，而且砚的造型雕饰，体现着雕刻、绘画、书法、篆刻、造型及文字等方面的艺术修养。砚的图案有着耐人寻味的深刻寓意，素讲会意传神，谐音意来表达人们内心对于幸福的向往和美好生活的祝愿。

歙砚图案取材异常广泛。有的图示为神话传说，如"嫦娥奔月"、"八仙过海"、"麻姑献寿"、"天女散花"等；有的描绘了祖国大好河山，峥嵯巍峨、明媚秀丽；有的以动物花鸟虫鱼为题材，千姿百态，玲珑剔透。现将常见图案出典简述如下：

1．"嫦娥奔月"

典出《列仙全传》。其中记载："羿得仙药于神人，未及自服，其妻窃食之，奔入月宫。"后羿，古人名，传说是夏代有穷国的君主。嫦娥奔月是我国民间传说中一个美丽动人的故事。嫦娥在清冷的广寒宫里，只有和吴刚做伴。因吴刚修道三载，家妻缘妇与炎帝之孙伯陵私通，生下三子，分别叫鼓、殳、延，吴刚知道这件事后怒火中烧，将伯陵杀死。因此，惹怒了太阳神，将吴刚发配月宫，命其砍伐不死之树——月桂。吴刚原出在《山海经》一书中，叫吴权，是西河人。后来又有人把吴刚称为吴质。"吴质不眠倚桂树，露脚斜飞湿寒兔"（唐代李贺《李凭箜篌引》）。据传说，缘妇因对炎帝给丈夫这种永无休止的劳动惩罚感到内疚，命三个儿子飞上月亮陪其父，度过永无尽头的清冷岁月。长子鼓就是月中的蟾蜍，次子殳为兔，三子延为寒鸦。

砚雕大师利用上述的故事，因材施艺，雕成"嫦娥奔月砚"。

2．"天女散花"

典出佛经故事中。天女将花撒于各菩萨的身上，用以检验佛门弟子们的道行如何。宋之向的《设斋叹佛文》也有"天女撒花，缀山林之草树"的句子，取春满人间的意思。花给人类生活带来风姿异彩：梅标清骨，兰挺幽香，茶呈雅韵，李谢浓妆，杏娇疏雨，菊傲严霜，水仙冰月玉骨，牡丹国色天香，玉树亭亭阶砌，金莲冉冉池塘，芍药芳姿少比，石榴丽质无双……人们惊叹花的娇，于是想出有花神。

3．"麻姑献寿"

麻姑仙女捧寿桃为西王母庆寿，寄托吃了寿桃长生不老、寿比南山的寓意。《列仙全传》中载，麻姑是东汉仙人王远（又叫王方平）的妹妹。十八九许，于顶上作髻，余发散垂至腰。有文采，非常锦绮，光彩耀目，不可名状，皆世之所有（《古今图书集成·神异典》）。"手似鸟爪"，有仙术，可以"素少许未来，掷地皆成丹砂"。据说，麻姑仙曾在牟州东南余山修道，能穿鞋在水上行走。不过，又有人传说她是后赵一个官员麻秋之女。麻秋身为官吏，监督民工日夜筑城。麻姑体恤民苦，常假作鸡鸣，引起群鸡齐鸣，使夜班民工能稍早歇息。后被父亲发觉，要打她，于是逃到仙姑洞修道（《中国一百神仙图》）。关于麻姑的传说较多，其"麻姑献寿图"主要是祝愿吉利。

4."八仙过海"

典出《列仙全传》。传说八仙在庆贺王母娘娘寿辰归途中，路过东海，各用自己的护身宝为舟，竞相过海，以示神道，俗话说，"八仙过海，各显神通"，就是出典在此。八仙名张果老、铁拐李、汉钟离、吕洞宾、韩湘子、曹国舅、何仙姑、蓝采和。

张果老，俗传本名张果，隐居在恒州中条山，时常往来于汾普之间，是长生不死的有道之士，他常倒骑着一匹白毛驴，日行万里，歇息时就把毛驴叠起来，薄薄的像一张纸，放在箱里。要骑时，用水一喷，即可变回毛驴。张果老一生悠然自适，淡泊名利，据说，唐太宗、唐高宗、武则天等帝王召他做官，均被婉言拒绝，传说他是混沌初开时一只白蝙蝠精。张果老常执鱼鼓。

铁拐李，据传为隋朝时陕地人，名李玄。早年一直住在岩穴中修道，道术很深，周游四方。他总是手扶拐杖，身背葫芦，颠颠倒倒出没在人间。传说他是狗皮膏药的祖师，关于他的传说在民间很多，不胜枚举。

汉钟离，名钟离权，因生活在汉朝，故人们称他为汉钟离。是燕台人，号云房先生。据传，曾跟华阳真人学道法，后又得到仙人王玄甫长生不老秘诀。他生来头圆额广，耳厚肩长，目深鼻耸，口方颊大，唇脸鲜红如丹，两臂长于凡人，手拿扇子法瓮云游四方。

吕洞宾，又叫吕岩，唐时蒲州永乐县人，是汉钟离学生。他身背宝剑，云游四方，除妖显化。他在道教中地位最高。全真道奉他为纯阳祖师，故亦号称"吕祖"，是八仙中心人物。

韩湘子，据说是唐代大文学家韩愈的侄子。他是纯阳先生弟子，成天学道，手拿箫子，周游四方。

曹国舅，传说他是宋英宗时期曹太后的弟弟，所以人们称他为"国舅"。因他对朝廷生活看不惯，隐居山林修道。他在八仙中的法宝是玉拍板。

何仙姑，是八仙中唯一的女仙。据说是唐代武则天时广州增城县人。她常执荷花。

蓝采和，据说是五代艺人。他常携花篮，驻颜有术，云游四海，浪荡逍遥。

砚雕家们利用八仙的故事，构成不少图案，如"八仙庆寿"、"暗八仙"、"八仙过海"、"八仙仰寿"、"群仙拱寿"等。所谓"暗八仙"，是以八位仙人所执器物组成的图案。

5．龙砚图案

包括"龙凤呈祥"、"九龙朝阳"、"二龙戏珠"、"蛟龙吐水"等砚石图案。

龙，是中国传统艺术中独特的装饰形象，也是我们伟大民族由来已久的传统标志和立国的象征，千百年来受到历代人们的普遍欢迎。

在封建时代，龙是皇帝的象征。传说龙是四灵之花，四灵为龙、凤、龟、麟，哪里有龙出现，哪里就有凤来仪，哪里就天下太平、五谷丰登。龙、凤是人们心中的祥兽瑞鸟，为一种祥瑞和吉祥的象征。在传说中，龙珠认为是一种宝珠，可避水火。

龙，姿态行动，能飞善游。上天能腾云驾雾，使日遮月蔽；下水则翻江倒海，淹陵没谷，表现出一种雄浑磅礴的气势。它寓江山社稷，象征富贵高尚。在民间，则是吉祥喜庆的标志。其实，龙是并不存在的一种虚拟的生物，我们可以说，龙虽不存在生物界，但来源于生物界，是多种动物的综合体。角似鹿，头似驼，眼似兔，颈似蛇，腹似蜃，鳞似鲤，爪似鹰，掌似虎，耳似牛。龙的造型千变万化，有坐龙、行龙、卧龙、蟠龙等。在北京故宫中，到处可以见到"龙"，有铜龙、铁龙、金龙、玉龙、陶龙、玻璃龙、彩绘龙等。据不完全统计，故宫中有数万条龙，几乎是龙的世界。据传龙生九子，为虫屡、螭吻、蒲牢、狴犴、饕餮、蚣蝮、睚眦、狻猊、椒图。其分工不一：饕餮为古代铜器上的装饰；螭吻，常用在古代建筑中或工艺品上作为装饰；履形状像龟，能负重，常为大石碑的石座；狴犴的形象常画在古代牢狱的门上；蒲牢的形象常为古代钟上的装饰品；睚眦时常出现在古代剑把上。它们各自形状不一，其岗位也不一。

古砚及仿古砚以蟠螭、夔龙、拐子龙、蠚龙、苍龙等图案为多。

6．"三星高照"

图为三个老仙人，象征着幸福，寓长寿的意思。传说三星是福星、禄星、寿星。三星来管人间祸福。禄星管富贵，福星管祸福，寿星管生死。

福星是何人？历来有多种传说。宋时民俗有人以真武为福神，渐传福神叫阳城。他是中唐时代人，作为通州刺史（今湖南道县）。有的砚台图案，直接用大写"福"字或者用蝙蝠象征"福"。

禄，按《辞海》解释，为古代官吏的俸给，如俸禄、食禄、高官厚禄。砚雕图案一般用"鹿"来象征"禄"。

寿，自古以来人们对长寿寄予美好的希望，秦始皇统一中国后，民间就开始建立寿星祠。后来人们把寿星人化了，于是变成这样一副模样：长头额高，双耳垂肩，身材短小，胡子花白，常露笑脸。左手扶一根龙头拐杖，上挂装有仙丹的葫芦，右手把一个寿桃，但也有右手拿着灵芝的。灵芝在古时称为仙草，吃了它能使人起死回生，长生不老。一般砚雕中图案有"百寿图"，雕琢一百个寿字。还有"团寿字"、"长寿字"、"天仙寿芝"、"仙壶集庆"、"蟠桃献寿"、"天仙拱寿"等。

7．"八吉祥"

是传统砚雕图案之一，即用八种佛教法物——法螺、法轮、宝伞、白盖、莲花、宝瓶、金鱼、长盘，构成一组图案。《雍和宫法物说明册》云："法螺，佛说具菩萨果沙膏吉祥之谓；法轮，佛说大法圆转万劫不息之谓；宝伞，佛说张弛自由如曲复众生之谓；白盖，佛说偏复三千净一切药之谓；莲花，佛说出玉浊所染着之谓；宝瓶，佛说福智圆满具完无漏之谓；金鱼，佛说坚固活泼解脱坏劫之谓；长盘，佛说回环贯彻一切通明之谓。"明清时广泛采用，含有吉祥之意。

8．"松鹤延年"、"龟鹤齐龄"、"鹤鹿同寿"

这些图案，均象征长寿的意思。传说龟寿万年，可兆吉祥，故古时以龟甲刻文。日本人对龟有特殊的感情，常以龟字命名，而取其寿意。

鹤，传说是一种仙禽，据《雀豹古今谈》中记载："鹤千年变苍，又两千年变黑所谓之鹤也。"可见古人认为鹤是多么长寿，因而被认为是鸟中长寿的代表。梅花鹿，传说是老寿星的脚力，而在"鹿"音之中寓为"禄"之意，是富有的表示。

松，在古代人们的心目中认为是"百木之花"，松除了长寿象征外，也常作为有志有节的代表和象征。

9．"三灵图"

三灵为龙、麟、龟，含有辟邪求福之意，寓意祥瑞。龙的图案形象，汉代以前无统一形式，但较图案化，唐以后身躯渐长，明清时期定型。凤的图案形象是以孔雀为基形，唐以前作站立姿态，宋代以后作飞翔状。在封建时代，统治者用以代表帝王的权威，而民间则用作美好的象征。

10．"喜鹊登梅"、"喜上眉梢"

我国人民的心目中，认为喜鹊是预报喜讯之鸟。在牛郎织女的故事中，每逢七夕相会，就有喜鹊搭桥。"喜鹊登梅"是借"梅""眉"的谐音来表达"喜上眉梢"之意。

11．"喜从天降"

图为蛛网上吊着一只蜘蛛。蜘蛛多子，我国习俗中常以蜘蛛为"喜蛛"、"喜子"。

12．"风柳鸣蝉"

蝉的幼虫生活在土壤里，吸食植物的根，成长时吸植物的汁。时令芒种前后，每当夜幕降临时，幼虫从地下小洞穴里悄悄地钻出来，然后爬到周围的树干或篱笆上面，经过一夜变化，蜕去金色外壳，变化成褐黑色的会飞的蝉。某些书画家喜欢蝉形砚，因为象征着长进，一脱蝉壳就会飞腾。另外，历代诗人墨客对蝉的印象众说纷纭，成为它们咏物抒情的对象，如李商隐在《霜月》诗里写道："初闻征雁已无蝉，百丈楼台水接天。青女素娥俱耐冷，月中霜里斗婵娟。"

13．"竹节砚"

竹，清高而有节，宁折不屈，虚怀大度，历代诗人墨客喜欢它。宋朝大文学家苏东坡为清高之士，曾云："宁可食无肉，不可居无竹。"可见其爱竹成癖。清代画家、文学家郑板桥清高亮节，画竹一生。

14．"年年有余"

图案中以鲶鱼为主体，以"鲶"与"年"谐音、"鱼"与"余"谐音来表示对年年有余的富裕生活的向往。

砚雕的图案甚多，还有"花中君子"、"化平天下"、"天宝九如"、"海天旭日"等。总之，大都有出典，多数是吉祥图案。

（三）砚的纹样形态及探源

砚的纹样，是砚上雕琢的花纹总称。纹样一般分单独纹样、适合纹样、隅饰纹样（即角隅纹样）、边饰纹样、散点纹样和连续纹样等。

单独纹样，即与四周独立、完整的纹样。适合纹样，指将一种纹样适当地组织在某一特定的形状（如三角形、多角形、圆形等）范围之内，使之适合于某种装饰的要求。边饰纹样，亦称边缘纹样，民间又叫"花边"。隅饰纹样，亦称角花，雕在砚台对角或四角的图案纹样。

砚的纹样，多数采用古器物上的纹样，有的借鉴古代建筑物上的纹样和雕漆、陶、瓷器、青铜器上的图案纹样以及古代石刻纹样。纹样分阳刻和阴刻，阳刻多用浅浮雕，阴刻多作线刻。

砚雕中采用的纹样，多数为回纹、云纹、几何纹、缠枝纹、夔纹、蟠螭纹、鸟纹、龙纹等，其次用虎纹、牛纹、龟纹、鱼纹、蝉纹、蝇纹等。

回纹，又称云雷纹，它是指以横竖短线折线组成方形或圆形、回环状花纹。回纹盛于商代和西周，沿用至春秋战国时代，主要作为青铜器上的花纹。作为瓷器的辅助纹样之一，见于宋代，多饰于盘、碗、瓶等物的口沿和颈部，或在纹样之间用回纹隔开。回纹形式有单体、二反一正相连成对和连续不断的带状形等。在古砚中常见回纹图案，一般雕饰在砚边上，古朴大方。

云纹，是传统装饰纹样的一种。因起伏曲卷如行云状，故称云纹，多用作织锦、漆器等的主要装饰。云纹盛行于汉代，在砚雕中盛行于唐宋时代：云纹在砚雕中多数作为辅助纹饰。如"嫦娥奔月"、"海天旭日"、"九龙朝阳"、"双龙戏珠"等图案中，均可见云纹。

几何纹，用各种直线、曲线以及圆形、三角形、方形、菱形等构成规则或不规则的几何纹样。

此种纹饰在元代石刻中多见。几何纹在砚雕中用于砚边或作为辅助纹饰。

缠枝纹，是传统纹样之一，指枝茎呈波状连续的纹样。它常以柔和半波状线与切圆组合成二方连续、四方连续或多方连续的装饰带。缠枝纹有缠枝莲、缠枝牡丹、缠枝竹、石榴等。

夔纹，传说夔是一种似龙的动物，一角二足，口张开，尾上卷，盛行于商和西周。

蟠螭纹，传说是一种没有角的龙。斜口，卷尾，蟠屈，盛于春秋战国。在砚雕中此种纹饰多数用于砚的砚额、砚边部位。

鸟纹，包括凤纹、鸱枭纹、鸾纹及成群排列的雁纹等。殷墟时期已有鸟纹作为重要纹样，西周早期鸟纹大量出现，一直到春秋战国时期。商代鸟纹多短尾，西周鸟纹多长尾高冠。

龙纹，分爬行龙纹、卷龙纹、两头龙纹、双体龙纹、双尾龙纹等。均为青铜器花纹。

砚雕中还有用虎纹、牛纹、龟纹、鱼纹、蝉纹、绳纹等纹样。砚中用的纹样甚多，不胜枚举。总之，要根据砚的造型而定，格调统一，美观大方。

二、古代歙砚作品欣赏

古砚作品古朴大方，端庄典雅，一般为简朴的线刻纹样，图案不复杂。其造型为圆形、长方形、箕形、抄手等。本节作品选自有关博物馆现存古砚和收藏家手里的古砚（古砚1—22）。

古砚-1 新石器时代石磨盘、磨棒（北京市平谷区上宅遗地址出土，首都博物馆藏）

古砚-2 汉代双鸠盖圆形三足砚

古砚-3 汉代圆形研磨器　　古砚-4 唐风字砚（西北大学历史博物馆藏）

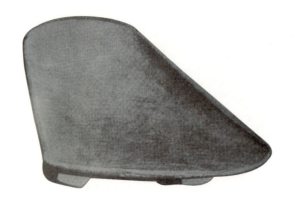

古砚-5　唐开城箕形砚

古砚-6　抄手砚

古砚-7　太狮少狮砚（汪浩 藏）

☗古砚-8 唐箕形砚

☗古砚-9 宋鹅形歙砚（金彤 藏）

☗古砚-10 宋歙石薄形抄手砚

◉古砚-11　宋长方形淌式抄手砚

◉古砚-12　宋歙黄淌式抄手砚

◉古砚-13　宋歙红椭圆池抄手砚

● 古砚-14　宋抄手砚（安徽省博物馆藏）

● 古砚-15　元赵子昂铭太史砚

● 古砚-16　明墓出土歙红砚

古砚-17 明墓出土歙青砚

古砚-18 明长方形歙红砚

古砚-19 清八棱砚

第六章 歙砚鉴赏　137

❀ 古砚-20　清竹节砚

❀ 古砚-21　清圭形砚

❀ 古砚-22　清四水回归砚

三、现代歙砚作品鉴赏

（一）仿古砚作品欣赏

☷仿古砚-1　玉堂式钟砚

☷仿古砚-2　古钟砚（正、背两面）

☷仿古砚-3　井田砚（欧阳文生 藏）

☷仿古砚-4　蝉形砚　柯崇 制

☷ 仿古砚-5　金晕汲古砚　吴国水 制
（上海砚苑 藏）

☷ 仿古砚-6　钟砚（正、背两面）（石研斋 藏）

仿古砚-7　仿汉钟砚（正、背两面）　汪律森 制

仿古砚-8　水浪纹书卷砚　叶显华 制　　仿古砚-9　瓦形砚

仿古砚-10　书简砚（正、背两面）　方枕霞 制

◉仿古砚-11　鱼子纹双池抄手砚　柯崇 制

◉仿古砚-12　雨点金星枣心砚
吴玉民 制（石研斋 藏）

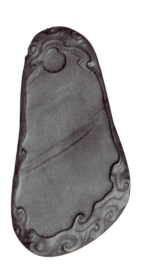

◉仿古砚-13　眉纹祥云砚
叶显华 制

◉仿古砚-14　数钱砚

(二) 奇石砚品观赏

奇石砚是指自然界造型奇特、色泽艳丽、纹饰秀美、不经加工或略加点缀的砚品。它是美学与地质学相结合的产物。是由"地质作用"所生成的奇石。具有观赏、经济和收藏价值。

奇石砚-1　海天旭日　柯崇制

奇石砚-2　金玉满堂　柯崇制

奇石砚-3　伴侣图（上海砚苑 藏）

奇石砚-4 枯木逢春砚 柯崇 制 （北京北广传媒影视有限公司制作总监刘建华 藏）

奇石砚-5 狮子滚球砚 柯崇 制 （吴伟 藏）

奇石砚-6 独钓寒江雪砚

奇石砚-7 旭日东升砚（石研斋藏）

奇石砚-8 月下行舟砚（石研斋藏）

奇石砚-9　野趣砚　方韶 制　　　　奇石砚-10　豹皮纹螺砚　方晓 制（石研斋藏）

奇石砚-11　银鸡孵蛋砚　　　　　　奇石砚-12　兔砚　汪德钦 制

奇石砚-13 悟 方学斌 制

奇石砚-14 瑞雪迎福图 周晖 制

（三）歙红砚品鉴赏

歙红砚材稀少，是20世纪80年代初期，笔者在歙县上丰山区新发现的。1988年由上丰工艺厂初次开发利用，受到国内外砚石收藏者青睐。同年《黄山日报》和《人民日报》发表了《歙砚又添新品种——赤红青黛两争妍》一文后，"歙红"、"歙青"这两个名词就传开了，身价扶摇直上。

◉ 歙红砚－1　歙红瓜砚　张永鸿 制　（石研斋 藏）　　◉ 歙红砚－2　歙红牛砚　钱胜利 制（石研斋 藏）

◉ 歙红砚－3　夜半寒山寺歙红砚　汪德钦 制　（石研斋 藏）

歙红砚-4　梦笔生花歙红砚　宋进军 制　（石研斋 藏）

歙红砚-5　清凉台观日砚　胡震龙 制

　　自歙红砚-1至自歙红砚-5五方砚，石料取自祁门县境内（又称祁红）。在石品中可见翠斑、翠带、石眼、红线、火捺等天然纹饰。此石料难取，是稀有砚料，价格昂贵。

　　自歙红砚-6至自歙红砚-7，石料取自徽州区（又称徽红），砚石石质细润，呈紫红色，发墨不吸水。石料难得，为珍品。

❖歙红砚-6 双鹅戏水砚　　　　　　　❖歙红砚-7 四水回归砚（石研斋 藏）
张永鸿 制 （石研斋 藏）

　　歙红砚-8至歙红砚-11石料取自歙县境内，石质紫红色、坚而润，发墨性能好。石中可见刷丝纹，石料稀少，价格昂贵。

　　砚石呈紫红色，细润。做工精妙，双面雕刻。正面在砚额上雕瓜叶，砚池右角有大小瓜两个。背面瓜果累累，一派农家丰收景象。

❖歙红砚-8 竹节砚（石研斋 藏）　　　❖歙红砚-9 龙砚
　　　　　　　　　　　　　　　　　　　（石研斋 藏）

❖歙红砚-10 凤砚　　　❖歙红砚-11 开渠砚 柯崇制 （上海砚苑 藏）
（石研斋 藏）

⊛歙红砚－12　刘海戏金蟾砚　（石研斋　藏）

⊛歙红砚－13　秋瓜图　张永鸿 制　（石研斋 藏）

⊛歙红砚－14　米花石素池　柯崇 制　（上海砚苑 藏）

（四）艺术化歙砚欣赏

此种砚放在案上或厅堂中欣赏，人见人爱。工艺师们利用砚石美妙天然纹饰，巧夺天工，精雕细琢，因石造型，罗汉、童子、荷花、水牛等在他们的雕刀下活灵活现，惟妙惟肖，令玩赏者叹为观止。他们充分发挥和借用传统的徽州三雕艺术，把歙砚的创作推上了一个更新更高的台阶，使歙砚的使用价值和艺术欣赏价值巧妙地

⊛艺术歙砚－1　布袋和尚

融为一体,为徽州砚文化的发展做出了新贡献。

布袋和尚(艺术歙砚-1),制作者利用鱼子石天然的黄皮金晕之色雕琢成布袋和尚,其左侧一位童子正在嬉耍,造型生动、准确,线条流畅而自然,和尚的憨厚和童子的天真都刻画得十分生动活泼,使人自然联想起"笑口常开,笑天下可笑之人;大肚能容,容天下难容之事"这句绝唱。

艺术歙砚-2　九龟荷叶砚　柯崇 制　(上海砚苑 藏)

九龟荷叶砚(艺术歙砚-2),砚长83厘米,宽53厘米,高26厘米,重200公斤。江西大畈金晕鱼子石精制而成。砚的不同部位雕有九只龟,或水中游戏,或岸边窥探,或藏身于荷叶底下。全砚制成硕大的荷叶,且荷叶向上翻卷,造型生动而自然,全砚充满了荷塘边的勃勃生机。

艺术歙砚-3　千层石　柯仲运 制

千层石（艺术歙砚 -3），此砚石产于歙县境内。砚石浑然天成，未作过多之雕琢。砚石层理分明，呈灰白色。砚堂部分天然呈乌黑色，被称之为"乌金"。石质细润，极为罕见，为砚之绝品。

艺术歙砚 -4　佛祖诵经砚　叶显华 制

佛祖诵经砚（艺术歙砚 -4），制作者利用砚石的天然金晕雕琢形态各异的十八罗汉簇拥着如来佛祖，祥云缭绕，仙气腾腾，自然而生动，给人以仙境虚无缥缈之灵感。

艺术歙砚 -5　海天旭日砚　范建华 制　（陈国源 藏）

海天旭日砚（艺术歙砚 -5），制作者利用砚石自然而成的金星、金晕纹理，略加修饰，顺理成章地形成了一幅美丽的海天旭日图。

🌸 艺术歙砚-6　福从天降砚　甘而可 制

福从天降砚（艺术歙砚-6）制作者利用现成的金晕砚材，雕成圆形之砚池，砚堂四周利用浅浮雕之手法，自然而然几缕祥云，几只蝙蝠夹杂其间，简洁而明了，自然而成一幅"福（蝠）从天降"图。

🌸 艺术歙砚-7　含羞砚　张硕 制　（刘齐武 藏）

含羞砚（艺术歙砚-7）制作者利用砚石的金晕作为天然云彩，砚上方云彩中雕一半圆形砚池，拟作月亮，砚下方一位老者行舟于海上，飘逸而过，一幅夜舟泛渡的美妙景色。

◉艺术歙砚-8　独钓寒江雪砚　甘而可 制

独钓寒江雪砚（艺术歙砚-8）砚石的金花纹理，在制作者刀下成了一幅天然雪景，砚池下方雕有一老翁，头戴斗笠，身披蓑衣坐于船上垂钓，自然而然地形成一幅寒江独钓图。

◉艺术歙砚-9　国色天香砚　郑寒 制　（陈国源 藏）

国色天香砚（艺术歙砚-9）砚石的天然纹理金晕在制作者的精心构思下成了一幅美丽的国画牡丹图。

▣ 艺术歙砚-10　扇形寒梅砚　洪玉良 制

扇形寒梅砚（艺术歙砚-10），金晕砚面在制作者刀下成了一把打开的折扇，砚堂左侧，寥寥数刀便成了一枝苍劲挺拔的梅花，上侧刻梅花诗句，扇骨用浅浮雕法，一把十分逼真的折扇就摆在你的面前。

▣ 艺术歙砚-11　关中月色砚　范建华 制

关中月色砚（艺术歙砚-11），这是一幅庙前青歙砚，其中的金晕不用动刀便成了自然的山峰，两峰之间，寥寥数刀便成了关中楼台和树木，一弯新月挂在树梢，远处是高山流水，俨然一幅天然的山水图。

艺术歙砚-12　砚田　潘家兴 制

砚田（艺术歙砚-12），匠心独具，砚石的天然纹晕成了农田中的一汪清水，大小各一的两头牛休憩田中，小牛依偎着横躺着的大牛；似睡非睡的小顽童藏于石洞中，高低不平的自然断面成了田塝，一幅美丽的田园景色跃然眼下。

艺术歙砚-13　探春图　范建华 制

探春图（艺术歙砚-13），砚石的金晕在作者刀下成了自然悬岩，金花则成了点点寒梅，悠然自得的仕女散步于梅林间，衣褶流畅而自然。这是一幅"不雕则雕"之佳作。

◉ 艺术歙砚-14　银装素裹　范建华 制

银装素裹（艺术歙砚-14），制作者把砚石的银晕纹理作为自然山石，林中一片雪花，悬岩上有一飞来石，周围有一栏杆，砚池是明月出没云彩间，砚堂下方波浪翻腾，构图自然而生动，令人拍案叫绝。

（五）歙青与庙前青砚品鉴赏

"歙青"这一砚石名词历史上并无记载，是笔者20世纪80年代初期在歙县上丰山区发现此种砚石，并定名"歙青"。通过当时上丰工艺厂的试制，成为砚中之另一佳品，颇受砚石爱好者之欢迎。1988年，《黄山日报》和《人民日报》先后披露此消息，此砚石身价倍增。有关"歙青"石料产地及石质特征，在"歙砚矿床"中已做介绍。现将各砚坑"歙青"砚

◉ 青-1　歙青玉带墨海砚　柯崇 制

◉ 青-2　歙青玉带青龙戏珠砚　柯崇 制

☰青-3　歙青玉带石鼓砚　柯崇制

☰青-4　盛世龙腾砚　柯崇制

☰青-5　歙青玉带荷叶砚　柯崇制

青-6　素池玉带砚　柯崇 制

料制成之砚品提供给爱好者鉴赏。

　　"庙前青"这一名词始于何时，历史上无文献记载。根据现存砚品分析，应该可考始于宋代，但其具体产地不详。"庙前青"，庙在何处，无从查考。1983年笔者在歙县岔口庙前、周家村、洽河一带调研、探测，并通过精密填图、山地描述等手段，对地质地层、岩性反复进行分析，初步确定"庙前青"砚石产于歙县周家村、庙前、洽河、车川一带，并发现砚坑有三四处，石料细而坚，润笔发墨，经砚雕师加工，成了砚中绝品。

青-7　庙前青竹节砚　方韶 制
（石研斋 藏）

青-8　庙前青岳阳楼砚　范建华 制
（石研斋 藏）

● 青-9　庙前青沧海日升景观砚
王祖伟 制

● 青-10　庙前青银丝双福砚
（石研斋 藏）

　　《庙前青荷池清趣》（青-11），此石取自歙县庙前坑，石色青润，似孩儿面，美人肤。正反面均有金线，黑色柳眉。制作者用荷叶当砚池，荷叶上有一只青蛙在歌唱，砚堂中巧妙地利用柳眉、金线，似池边杨柳，迎风飘动，栩栩如生，自然天趣。

● 青-11　庙前青荷池清趣
（金线、柳丝眉）吕志远制
（石研斋 藏）

庙前青斑鸠石眼砚（青-12），此石作者取自歙县洽河庙前坑。石质青润，细腻，叩之金声，有石眼0.7厘米大小，外圈呈黑色，内呈青黑色，制作者巧妙地将眼当做斑鸠眼睛，宛自天成。背面有柳丝眉，妙似春风吹拂杨柳飘动之意。

（六）现代歙砚精品欣赏

砚雕艺术与绘画艺术不同，它是以刀代笔，变化在于刀法，融合了书法、绘画、雕刻等技法。在立意构图的同时，对造型构图方法、技法及视觉效果作全盘考虑。因此，砚雕艺术具有特殊风格。砚雕艺术与众姐妹艺术有密切关系，如牙雕、碑刻、雕塑、徽州三雕（砖雕、石雕、木雕）等。"砚工其始于石工"（宋代罗顾《新安志》），砚之浮雕学习自石雕，石雕技术又少不了碑刻的镌刻方法。对砚雕艺术渊源及风格论述，既不能脱离其时代背景、地域背景孤立而论，也不能视为石雕、碑刻。笔者认为砚雕艺术紧承石雕雕刻艺术，而具有时代特点和地方特色，可分各种流派，如北派、吴门派、徽派、岭南派等。砚雕艺术由于习惯于师徒、父子、家族、亲朋好友相传，因而技艺总是一脉相承，其功力都比较深厚。徽派砚雕目前来看，可分写实派和写意派，镂雕是否立派，不敢断定，能否传于后世，千秋功业由后人评述。砚雕艺术和其他艺术一样，其中不少人，身通数艺，匠智非凡。砚雕名家的手艺和风格尤不可忽视，前辈名家佳作在历史上曾光照过不少后人，千万不能忘记他们，要继承又要创新，徽派砚雕艺术才可发展。歙砚浑厚朴实，线条挺秀，美观大方，是砚雕家将独特的雕刻技艺与自然天成的歙石结合在一起的产物。歙砚艺术能历经千年而不衰，靠的是一代又一代砚雕家们不断地创新和突破。现代歙砚在传统的基础上推陈出新，展现了广阔的发展前景。其实，对砚雕名家的衡量早有一套约定俗成的标准，如：有若干砚雕代表作品留世，既赢得文人痴迷，又值得后学者追摹；砚品具有鲜明的徽派特征和个人风格。因为，一个优秀的歙砚雕刻家，必定是"诗、书、画、印、刀"技法的融会贯通者，他借鉴岩画、陶瓷、青铜器、漆器、瓷器、绘画、金石篆刻以及徽派砖雕、木雕等技巧，为现代歙砚雕刻艺术而用，呈现千变万化的新颖的艺术效果。

● 青-12　庙前青斑鸠石眼砚
柯崇 制 （石研斋 藏）

1. 新中国成立后老一辈砚雕名家作品

精-1 "九牛图" 汪律森 制

老一辈砚雕名家有胡灶苟、胡经琛、汪律森、胡震龙、叶善竹、汪启渭、胡和春、方钦树、方建成、姚传禄、程苏禄、曹介民、甘而可、孙升平等。特别是胡震龙、叶善竹、方钦树、方建成等人在培养人才、寻找砚石资源、发展徽州砚文化方面做出了很大贡献。

（1）汪律森（1918-2004），古徽州婺源人，其祖父汪培玉，曾祖父汪桂亮都是歙砚雕刻名家，可谓砚雕世家。他自幼跟随祖辈学习制砚和篆刻印章技术，并攻书法，功底深厚，技术纯熟。曾为歙砚厂和歙砚研究所顾问。善制仿古砚，刀法苍劲，线条流畅，古雅、浑厚、朴实。特别是仿宋砚，很注意方圆关系，巧妙地处理，方中有圆，圆中有方，变化多端。其代表作有仿汉钟砚（见图仿古砚-7）、"九牛图"（精-1）、《松鹤延年》等。他培养了不少子弟，其中有著名砚雕师方见尘先生。

（2）胡震龙（1925-2009），歙县人。原歙砚厂高档制砚组负责人，擅长诗词、书画、戏曲等。他的作品具有徽派砚雕特点，技艺精湛，构图错落有致，古雅而浑厚，在砚雕界享有盛名。其代表作有阿房宫赋砚、前赤壁赋砚、琵琶行砚、丰乐亭砚、八仙飘海砚、树桩砚（精-2）、海天旭日砚（精-3）等。其作品采用浮雕、浅浮雕、深雕相结合的手法，雕刻技艺高超，意境深远，耐人寻味。

（3）胡和春，歙县人。原歙砚厂高档制砚名家。他的作品在造型、雕刻和铭文上都吸收传统技法，具有浓厚的徽派特色，以精细见长，特别擅长雕龙、牛、荷塘清趣等题材。1958年随父亲胡经琛进京建造人民大会堂，到故宫博物院观察龙、凤、狮子等石雕、砖雕和木雕等的艺术特点，借鉴到砚雕艺术。其代表作有九龙戏珠砚、神龙神虎砚、麒麟砚（精-4）、三灵砚（精-5）、云龙砚、龟龙砚（精-6）、双牛图砚（精-7）、池塘闻声砚（精-8），画面栩栩如生，异常生动，刀法苍劲，

精-2　树桩砚　胡震龙 制

精-3　海天旭日砚　胡震龙 制

精-4　麒麟砚

精-5 三灵砚

精-6 龟龙砚

精-7 双牛图砚

🏆 精-8 池塘闻声砚

线条流畅。

2. 写意派歙砚代表人物及作品

写意派歙砚代表人物有制作名家方建成、郑寒、张硕、潘小萌等。写意名家不等于不会写实。

方建成：著名歙砚雕刻家，高级工艺美术师，中华传统工艺特级艺术大师。歙县人，曾任安徽省歙砚研究所所长，新安画派研究会理事，歙砚协会会长等。善于绘画、戏曲，多才多艺，人们称他为徽州一怪。他的砚雕作品与众不同，具有鲜明个性，他已跳出别人巢穴，创造出自己的砚雕语言。他的作品既有传统的营养又有自己的血肉，能缩能放，能工能写，工细或写意，又不失其度。可以说他是徽派砚雕写意派代表人物。同时培养了不少砚雕名家，如张硕、郑寒等高级工艺美术师。他早年作品以工细见长，有嫦娥奔月砚和八百里黄山图，曾轰动国内外。

🔴 方见成写意作品　方见成 制

🔴 方见成写意作品　方见成 制

🔴 方见成写意作品　方见成 制

⊙ 眉纹孤帆远影图砚　郑寒　制

⊙ 霜叶红于二月花砚　郑寒　制

⊙ 刘海戏金蟾金晕砚　柯仲运　制
（上海砚苑　藏）

☗ 风雪行人金星砚　柯仲运　制
（石研斋　藏）

☗ "桃砚"　张硕　制

☗ "春暖"　潘小萌　制

◉ "黄宾虹" 张硕 制

◉ "秋韵" 潘小萌 制

嫦娥奔月砚，砚上面窈窕嫦娥，驾起朵朵彩云飞向月宫，砚上的云雾是巧妙地利用"云雾金星"天然纹饰雕琢而成。那若隐若现的斑点真像空中的云雾，又似缀满夜空的繁星。空中及月中的亭台楼阁刻得那样逼真，嫦娥就在这虚幻缥缈的空中注视人间，真是惟妙惟肖，堪称奇葩。

方建成的写意作品"不尽琢磨，半留本色"。寥寥数刀，便成为一方令人爱不释手的绝品。

3. 写实派歙砚代表人物及作品

姚传禄

姚传禄：安徽地质美协主席、中国地质美术家协会理事、安徽省造型艺术美学研究会理事、中国美术家协会、中国书法家协会安徽分会会员、安徽文房四宝研究所研究员。自20世纪70年代起，在国内外展览、发表、出版书画砚雕作品千余件，获奖二百余件。其生平及代表作品已载入《中国文艺家传集》、《中国艺林百家》、《中国当代青年书法家大辞典》、《中国名人传记》、《中国书画名家签名钤章艺术总览》、《楹联书法大观》、《中国名砚》、《中国文房四宝》、《歙砚纵谈》等二十余种辞书。中华书局1995年版的《歙县志》记载了当代8位著名砚雕家，其名列榜上。美国纽约中文台、悉尼中文台、安徽卫视、安徽电视台国际部分别对其书画砚雕艺术进行了专题报道。1991年3月被安徽省文联推荐为全国青创会代表，2005年获"中国当代杰出功勋艺术家"荣誉称号。其书画砚雕作品为中外专家、学者、收藏家及博物馆、美术馆广为收藏。

著名美术史论家，文房四宝研究专家穆孝天先生曾在20世纪80年代评姚传禄的砚雕："传统技法不下砚雕老艺人，而表现上富于创新，为文房四宝的发展作出了贡献。"姚先生书画及砚雕作品风格鲜明，题材广泛，使姚砚享誉中外，可以说是写实派的代表人物。

☲ 揽月　姚传禄 制

☲ 池塘闻声　姚传禄 制

☲ 九龙朝阳　姚传禄 制

🖃 老树新花　姚传禄 制

🖃 硕果累累　姚传禄 制

🖃 东坡泛舟　姚传禄 制

4. 中青年砚雕名家作品选

经安徽省高级工艺美术师资格评审委员会评审通过的取得高级工艺美术专业技术资格的有：王宏俊、钱胜利、凌红军、郑寒、张永鸿、李利宾、程礼辉、江宝忠、胡秋生、胡水仙、吴国水、方学斌、范建华、蔡永江、巴永成、汪德钦等人，中华传统工艺美术大师有柯崇、叶显华等人。

◉ 凌红军

凌红军（鸿君）：歙县人，高级工艺美术师、中华传统工艺大师。1989年入歙县工艺厂从事砚石整理、挖掘研究、雕刻等工作，20多年来在砚雕艺术领域里执著地追求，博采众长，从而进入"歙砚百子"行列，现为安徽省工艺美术协会常务理事，安徽省文房四宝协会常务理事，黄山市工艺美术协会副会长，歙县歙砚协会常务副会长，新安歙砚艺术博物馆馆长，歙砚研究院执行院长，歙砚鉴定委员会主任、鉴定专家等职。

有专著《歙砚新考》、《四宝精粹》编辑、《歙砚——风云情怀》，任《中国歙砚》杂志常务副总编，歙砚省级地方标准起草人，同时为砚种交流、宣传、开发歙石、挖掘人才和歙砚的发展作出了贡献。其歙砚代表作有砚田耕耘、石鼓砚、古今百砚、流水行云砚等，作品生动、古朴大方、线条流畅，刀法苍劲有力。

众所周知，造型是砚雕的灵魂，线条是砚雕的生命，刀法则是实现线条的根本，在传统基础上推陈出新。凌红军先生的作品特别简洁明快，庄重典雅，不琐碎，不俗气，既传统又富有时代气息。近年来多件砚雕作品在全国各大奖赛评比中荣获金、银、铜奖，其本人事迹与业绩被全国各大报刊上及中央电视台等媒体所报道。

◉ 芭蕉砚　凌红军 制

◉ 长方古纹边砚　凌红军 制

◉ 耕耘砚　凌红军 制

◉ 蝉形砚　凌红军 制

◆ 张永鸿

　　张永鸿：歙县人，高级工艺美术师、中华传统工艺大师。毕业于安徽省行知学校85届文房四宝工艺班，专修文房四宝制作技艺及管理，后在国营文房四宝公司从事歙砚及澄心堂纸研发和生产工作。1997年7月创设"新安艺砚堂"，专门从事歙砚研究及雕刻艺术。现为安徽省工艺美术协会理事，安徽省文房四宝协会常务理事，黄山市工艺美术协会理事，歙县歙砚协会常务理事，新安歙砚艺术博物馆副馆长，歙砚研究院副院长，歙砚鉴定委员会鉴定专家，歙砚省级地方标准起草人之一，《歙

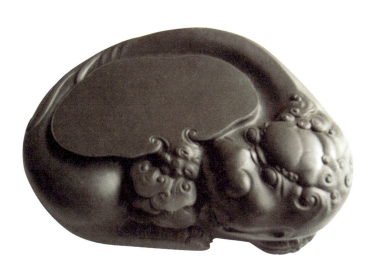

◆ 狮子砚　张永鸿　制

● 秋瓜图　张永鸿 制

● 云蝠砚　张永鸿 制

砚风云情怀之歙溪情怀篇》主编、《中国歙砚》杂志编辑等。代表作有东坡夜游赤壁砚、观音送子砚（上海砚苑珍藏）、牧趣砚、灵狮砚、九龙戏水砚等。砚雕作品在全国各大奖赛评比中荣获金、银、铜奖，著有《歙溪情怀诗词集》，文言《歙砚赋》及四千字的译文、论文《瓦雀行书案，濡墨砚池香——浅析"文人与歙砚"》，其业绩在全国各大报刊及中央电视台等媒体都做过报道。

作品以"创意擅用石型、俏色，作品文气凝重、古朴"、"构思巧妙精致，刀法简练流畅"的砚艺特色跻身当代砚雕名家行列。尤其是把砚石和砚盒作为歙砚艺术的整体来设计创作，并采用不同的刀具与技法来进行雕刻，融诗、书、画、印于一体，表现形式上求得了新的变化。特别是2006年5月间应邀到上海，拜识知名画家陈佩秋、篆刻家徐云叔、李忠良、杨留海、任重等海派艺术家，视野更加开阔。在艺术家们的艺术思路上寻求适合自己砚雕艺术技艺风格的灵感，从而挖掘出自己内心的潜能，在书法篆刻、绘画理论、诗词歌赋、印钮摆件、竹木雕刻、紫砂壶刻制等领域同样取得了不小的收获，深受海内外业内老师专家的好评。

李利宾

李利宾：歙县人，高级工艺美术师、中华传统工艺大师。现为安徽省工艺美术协会理事，安徽省文房四宝协会理事，黄山市工艺美术协会理事，歙县歙砚协会常务理事，新安歙砚艺术博物馆副馆长，歙砚研究院副院长，歙砚鉴定委员会鉴定专家。《歙砚——风云情怀》副主编、《中国歙砚》杂志编辑以及《歙砚》省级地方标准起草人之一。砚雕作品"五福明自天来砚"在"安徽省工艺美术60年精品大展"中获安徽工艺美术最高学术奖金奖，"家有百财砚"在第44届全国工艺品创新大赛上获得"金凤凰"创新设计大奖赛银奖。论文《歙砚名品龟甲纹》、《砚铭艺术里的生命》分别刊登在《华东旅游报》、《安徽经济报》，同时被载入《中华传统文化》杂志。对名品龙尾砚石龟甲纹颇有研究并加以雕琢，在传统歙砚雕刻技艺基础上加以创新，所刻作品构图严谨，线条流畅，主要砚雕作品有"家有百财"、"云蝠"、"云龙"等。

蛟龙出海砚　李利宾 制

龟背纹砚　李利宾　制

五福临门砚　李利宾　制

腰圆如意池砚　李利宾　制

长方回形园池砚　李利宾　制

⬢ 汪德钦

汪德钦：歙砚协会副会长。安徽行知学校徽雕专业指导老师。高级工艺美术师，非物质文化遗产项目代表性传承人，安徽省工艺美术协会理事。

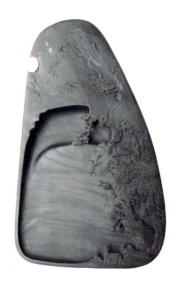

⬢ 赤壁怀古　汪德钦 制　　　　⬢ 徽风遗韵（唐眉子料）　汪德钦 制

◉把酒问青天　汪德钦 制

◉花间一壶酒　汪德钦 制

◉高峡出平湖　汪德钦 制

◉秋山访友　汪德钦 制

🏶 吴国水

吴国水：歙县人，高级工艺美术师、中华传统工艺大师、歙砚制作技艺优秀传承人。原在歙砚厂从事砚雕，技术高超、熟练，是方见尘大师的得意门生。现为歙砚协会副会长、新安歙砚艺术博物馆副馆长、《中国歙砚》杂志副主编、歙砚研究院副院长等职。以"抱素"为斋名，自号"抱素子"。妻子柯雪红、儿子吴凯一家三口从事砚雕技艺。有专著《四宝精粹》（副主编）、《吴国水砚集》，论文有《见证》《为人师表》等。许多砚雕作品获奖：事事如意砚获中国工艺美术"百花奖"，五老会砚在"安徽省工艺美术60周年精品大展"上获安徽工艺美术最高学术奖金奖。中央电视台、《安徽日报》、《黄山日报》曾作过宣传报道。

代表作有"花间一壶酒"、"福在眼前"、"祥云砚"、"爵禄呈堂"、"青铜古韵"、"如意砚"等。其作品既有传统的营养，又具有自己的风格，线条流畅，刀法苍劲有力、刚柔相济、古朴大方、极具个性，深得行家称道。

🏶 花间一壶酒　吴国水 制

☷ 青铜魂　吴国水 制

☷ 福在眼前　吴国水 制

☷ 劲节　吴国水 制

叶显华

叶显华：高级工艺美术师、中华传统工艺大师，歙县人，原在歙县龙潭工艺厂从事制砚工作，1993年发展个体经营创办"雅砚堂"。师从砚雕大师程苏禄，在歙砚研究专家程明铭先生及上海砚台收藏家冯国文先生的指导下，专门从事各种砚雕技法的实践和研究。其作品内容广泛，山水、花鸟、人物及各种仿古砚样样精通。造型生动，刀法遒劲，线条流畅，手感细腻，博得收藏行家一致好评。兄弟砚种如鲁砚、松花砚、洮砚等经常派人来学艺，并亲临现场指导，得到行家好评。其创作的砚雕作品在省内外工艺美术精品大展中多次获得好评并获奖，且多次被《解放日报》、《新民晚报》、《文化报》、《黄山日报》等多家报刊报道，有论文《刻刀·石头·歙雕艺术》、《歙砚历史初探》、《谈徽文化歙砚艺术风格》等发表。其代表作有："陆游咏梅砚"、"海天旭日砚"、"十八罗汉砚"、"凤戏牡丹砚"、"天女散花砚"、"八仙过海砚"、"如意灵芝砚"、"祥云砚"、"双狮滚球砚"、"和谐砚"等。

"海天旭日砚"（重庆江君藏），叶显华奇妙利用老坑眉纹及细水浪纹，雕成圆形砚堂，当做明月，砚池雕成云彩飘动，下面似雕非雕如海浪，整幅图面非常自然，那眉纹好像风吹云彩，自然生动。

❀ 海天旭日砚　叶显华 制

❀ 祥云砚　叶显华 制

❀ 金星金晕九龟荷叶砚　叶显华 制（石研斋 藏）

❀ 仿古砚　叶显华 制

❀ 八仙过海砚（局部1） 叶显华 制

❀ 八仙过海砚（局部2） 叶显华 制

❀ 陆游咏梅砚 叶显华 制

❀ 山峡云魂砚 叶显华 制

❀ 如意灵芝砚 叶显华 制

◉ 柯崇

　　柯崇：号枕石，中华传统工艺大师、中国高级传统工艺师、国际高级工艺美术师，安徽省工艺美术协会理事，安徽省工艺美术学会会员，黄山市工艺美术协会理事，歙砚协会理事。幼喜丹青，1986年开始砚雕生涯，并得到著名画家及砚石研究专家程明铭先生真传，二十余年砚雕不辍，制砚刀工独到，线条流畅，常根据石料的造型、纹理、颜色等天然风韵因材施艺，追求自然与人工协调统一，达到出神入化的艺术境界。砚雕作品注重文化内涵，题材广泛，意境深远，能吸收古今诗词、绘画及各类雕刻之精华，师古而创新，可谓砚中有画、画中有诗，诗情画意尽在砚中，砚雕作品深受行家赞许。

　　1986年在大谷运砚厂带砚雕学徒。1992年—1994年为上丰砚厂带徒数十名。1994年创办柯崇砚雕艺术馆，至今从事歙砚创作设计及雕刻，并培养学徒百余人，志在弘扬徽文化和推动歙砚产业的复兴和发展。是为歙砚制作技艺的主要传承人之一，2011年4月全国职业技能考评委员会评为中华人民共和国高级传统工艺师。2011年4月全国促进传统文化发展工程工作委员会授予中华传统工艺大师称号。2011年5月被国际职业规划鉴定中心评审为国际高级工艺美术师，并被人力资源和社会保障部收入国家专业人才库。

　　代表作有东方巨龙砚、嫦娥奔月砚、仙女舞乐图砚、松林雅聚砚、琴棋书画砚、狮子滚绣球砚等，2001年在纽约石溪大学展出，九龙朝

柯崇与弟子们正在制作九龙朝阳砚

2001年在美国纽约石溪大学开办砚展九龙朝阳砚被美国纽约华人艺术博物馆收藏

阳砚被美国纽约华人艺术博物馆收藏，并获最佳华人艺术精品奖。砚雕作品新安春色砚荣获2008年中国手工艺精品展览会优秀作品金奖、2006年7月砚雕作品"竹林七贤图"获南京国际艺博会百花艺术设计创作金奖。2011年5月18日歙砚作品巨龙砚在中国深圳国际文化产业博览交易会首届"中国文房四宝精粹博览会"获得"文房精粹奖"金奖。作品吹箫引凤砚、罗汉听经砚、九麟图砚、太师少师砚、寒江独钓砚等被载入《三联生活周刊》《山野情怀》《黄山日报》《解放日报》等刊物，对其砚雕艺术文辞有嘉，并多次获奖。论文《古朴生动端谨静肃》在《解放日报》等刊物发表。多年以来常为歙石发掘新能源，在程明铭先生的指导下，在古歙范围内发现并开发利用了大谷运龙潭金星、金晕、金膘、金皮、金丝、银线、金花、银花、眉纹、水浪纹、翠玉带、白玉带、青玉带、彩带、彩眉、白眉、金眉、溪头冰纹、青花纹、米花纹、豹斑纹、千层石、刷丝纹、歙青石眼、歙红石眼、金钱石眼等若干砚石新品，开发利用这些砚坑砚石对歙砚新资源供给有重要意义。并创办"中国歙砚网"，推广歙砚制作技艺知识和提高歙砚的知名度，让更多的人了解歙砚、认识歙砚。

● 古币砚　柯崇制（龙潭金皮金晕石）

第六章 歙砚鉴赏　191

☙ 皆大欢喜砚　柯崇 制　（上海砚苑 藏）

☙ 麒麟送子砚　柯崇 制　（龙潭金星金晕金皮石，柯裕平 藏）

☙ 独钓寒江雪砚　柯崇 制　（上海砚苑 藏）

自古歙石以眉纹为绝，如此迷人的眉纹早已让人求之不得，常人便去其石皮及顽石而琢成砚，但艺术的真谛不是为了体现手艺的高低，也不能为名利所惑，更不是追求完美。且看砚材中的纯净的眉纹和画面中留用的白色顽石鲜明对比，把常人认为是瑕疵的自然白石喻作雪景，自然天成一副白雪皑皑的苍凉画面，实乃化腐朽为神奇。以眉纹喻作江面水浪，在不雕中见雕，达到天人合一的境界。只刻一老翁垂钓寒江，苍凉中更显生命的坚强，把柳宗元仕途败落后寒江独钓的情景表现得淋漓尽致。可谓是砚中有画，画中有诗，诗情画意尽在砚中。

独钓寒江雪砚在2006年7月被南京国际艺博会授予百花艺术设计创作金奖。"2008歙县特色旅游商品展示会"获"特色旅游商品设计大赛"银奖。

太师少师砚　柯崇　制

太师少师砚，用龙潭黑玉歙砚石制作而成。砚雕狮子滚绣球图，狮子的造型生动活泼，而且原汁原味地保留了古徽州徽派狮子的艺术风格，徽风皖韵，古香古色，栩栩如生，呼之欲出。雕刻手法上集徽派砚雕、木雕、石雕、竹雕之风格于一体，师古而开新。且以圆雕、镂空雕、深浮雕、浅浮雕、薄意雕、线雕众技法并用，刀法刚健、线条流畅、雕工精细、意境深远，更显作者炉火纯青之砚艺。狮子力量强大，迅猛而威严，漂亮的外形、威武的身姿、王者般的力量和梦幻般的速度完美结合，赢得了"万兽之王"的美誉。徽州民间常用以驱邪镇宅。绣球为祥瑞之物。'狮'与'师'谐音，'球'与'求'谐音，故'狮子绣球'象征官品与权贵。

古代官制三公、三孤之首名太师、少师，官位显赫。大狮小狮谐音太师少师，'太师少师'图案比喻高官厚禄，是财富与权力的象征。传说雄狮与雌狮嬉戏，狮毛缠裹成球，便会生出小狮子，由此象征子孙繁衍、家族昌盛。此砚又称狮子滚绣球砚。是砚不仅意境深远而且美观大方，实用摆设两相宜。是为传统徽文化和徽派砚雕的经典之作。作品在2011年工艺美术大师作品暨工艺美术精品博览会优秀作品评选中获金奖。

"巨龙砚"，长55厘米，宽40厘米，高14厘米，徽州生态文化保护区、歙砚地方标准产地——大谷运龙潭金晕石，纹理亮丽，石质坚润。龙潭石大都发墨，此石手感润滑，纹路色泽素雅而醒目，属龙潭石中之上品。是砚不仅造型美观、刀工独到，而且雕工精细、意境深远。砚面上雕刻巨龙翻腾，雄风威武，象征中华民族屹立在世界的东方，意喻中华崛起举世瞩目，盛世龙腾国泰民安，四方皆庆举国欢欣。表达了作者对盛世祖国和谐社会的向往、热爱和赞美之情。让龙的传人使出龙的力量，团结、努力构造和谐社会，让中华民族更加繁荣富强。2011年5月18日"巨龙砚"在中国深圳国际文化产业博览交易会首届"中国文房四宝精粹博览会"获得"文房精粹奖"金奖。

巨龙砚　柯崇 制

四、歙砚的真伪鉴别

(一) 鉴别砚的文化素养和基本知识

砚石是一种地质资源,在非金属矿产中和宝玉石史上占有一席之地。砚具有实用、观赏、收藏、玩味等价值,千百年来,中华文化的流传、弘扬,无不和砚息息相关。历代大文学家、书法家、画家均视砚为瑰宝,爱不释手。如北宋书画家、鉴赏家米芾,他是我国砚石研究的先驱,他爱石成癖,见奇石便跪拜称"兄",曾自写《拜石图》,被后世传为佳话。还有李煜、苏东坡、宋徽宗、欧阳修、黄庭坚、郑板桥、高凤翰等,他们都是我国爱砚、论砚、藏砚的典范,也是鉴砚的高手。如何鉴砚?笔者认为鉴别砚的好坏,应具有雕刻、绘画、书法、造型及文学等方面的修养,还必须具有砚史、工艺美术、考古学、地质学等方面的基础知识,才能准确地鉴别一方砚的好坏。

砚的历史很早,作为研磨工具,砚是伴随墨而发展的。鉴别古砚,考古资料是重要依据之一。如在陕西省临潼姜寨遗址一座古墓中发现了一块石砚,上面还盖有石盖,掀开石盖,砚面凹处有一支石质磨棒,砚旁有黑色颜料(氧化锰)数块,以及灰色陶质水盂共五件,构成了一套完整的彩绘陶器的工具。考古数据确定,姜寨遗址属于仰韶文化初期的一处比较完整的母系氏族村落。由此可把砚的历史,从汉代上推到五千年以前的仰韶文化初期。这就说明考古资料对砚的研究和鉴别的重要性。

砚雕造型及雕刻艺术,有各个时期的特点和风格。如在唐宋时期,砚的造型以实用为主,古朴、大方、端庄典雅,以素池砚为常见,刀法刚劲,线条流畅。唐代一般为箕形砚。宋代以长方形桥亭卜卦砚和圆形石鼓砚为多,以抄手砚为典型。元代砚的构图布局及气势,刚劲豪放,处处体现元代统治者那种英武善战、粗犷强悍的民族精神,多数以圆形龙砚为主。明清时期,砚雕沉稳精练,具有端庄敦厚的艺术特征。考古数据和砚史数据是鉴别古砚的重要依据,我们必须有这方面的知识。石砚原料的主要特征包括颜色、质地、光泽、硬度、加工性能和密度、吸水率等物理性能,所以鉴别砚又必须具有地质知识。

（二）挑选石砚的方法

随着物质和文化水平的提高，以及旅游事业的发展，人们对砚的需求越来越大。但购砚者的意图不同，挑选的品种也应不同。有的人以实用为主；有的人以欣赏为主；有的人把砚作为一种高雅珍贵的礼品，赠送朋友；还有人把砚比作价值连城的"和氏璧"，与珠宝之类一并收藏。总的来说，好砚具有以下五个方面的特点：

(1) 坚实细腻，温润如玉；

(2) 易发墨，不损笔，不吸水；

(3) 寒冬砚池中贮水不冰，炎夏贮水不腐；

(4) 砚材质量与色彩并美，同时有艳丽的纹饰；

(5) 造型奇特，雕工精细，典雅高洁。

关于砚雕艺术，古人有古人的说法。如"方角宜纯，圆体宜混；刻处宜无痕，起处宜不碍；开面宜相质，留眼宜得位"。这里强调了刻砚的一些要求。不过，古人对砚的造型，也有一些程序化，如《砚史》所载，"池阔则底须空，边大则池须狭，务置之几案不厌，传之久远而无弊"。特别是宋人十分墨守这一规则。

笔者认为，审美观有时代特征、地域特征，不同的时代和地域，对美的看法是不同的。因此，对砚的造型美不可划一。如唐宋时代，桌案低矮，很简单，将砚底挖空，为抄手砚，减轻了与案的接触面，既轻且稳。另一方面，当时交通不便，文人墨客的文房用具都是书童肩挑，便于携带，也便于挪移、洗涤。在砚雕艺术上，经过几百年的砚雕实践，砚雕艺人已逐步摸索出一套经验，即所雕之纹，必掩疵扬美，去繁求雅，舍弃华巧陈俗、追求浑朴清新的天然韵味。能做到这些要求，也算是艺术上成功的砚了。下面谈谈如何挑选石砚。笔者根据多年来的研究和实践，归纳出七字经，即"看、摸、敲、磨、洗、掂、刻"，供购砚者参考。现简述如下：

1. 看

挑选石砚，无论是实用砚还是欣赏砚，首先观其外表。看看有无缺损，砚的表面有无纹饰，是否有筋，有隔，按地质俗语，即有无细脉和节理裂缝。无缺损、有纹饰、无筋、无隔，即为好砚。有的砚吸水性强，磨墨易干，有修补痕迹是为劣砚。现代科学发达，胶质很多，一般砚的表面和断面裂缝，用"502"胶修补的较多。有经验的人一看就知道，补的地方颜色与砚的原色不同，比原色发亮。有的用黑色皮鞋油擦补过，其色比原石色偏黑。

2. 摸

拿到一方砚，用手摸一摸，是否温润柔嫩。摸上去像小孩皮肤一样柔嫩，说明石质细，是佳品。古人称为"孩儿面，美人肤"；如摸上去毛糙，说明石质粗，则为差品。用手摸砚，冰凉者佳，暖者差。用手指按砚石，有汗印者佳，无汗印者差。

3. 敲

敲，是鉴别砚的质地好坏方法之一，是检验砚内部是否有暗伤或裂断石层的手段。将砚用五指托空，轻击砚各个部位，或用另手指弹砚，具清脆的"喳喳喳"金属声音者佳，说明石质不混杂，无暗伤痕；如声音"噗噗噗"低浊沉闷，则为下品，说明砚石有伤痕，而且多为泥质。但各种石料其声音不一，如清代吴兰修《端溪砚史》卷二（石声）记载："按石以木声为上，金声、瓦声为下，木声拍拍然，金声当当然，瓦声玲玲然。"因砚石的矿物成分不一，其声也不同，总的来说清脆者为佳品，可以判断内部无伤痕或断裂。

4. 磨

研磨，是鉴别砚的石质重要标准，也是鉴赏石质的重要方法。古人云："磨墨如病夫，握管如壮士。"形象地介绍了磨墨和握笔的方法。就是说，磨墨必须用缓劲研墨，墨身要垂直，要重按轻转。研墨的方法有两种，一是从左向右打圈研磨；另一种是在砚堂中来回推动的"拉锯"式研磨，日本人多使用后法。古代鉴别砚的好坏，主要看砚是否'发墨'，也称"下墨"，即在研磨过程中，随着墨锭的磨损而获得墨汁的过程。好砚下墨快，且获得的墨汁细腻滋润，清丽如油，有透明感。笔者认为鉴别砚的好坏以细润、发墨而不损笔为主要准则。笔者是画家，深有体会，用研磨液汁与用书画墨汁作画，其作品效果，大不相同，前者墨色清丽，具有透明感，书写的字和画，马上装裱不跑墨；后者墨色较灰，透明程度较差，随即装裱容易跑墨。章鸿剑先生在《石雅》中指出："石砚以细润，发墨而不损笔为贵。故当以质为重，而形、色、纹为次。磨墨无声，细之至也；清莹如玉，润之至也。锋芒内涵，油之然与墨相恋，而不徒以石理芒涩易磨墨为长。斯乃发墨而又不损毫矣。"章先生对砚的评价很有道理。

差砚，下墨特别快，说明石质过于粗糙，所得的墨汁也就粗，甚至伤害墨锭。石质过细则不发墨。下墨过慢，为"拒墨"、"迟墨"、"滑墨"、"褪墨"，说明石过于坚滑，需要很长时间才能得到墨汁。苏东坡一针见血地说："褪墨砚，如骑纯马，数步一鞭，数字一磨，不如骑驴用瓦砚也。"（苏轼《题淄石辨》）。总之，笔者认为，"研磨"是鉴别砚好坏的重要手段。

5. 洗

砚石上大的石筋、石隔（节理）显而易见；细小的石隔，也就是闭合节理，两壁靠得很紧，中间没有空隙，敲打时不一定能发现，特别是一些微细节理，肉眼是不容易看出的，只有放在水中一洗，砚石表面的各种筋和隔就会马上显现出来，各种天然纹饰都很清楚。另一方面，砚放在水中一洗，晾几分钟，无裂隙的砚表面及断面很容易干，而表面有裂隙则不易干，可看出一条水迹。也可用湿布将砚擦出一块湿面，到光亮处，仔细观察湿面内有无发亮的金刚砂点。光点细如针尖，密密麻麻、分布均匀者，则为发墨的佳砚；光点少或全无，则为下品。如果砚上涂有油，可用草木灰擦洗干净，然后放到放大镜下观察。

6. 掂

用手掂掂砚的分量，同样大小一方砚，重者佳，轻者差。前者说明砚石矿物胶结紧，颗粒细；后者说明砚石矿物胶结松，颗粒粗。比如歙砚中的眉纹砚，它的密度就比其他品种砚石大，因为它矿物结构缜密，石质细。

7. 刻

一方砚的好差，首先考虑的应是石质的好坏，然后才是雕刻艺术。

砚石的硬度一般以3～4度为宜，利用指甲（相当于2.5度）、硬币（相当3度）、回形针（相当3.5度）、萤石（相当于4度）等简单工具刻画即可以鉴定砚石的硬度。砚石刻画的条痕，一般为白色或灰白色，出现其他颜色，说明杂质多。如果"金星"是黄铁矿者，它的条痕是绿黑或褐色；若"金星"是黄铜矿者，其条痕是黑色带绿；如"银星"是白铁矿者，它的条痕是暗灰绿色。如果"银线"、"冰纹"是菱铁矿者，其条痕是白色或淡黄色。由此可见，刻画砚石条痕，是挑选砚石好坏的手段之一。

（三）歙砚的真伪鉴别

名砚与名砚石历代都有真伪之分。特别是歙砚和端砚，历史悠久，价格昂贵。俗话说："黄金有价，砚无价。"因名砚"价值连城"，伪作者自然觉得有利可图，于是伪造名砚和名砚石的事在历史上并不鲜见。如清代徐毅撰《歙砚辑考序》中记载：乾隆时，皇帝一登基就着令朝廷大臣、地方官员在歙州"构求精砚"。他把大中丞、县宪、太守等官员召集起来，首先用"重价征取"的办法，把士绅家藏的古砚以及砚山居民所藏的老坑旧石，全都搜罗出来，作为贡品。由于"旧坑"已尽，一些人就以它山之石的"假品"来替代，获取高利。现代人把江西九江石、玉山石、贵州印江县紫斑玉石、安徽紫金石、四川苴却石都混称为歙砚石。

如何鉴别名砚和名砚石的真伪？如前所言，这些需要文化素养和基础知识。以下对砚的真伪作简单的介绍：

1. 古砚真伪的鉴别

历代都有仿古砚，其目的不一。一种是以继承传统技法为目的；另一种是看中古砚的文物价值，以假乱真，牟取暴利。铭文假冒者甚多，识别颇为不易，特别是名师造假，很难看出破绽。所以鉴别其真伪必须具有文史知识及书法、绘画等知识。

一般仿古砚，是用墨汁、茶叶水、栗壳水、皮油、中草药汁等染上去，经特殊处理、烘烤等手段而成，其造型、色调很像古砚，但经不起仔细揣摩。首先从色调上来看，古砚略呈古铜色，稍有光泽，古色古香；伪品呈死色，用鼻子嗅一嗅，有的有松烟味。其二，古砚一般有墨锈，这是鉴别古砚的参考依据，也是古砚古朴肃穆的重要体现。据《砚笺》记载，砚池边斑驳墨迹久浸不浮者，名曰墨锈，为古砚之征，最难得者，不可磨去。其三，从造型上来鉴别古砚：如唐代一般为"箕形砚"；宋代以长方形桥亭卜卦砚和圆形石鼓砚为多数，以抄手砚为典型；元代多数为圆形"龙珠砚"；明清以长方形最为普遍，兼有荷叶或荷莲蓬式，明代抄手砚少见。其四，从雕刻艺术风格上来看，唐宋时期以实用为主，古朴浑厚，素淡幽雅。元代豪放刚劲，明代端庄敦厚，清代的繁褥精巧。其五，从砚铭上来判断，砚铭和其他文物上款式一样，是鉴别古砚真伪的依据之一。

关于鉴别古砚的时代，目前通用考古的常规方法，包括出土物的旁证测定 Cl4 等方法进行古砚"断代"（确定时代）的鉴别。鉴别古砚石质产地，可以在古砚的背面不重要的地方刮一些粉末，通过化学分析（特别是所含的微量元素），与已知产地的石质进行比较，两者化学成分一致即可认定。目前还处于研究阶段。

2. 天然纹饰真伪鉴别

歙砚石中，纹饰繁多，如金星、眉纹、罗纹、眼、火捺、翡翠斑、金银线等，历代均有伪造。一般伪造石眼是将其他山石上的佳眼，取出来嵌在歙砚上，古人用蜡嵌之，不留镶嵌痕迹。有的是用色染制的假眼，现代大部分是用"502胶"粘上去，粗制滥造，破绽百出，易识别。但高手伪造，却不易鉴别。有的用它山砚石眼，冒充端砚石眼，如用苴却砚和歙红砚中的眼伪造。行家一看就知道真伪。端砚石眼和苴却石眼是有区分的，其颜色特征不一样，端砚石眼的主要特点是，眼的外圈有一层硅质黑色略带栗壳色的外圈，约1毫米左右。而苴却砚却没有这一特征，眼的石面上很明显，一般呈绿色。端砚石眼各砚坑颜色不一，老坑及麻子坑呈翠绿色，略带暗色，梅花坑石眼呈米黄色为多。但没有苴却砚石眼色鲜。歙红中虽有石眼，也有外圈，但颜色一般为黄绿色。它是翠斑多，也有翠带。

歙砚以眉纹、金星、金晕等天然纹饰为上品，价值昂贵。有的制砚者就进行伪造。在砚上刻几道痕迹，像眉毛似的，然后用黑色皮鞋油、石粉、黑墨汁和成原料，用"502胶"粘进去，再打磨、擦油。这种伪劣品，不是行家难以识别。假冒的歙砚眉纹色泽没有丝绢光泽，其色虽黑成死色，无自然光泽。真品眉纹看上去有高低不平的感觉，摸上去很平坦，有一种细腻、润滑舒适的感受。而伪品粗糙，没有真品上面所述特征。"金星"伪造者，先在砚面上敲出斑点状小坑，然后用金粉和胶填平，再打磨擦油。但这种金星不发光，其亮度不一样。宋代及现代也有将金星、金晕薄石料，镶嵌在歙石上面。金星石产地不同，金星色泽也不一。有的金星光泽好，闪闪发亮；有的是暗色不发光，歙石的金星和其他砚种的金星是有区别的，有的虽然金星极灿亮，但不融于石，攫之可剥落。

3. 砚石质地真伪鉴别

砚的实用价值，在于发墨宜笔，因此，石料是关键。宋代大书法家、鉴赏家米芾在《砚史》中论砚云："石理发墨为上，色次之，形制工拙又其次，文藻纹饰虽天然，失砚之用。"这说明砚的好坏，石质是主要标准。石质有新老坑之别。老坑名贵，开采难，价值高昂，因此冒充者就多。歙石老坑、金星坑、罗纹坑石质强如其他砚坑石质，制砚者和砚商就合伙以他山之石冒充。

歙砚石假冒者也甚多，龙尾石砚山古老采坑，由于水淹、倒塌等原因，故开新坑取石。如市场上出卖的不规则眉纹，大部分是溪头岭背新坑所取，砚石软硬不一，眉纹硬度大于基石。又如老坑金星石难取，就利用大畈金星石冒充老坑金星石。如何鉴别老坑和新坑金星石呢？新坑金星石其特点是石质粗糙，吸水性强，金星亮度较差，同时断面有裂隙。而老坑金星石质地细润，金星发亮，断面无裂痕。砚商及个体制砚者，一听到歙红石价格高，可以牟取暴利，就以它山红色砚石，冒充歙红。有的用洮河砚石充冒歙砚石中的庙前青。两者其色和纹理有相似之处，没有实践经验的人是难以区别的。在文房四宝市场上，还常见用黄色泥岩和紫红色泥岩制成砚，仿旧后，冒充澄泥砚出售。

所以说鉴别砚的真伪，必须要有渊博的文学修养和地质知识以及实践经验。

五、歙砚名品欣赏

❀ 双福供寿砚　张永鸿 制

❀ 黑玉石　开宝晨音砚　张永鸿 制

❀ 金晕　天女散花砚　叶显华 制

⊟ 龙潭石　清白流芳砚　柯崇 制

⊟ 鳝鱼黄　太平有象砚　柯崇 制

⊟ 刷丝纹　晨妆砚（正面）张永鸿 制

⊟ 刷丝纹　晨妆砚（侧面）张永鸿 制

⬛刷丝纹　荷叶砚（正面）　叶显华　制

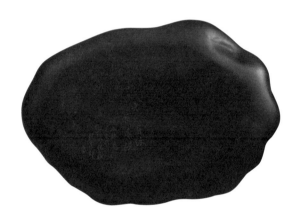

⬛刷丝纹　荷叶砚（背面）　叶显华　制

⬛刷丝纹　如意灵芝砚（正面）　叶显华　制　　　⬛刷丝纹　如意灵芝砚（背面）　叶显华　制

刷丝纹　孺子牛砚（正面）　程苏禄 制

刷丝纹　孺子牛砚（背面）　程苏禄 制

刷丝纹　碗砚　程苏禄 制

第六章 歙砚鉴赏　205

✦水浪纹　松鼠葡萄砚　柯崇　制

✦水浪纹　苏东坡夜游赤壁砚　叶显华　制

✦水浪纹　祥云如意砚　叶显华　制　　　✦水浪纹　祥云如意砚（背面）　叶显华　制

☷歙红　皇冠砚（外貌）　程苏禄　制

☷歙红　皇冠砚（打开后的形状）　程苏禄　制

☷玉带金星　徽州记忆砚　汪德钦　制

第六章 歙砚鉴赏 207

豹皮石　石鼓砚　程苏禄 制

黑玉石　白螺砚　柯崇 制

龙潭黑玉　双牛砚　吴国水 制

● 黑玉石　意中得福砚（正面）　叶显华 制

● 黑玉石　意中得福砚（背面）　叶显华 制

● 龙潭石　竹节素砚　吴国水 制

眉纹 和谐砚 叶显华 制

眉纹 秋瓜砚 程苏禄 制

眉纹 秋瓜砚（背面） 程苏禄 制

眉纹 硕果砚 程苏禄 制

☷眉纹石　福寿双至砚　叶显华 制

☷庙前红、白眉、线眉、黄金眉砚板

☷庙前红　一指池砚　柯崇 制

☷千层翠玉石砚板（正面） 柯崇 制　　　　☷千层翠玉石砚板（背面） 柯崇 制

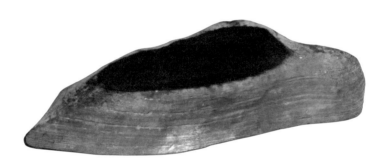

☷千层石　天池砚　柯崇 制

☷水浪纹　孺子牛砚　张永鸿 制

☰水浪纹 五福天来砚（正面）柯崇 制　　☰水浪纹 五福天来砚（背面）柯崇 制

☰水浪纹石砚板 柯崇 制

☰歙红 羚羊角砚 程苏禄 制

🟤 歙青石　龙凤呈祥砚（背面）　张永鸿 制　　🟤 歙青石　龙凤呈祥砚（正面）　张永鸿 制

🟤 线眉　鱼龙变化砚　柯崇 制

🟤 线眉龟背　年年有余砚（正面）　程苏禄 制　　🟤 线眉龟背　年年有余砚（背面）　程苏禄 制

鱼子纹 《道德经》书卷砚（正面） 吴国水 制　　鱼子纹 《道德经》书卷砚（背面） 吴国水 制

金星 抄手砚 叶显华 制

金星金晕 如意池砚 吴国水 制

☚ 金星玉带　残碑砚　吴国水 制

☚ 金星玉带　瓜形砚　张永鸿 制

☚ 金星玉带　竹笋砚　吴国水 制

龙潭金晕　岁寒三友砚　张永鸿 制

龙潭石　灵芝献寿砚　吴国水 制

龙潭石　龙珠砚　吴国水 制

🌑 龙潭石　四足仿古砚（打开后的形状）　柯崇 制　　🌑 龙潭石　四足仿古砚（外貌）　柯崇 制

🌑 眉纹　长方仿古砚　吴国水 制

🌑 眉纹　荷塘清趣砚　柯崇 制

❋眉纹　井田砚　吴国水 制

❋眉纹　井田砚　柯崇 制

❋眉纹　乐在佛中砚　张永鸿 制

蜜蜡黄玉 花中君子砚 柯崇 制

庙前红 双牛砚 柯崇 制

庙前青 《石头记》人物砚（正面） 程苏禄 制　　庙前青 《石头记》人物砚（背面） 程苏禄 制

❉祁红　新安秋色砚　汪德钦 制

❉千层石　砚田砚（侧面）　柯崇 制

❉千层石　砚田砚（正面）　柯崇 制

◉ 上丰玉带石　青蛙荷叶砚

◉ 刷丝纹金星　井田砚　吴国水 制

◉ 线眉　灵芝如意砚　叶显华 制

⬛线眉　佛像砚（正面）　叶显华　制

⬛线眉　佛像砚（背面）　叶显华　制

第七章 歙砚掌故

東坡得硯圖

朗懿先生清賞 己巳秋 龐照明畫

一、名人论砚

（一）欧阳修比较歙端二砚

欧阳修（1007—1072年），庐陵（今江西吉安）人，24岁中进士甲科，累擢知制诰、翰林学士、枢密副使、参知政事。神宗朝，迁兵部尚书，太子少师。卒赠太子太师、谥文忠。知滁州时，自号醉翁，晚号六一居士。

庆历年间，欧阳修为范仲淹遭贬辩护，并上书斥责谏官高若讷趋炎附势，不敢主张正义，因而被贬至滁州当太守。当时琅琊山僧智仙和尚跟一家茶馆老板欧阳徽都是徽州人，平时都喜爱书法，往来很密切，也非常同情欧阳修，故此三人打得很火热。他们经常在一起饮酒、品茶。智仙和尚为了让欧阳修少跑路，就在半山腰建了一座亭子，供欧阳修歇脚和饮酒、品茶之用。由欧阳修命名，并作《醉翁亭记》一文传世。传说，欧阳修平时写字用的砚台是端溪砚。自从结识茶馆老板欧阳徽后，用的都是歙砚。这方砚就是欧阳徽送的，叫"双龙戏珠金星砚"。此砚金光闪闪，摸着柔嫩润滑，用手托空，轻击之，发出清脆"噹噹噹"之声，这是端砚无法比拟的。因此，欧阳修爱不释手，赞道："宝砚也！宝砚也！"并写诗一首，诗曰：

> 徽州砚石润无声，巧施雕琢鬼神惊。
> 老夫喜得金星砚，云山万里未虚行。

以后，欧阳修在《砚谱》中云："歙砚出于龙尾溪，其石坚劲，大抵多发黑，故前世多用之。以金星为贵，其石理微粗，以手摩之，索索有锋芒者尤佳。余少时又得金坑矿石，尤坚而发墨，世亦罕有。端溪以北岩为上，龙尾以深溪为上。较其优劣，龙尾远出端溪上，而端溪以后出见贵尔。"显而易见，欧阳修对歙砚的评价是远在端溪砚之上的。

（二）苏东坡评歙砚

宋代著名文学家、书画家苏东坡爱砚成癖，蓄砚盈室，枕砚而卧。他说："我生无田，食破砚。"后人说他"东坡无砚食为田，此地研田飞碎金。"他为了得到张近的一方砚，竟用传家宝剑与之交换。苏氏赞颂歙砚的作品甚多，其中《龙尾砚歌》赞道："黄琮白璧天下惜，顾恐贪夫死怀璧。君看龙尾岂石材，玉德金声寓于石。"

东坡居士是苏轼的号，苏轼，字子瞻，生于1037年，卒于1101年，四川眉山人。20岁中进士，曾任过知密州、徐州、湖州等职，因对王安石变法不满，被降到黄州。元祐年间复起用，任翰林学士，出知杭州、颍州，官至礼部尚书。绍圣四年（1097年），党争纷起，再次降级到惠州，最后北还。病死在常州，追谥文忠。与父苏洵、弟苏辙，合称"三苏"。

苏东坡一生是几起几落，道路坎坷，但一天也没有放弃过玩砚。他以书画会友，周游四海，到处搜集砚石标本。据传，他降级时，专程从黄州赶到徽州，来采歙砚石。那时他弟弟在绩溪当县令。成千上万民工在绩溪县西门外修建长堤，苏辙出衙迎到堤边桥头，后人便把该堤命为"苏公堤"，把桥命为"来苏桥"。当时文人士大夫听到大书画家苏东坡到来，都纷纷向他求字画。可是无一方好砚，用的都是汉砖砚。东坡曰："平生字画为业，砚为田。如今到了歙砚产地却是见不到一方好砚，憾也！"苏辙听了哥哥的话，到处张贴布告，搜集歙砚，搞到优质砚奖赏黄金500两。据说，正在修"苏公堤"中有一民工是"砚务官"李少微的后裔，叫李小砚。看到苏辙征砚告示，就将家中祖传的一方歙砚，献给苏东坡。苏家兄弟见这方歙砚，色如碧玉，纹理清晰艳丽，温柔而幼嫩、细腻而滋润，发墨如油，贮水不涸。苏东坡高兴地赞颂：

> 罗细无纹角浪平，半丸犀璧浦云泓；
> 午窗睡起人初静，时听西风拉瑟声。

在苏东坡耳里，研墨声如同拉瑟一样，娓娓动听，如此想象驰骋的比喻，难道不是对歙砚的顶礼膜拜吗？

苏东坡曾寄歙砚给他儿子，并附诗一首：

皎皎穿云月，

青青出水荷。

文章工点黝，

忠义老研磨。

伟节何须怒，

宽余要少和。

吾衰安用比，

寄与少东坡。

他借此抒发对儿子的深情。他对歙砚评价很高："砚之美，润而发墨，其他皆余事也。然两者相害，发墨者必费笔，不费笔者不退墨，二德难兼。唯歙砚涩不留笔，滑不拒墨，二德相兼。"在苏东坡眼里，歙砚是天下之宝，砚苑之冠。

（三）米芾论砚

米芾（1051—1107年），北宋书画家、鉴赏家。初名黻，字元章，号鹿门居士，襄阳漫士，海岳外史，又名芾。祖籍山西太原，后迁今湖北襄阳，世称米襄阳，死前定居润州（今江苏镇江）。在画坛，他以善画"米氏云山"而闻名；论书法，米芾狂草更为一绝。他爱石如癖，见奇石便跪拜称"兄"，曾自写《拜石图》，被后世传为佳话。

米芾不但是大名鼎鼎的书画家，而且是一位赏石藏石名家，是我国砚石研究的先驱。他写的《砚史》论述了砚的发展历史，砚材及其质地，砚的形制、纹饰、加工技术等，对后世研究砚石的影响很大。《四库全书提要》对它评价也很高。他评论砚石时提出："石理发墨为上，色次之，形制工拙又其次，文藻缘饰虽天然，失砚之用。"米芾这些精辟的见解，至今仍为人们称道。

米芾在《砚史》中，对歙砚评价很高："金星宋砚，其质坚丽，呵气生云，贮水不涸，墨水于纸，鲜艳夺目，数十年后，光泽如初。"可见他对歙砚是多么挚爱。民间流传米芾藏砚的故事甚多，连宋徽宗的御砚他都收到了。这方砚是南唐砚官李少微为后主李煜雕制的。砚上精雕细琢，大小山峰36座，层峦叠嶂，明暗相间，一直延伸到砚边。砚池中有天然水浪纹，池中碧水荡漾，另有一番风味。砚堂中金光闪闪，有似白云飘逸，又似山川，巍峨壮丽，真是千姿百态，惟妙惟肖。这是大自然的恩赐，是大自然的精妙杰作，是他方之砚石望尘莫及的。米芾称这方"砚山砚"为"宝砚"。他亲自刻了砚铭，曰："五色水，浮昆仑，潭在顶，出黑云，挂龙怪，烁电痕，下震霆，泽厚坤，极变化，阖道门。"他将这方砚视为神灵之物。后来为了自己建造"海岳庵"，他为经济所迫，只好用他的"砚山砚"换取了友人苏仲恭在北固山前峰的一片宅地，建成了"海岳庵"，自号"海岳外史"。

（四）李日华评歙石为首

李日华（1565—1635年），明文学家。字君实，浙江嘉兴人。万历进士，官至太仆寺少卿。能书画，并善于鉴别，对古砚很有研究，著有《六砚斋笔记》，人称"博物君子"。所作笔记，内容亦多论书画及文房四宝、古玩等。笔调清隽，富有小品意致，与其诗歌皆表现出封建士大夫的闲适情调。著有《味水轩日记》、《紫桃轩杂缀》等。

李日华在《六砚斋笔记》云："端溪未行，婺石称首，至今唐垂世者，龙尾也。"曾用诗赞歙砚："歙州砚石美而坚，代为名家凿砚田。精雕细琢天下重，端石未行婺石先。"在此说明歙石为首，它的开发利用早于端石。

（五）砚藏家高凤翰

高凤翰（1683—1749年），山东胶州人，官至泰州坝巡盐分司。斥罢后，久寓扬州一带，工诗书篆刻丹青。藏印万方，所刻全法秦汉，别具一格。作画不拘成法，以山水、花卉为主。早年偏于工细，晚年多作写意，阔略豪纵，仍苍劲老辣。晚年以冤狱残右臂，自号丁巳残人。藏有端砚、歙砚、洮河砚、澄泥砚、红丝砚等。据《中国历史人物大辞典》记载："藏砚千方，亲手镌铭。"并著有《砚史》。据《歙砚志》记载：清代歙丞、书法家高凤翰酷爱歙砚，自选自雕，成了刻砚名家。右手残废，改用左手雕。以致无心过问政事，受到撤职处分。后来成了有名的藏砚家，藏砚千余方，著有《砚谱》两卷，收爱砚入谱，凡120式，高氏手制的歙砚，是清代名砚的佼佼者。

高凤翰是"扬州八怪"之一，与郑板桥、汪士慎等人是至交，来往十分密切。一天，在汪士慎（1685—1759年）家中做客，见他桌上有一方"仙山松云歙砚"，石质细润，有云雾纹，砚边有古松，上端有云彩，下端有水浪，水中旭日东升，巧妙构成诗情画意，具有徽派特点。高凤翰摸了又摸，拍手称"绝"。高凤翰说："我收藏砚千方，凡石质坚者必不嫩，润者必多滑，惟歙石嫩而坚，润而不滑。难怪郑板桥说，歙石远胜端石也。"对歙石给予很高的评价。汪士慎说："我不是为家乡砚打抱不平，有人说，'端石如艳妇，千媚百态，歙石如寒士，聪俊清癯'，其实，歙石不仅为灰黑、苍青色，而且有灰绿、青碧、青绿、米黄、紫红等色。"高凤翰说："这并不是说歙石逊于端石，而是各自的特色不同。我任歙州丞、绩溪令时，曾见过'庙前红'、'庙前青'、'歙黄'等色，歙石砚，其质其色，决不曾逊端石也。"你一言我一语的，真是"酒逢知己千杯少"。

高凤翰乘兴，用"仙山松云歙砚"挥毫作画，一气呵成《秋山读书图》，现藏中央美术学院。"仙山松云歙砚"现藏天津市博物馆。

（六）施闰章评歙砚

历代文人爱砚如迷，以砚寄情抒志者甚多。如："砚田多润，笔管生春"；"词源倒流三峡水，笔阵横扫千人军"；"以文为业，砚为田"；"一卷砚泰岱，一勺水见沧海，吾与石交终不改"，等等，不胜枚举。这些赞语文辞华美，言简意赅，妙语惊人，对砚的评价很高。清代诗人施闰章就是砚迷之一。

施闰章（1618—1683年），清初诗人。字尚白，号愚山，又号蠖斋，安徽宣城人。顺治进士，康熙时举博学鸿词。官至侍读，诗与山东莱阳宋琬齐名，有"南施北宋"之称。著有《学余堂之集》。家藏砚五六十方，并著有《砚林拾遗》，对歙砚作了很高的评价。

据《石砚斋随笔》记载，施闰章曾有一方雨点金星歙砚，形状不规则，正面雨点金星布满砚面，而且其间有几道白眉，砚池巧用银元大小的一块圆形金晕雕琢而成，背面有几道黑色细眉。石质细润，扣之有金属声，并且琢有砚铭，"不雕不琢，纯任自然，笔耕无税，永为良田。"落款"愚山居士施闰章"七个字。

他将这方砚视为珍宝，终身相伴。他死后散失民间，不知在何处藏存，笔者未作考证。他在《砚林拾遗》砚品中记载："昔李后主以澄心堂纸、李廷珪墨、龙尾砚，三者为天下冠，当时贵之，端未大显。""端砚板，无水池。宋贡砚水池浅狭，砚身高，铜雀瓦赝。澄泥弱。洮砚为碧玉，不下墨。歙金星眉子砚细润发墨。"从以上两段文字看，施闰章把歙砚和端砚、澄砚、洮砚进行比较，认为歙砚是天下冠，歙砚质地，发墨超过其他名砚。

（七）徐毅评歙砚

徐毅，清代乾隆时期砚台收藏家。他不但收藏了许多名砚，而且对全国各地砚石产地进行了调查研究。特别对四大名砚中的端砚和歙砚进行了对比分析，提出了许多很有见地的观点。《歙砚辑考》一卷，就是徐毅在乾隆五年编辑的。这是一本记载徐毅评砚的书，对于我们研究歙砚很有参考价值。

徐毅遍游黄山、白岳、练水、浦江。他对徽州的山水名胜有许多赞美之词。但是，他认为徽州最著名的还是歙砚。正如他在《歙砚辑考》序中所说："天地钟灵，有不世之伟人，亦必有不易观之奇物。新安，文公之发源也，素称大好河山，如黄山、白岳、练水、浦江，所产苍松怪石，不可胜记，而最著者为砚。"

徐毅把歙砚石和端溪砚石及其他石质作了比较，得出了歙砚石最佳的结论。他认为歙砚石在结构上有温润静洁、纹理缜密的特点，形容歙砚石的质地是"抚之若柔肤、磨之若利锋"，"较之端溪砚石，就质色而论，无不远胜"。

一般砚石，质坚的必不嫩，温润的必多滑。歙砚石就没有这样的缺点。所以，徐毅在评论歙砚石时写道："惟歙石则嫩而细，润而不滑，扣之有声，抚之若肤，磨之如锋，兼以纹理烂漫，色似碧天，虽用积久，涤之略无墨渍，此其所以远过于端溪也。"

（八）江藩咏歙砚

江藩（1761—1830年），清代经济学家，字子屏，号郑堂，江苏扬州人。据传，他喜爱书画，曾和歙县籍画家罗聘（1733—1799年）有过往来。罗氏是金农弟子，扬州八怪之一，在经济上得过江藩的支持。为了感谢江藩给自己的恩典，罗聘除了送画给江藩外，还赠他犀角眉纹歙砚

一方。江藩得砚,喜不自胜,抚之再三,欣然命笔,题诗二首:

(一)

犀角眉纹经寸壁,和盘鳅影黑如帻,
朝来视草起明光,夜半燃藜生润湿。
我向武溪问石岩,人言古岩已荒寂,
相传犹是初开时,留待君来君爱惜。

(二)

玉井何年出宝瓶,相传不是晋唐铭,
看来制就千般巧,剩得痕成翰墨馨。
岂有痴情拜米芾,可无雅兴写兰亭,
偶然对石敲奇句,月照武溪石色青。

这两首诗,点出了此砚的产地武溪,砚厚经寸和石包如帻、石质光洁、遇湿则润、石理金烂、砚图鲫形、制砚工艺精巧、砚铭古远等特点,表现了作者临砚赋诗学书的雅兴,流露出作者喜爱歙砚的一片挚情。

二、古砚春秋

(一)"砚石王"重现程氏楼

程氏三宅,即黄山市屯溪区东侧柏树街东里巷程氏六号、七号、二十八号宅楼,分别建于明代中叶,至今已有四五百年的历史了。程氏三宅已编入《中国名胜词典》。1981年安徽省政府公布为省重点文物保护单位,屯溪博物馆就设在这里。

"程氏三宅"是明代民居中的瑰宝。在六号宅大厅的正前展架上,有一方红绒布盖着的庞然大物,就是人们所称的"砚石王"。它就像一个"锁在深闺人未识"的少妇,常常被人遗忘。"砚石王"长1.62米,宽0.61米,厚0.11米,重达360多公斤。它的正面布满银星罗纹,背面是金星、金晕纹饰,石质柔韧、细腻,"抚之如摸孩儿面,叩之能听银铃声,按之石面出水气",真是稀世珍宝。1983年,日本书道教学会理事石桥桂一观后惊喜不已,誉之"天下无双瑰宝"。1984年日本书画界人士,请我国政府将此宝运去东京展出,由于砚宝价值连城,中方唯恐散失,致使不能东渡扶桑参展。但此后名声更高,台湾帝乡画廊一位画家闻讯后,慕名五次前来观砚,惊羡不已。此砚曾在安徽合肥"古代文房四宝"展览大厅内陈列过,参观者无不击掌叫绝,人们都称它为"砚石之王"。

"砚石王"在民间还有一段故事。据传,这块巨石是唐开元年间歙州猎户叶氏逐兽至长城里发现的,叶氏见此石,请人抬回齐云山。叶氏名南卿,是位进士,厌弃当时的官场生活,隐居在休宁白岳(今齐云山),以打猎为生。叶进士死后,齐云山的道士你争我夺,谁都想独吞这块巨砚石,当时还引起一场不大不小的风波。事情被休宁县知县唐五贵知道了,这个贪官阴险狡猾,他心想:"你要它,不如我要!"他便派出衙役把齐云山的道士统统抓起来,并以"妖言惑众"的"莫须有"罪名,把他们投入监狱。就这样,这块巨砚石就变成县太爷的私人财产了。

知县唐五贵,老百姓私下都骂他"唐乌龟",因他的太太和一个大盐商有染。后来这块"砚石王"就被这个盐商盗去。盐商又把这"砚石王"卖给了一位地方绅士,换取一百两黄金,一千两白银。盐商又把这巨款捐到齐云山重修庙宇,重塑金身菩萨。

光阴似箭,日月如梭。这块"砚石王"辗转反复,流落民间。尘海茫茫,从此"砚石王"销声匿迹。

1980年屯溪文物商店突然获得有关"砚石王"下落的消息。原来"砚石王"在休宁县一个步履艰难、老态龙钟的老太太家里,她把它作为洗衣板。古董商曾经高价向老太太购买这块宝石,她不肯卖。听到博物馆要买这块石头,老太太二话没说,把它献给了国家。

(二)歙砚精品兰亭砚

兰亭砚是砚雕工艺师用兰亭八景作为图案制作的砚台,为歙砚中的精品。为了表达对书法家王羲之的崇拜,砚背刻有《兰亭集序》。此砚工艺非常精细,文人墨客爱不释手,视为珍宝。

兰亭坐落在浙江省绍兴城西南25华里的兰渚山,在汉代是山阴道上的驿亭,因春秋战国时越王勾践在这里种过兰花,故以"兰亭"名之。兰亭有八景:鹅池、兰亭碑(亭)、流觞亭、右军祠、墨华亭、墨池、御碑亭、曲水流觞等,总面积达2140平方米,为浙江省重点文物保护单位。

东晋永和九年三月初三，王羲之与谢安、孙绰、支遁等名士在山阴兰亭聚会，作了三十七首诗，王羲之为诗集写了序言，即《兰亭集序》。序文辞采清亮、文思幽远，全文共324个字用蚕茧纸、鼠须笔书写，字体遒劲飘逸。

王羲之（303—361年），东晋书法家。字逸少，琅琊临沂（今属山东）人。居会稽山阴。官至右军将军、会稽内史，世称"王右军"。因被王述所扼，辞官，为文誓不复出。王羲之从小勤学苦练，和笔、墨、纸、砚（瓦砚）结下了不解之缘。练字功夫非常惊人，不但白天坚持写字，连吃饭、睡觉时都用手到处划。有天夜里，睡在床上，他用手指在夫人背上写字，夫人不耐烦地说："不要写我的体，你写你的体吧，人各有体。"不料这话对他启发很大，觉得写字是要独创，写出自己的风格。他的字独树一帜，后人以"飘若浮云，矫若惊龙"的评语来形容他书法笔势的雄健潇洒。

（三）峰砚春秋

李煜（937—978年），字重光，初名从嘉，号钟隐，世称南唐后主。不但擅诗文、音乐、书画，而且喜欢收藏名砚，视歙砚为"天下冠"。

李后主藏砚丰富，其中就有"三十六峰砚"和"七十二峰砚"。据《砚史》记载："'七十二峰砚'奇峰竞拔，洞壑奇绝，天欲雨则水出，欲雾则先燥。"这方砚是李后主心爱之物，朝夕相玩，至暮年而不衰。他死后，此砚落入民间，北宋书画家米芾曾以五百两黄金购得。他得此砚后，如痴如醉，跪拜称"兄"。米芾不但是我国宋代砚石收藏家，而且是一位砚石的鉴赏家，是我国砚石研究的先驱。他的专著《砚史》给后人留下了宝贵的财富。米芾后来不慎，将"七十二峰砚"遗失，他痛惜万分，曾赋诗："砚山不可见，我诗徒叹息。唯有玉蟾蜍，向予频泪滴。"可见偏爱至极。

"七十二峰砚"经历了几百年的辗转，清时为工部尚书顾见山所得。砚依然坚润发墨，峰壑隐然。真是"历尽沧桑不计年，光鲜丽质自天然。一朝慧眼识真趣，常伴笔墨待窗前。"根据《文房四宝手册》记载，此砚侧镌刻宋仁宗御书玺文，米芾、黄庭坚诸名家题铭，前后凡30字。经顾尚书之友林茂之考究，与《鼻山集》中载叙无异，其款识悉合，确为米芾"七十二峰砚"。后又为曹寅（《红楼梦》作者曹雪芹祖父）所得，并写有一首长达180字的《砚见歌》以纪其事。此砚历经八百多年，传流至今，可谓稀世珍宝。

（四）桥亭卜卦砚

南宋诗人谢枋得（1226—1298年），字君直，号叠山，弋阳（今属江西）人。宝祐四年（1257年）与民族英雄文天祥是同科进士。德祐元年（1275年）起用为江东提刑，江西招谕使，知信州，率兵抗元，城陷后流亡建阳，以卖卜教书度日。后元朝迫其出仕，地方官强制送他到大都（今北京），于是绝食身亡。

谢枋得平生喜欢玩砚、颂砚、藏砚，连"岳飞砚"都收藏在家中，并镌砚铭"枋得家藏岳忠武墨迹，和铭字相同，此盖忠武故物也，枋得记"一行字。他在福建建阳卖卜时，自己用的一方歙砚，长九寸七分，宽五寸六分，厚九分，砚石额镌有篆书"桥亭卜卦砚"五字。左右镌有数行草书："此石吾友也，不食而坚。吾有之，人心如石，不如石坚，谁似当年采薇不食，守以贤也。"谢枋得将此砚视为珍宝，常抱砚以寝。他在临终前将"桥亭卜卦砚"埋于地下。

沉睡地下130余年的"卜卦砚"在永乐大水后，被人掘得卖到天津。这方砚流失民间，又辗转了370余年，乾隆时周月方游海潮庵，得此砚。见其背面凿之程海铭文，其侧又有明画家赵元题刻，倍加珍重。周氏临终，赠与挚友广西太平府太守查礼，清代学者钱大昕（1728—1804年）曾作《谢文节桥亭卜卦砚歌》。清代经学家、文学家、编修洪亮吉（1746—1809年）在陕西谒见查时，见到卜卦砚，作《卜卦砚歌并序》。此后传至湖南辰阳太守手中；曾国藩作《谢叠山卖卜卦砚为太守题诗》；建国初期，此砚为李初梨所得。李初梨从中共中央联络部副部长岗位上退下回故里重庆，将"桥亭卜卦砚"捐献重庆博物馆。

（五）王文成驿丞署尾砚

王文成（1472—1528年），明代理学家，浙江余姚人。字伯安，世称阳明先生，弘治十二年（1499年）进士。正德初因忤宦官刘瑾，谪龙场驿丞。瑾诛，移庐陵知县，后擢右佥都御史，巡抚南赣总督两广。曾镇压农民起义，又平定了宁王宸濠之乱，官至南京兵部尚书，封新建伯，卒谥文成。

王文成一生爱好书画，喜欢玩石和收藏砚台。文成谪龙场时，得东坡题《墨妙亭诗》断碑一片。此残碑长4寸，宽厚各3寸，存12字，分4行，每行3字；曰镫他年，曰忆贺监，曰时须伏，曰孙莘老。此石碑致密细润，表面闪闪发光，具丝绢光泽。文成将碑背磨作砚面，左刻"守仁"二楷字，右刻篆书"阳明山人"四字，下刻"驿丞署尾砚"五字，墨光黝然。文成死后，残碑砚流传民间200余年，入工部尚书裴文达之手，曾绘图遍请朝贵题识。

据清蒋心余《忠雅堂诗集》记载，这残碑砚背有一首歌，歌曰："书者苏文忠，铭者王文成，琢者裴文达。片石同连城，残砖断碣杂瓦砾，真砚不损真手擎。我游墨妙亭，坏墙无一碑。志载元人守湖州，粗砂大石皆磨治，坡公遗石定同钵。购买断缺藏者谁？龙场驿丞偶拾得。破案取以陪松滋，当年响塌印万本，墨气透骨香沁肌，以背作面、作底，题名署尾烦镌锥。两公言事得贬谪，笔砚阶褐当焚之。司空文字润鸿业，不与往昔同嗟咨，为图索赞重手泽，若靓二老持相遗。后来视今犹视昔，髯翁吟写真前知，朝贵题时公念我，转眼电光敲石火。哭公断岸感风镫，入冢兰亭犹未裹。公有儿孙守砚田，唤我续写溪藤边。先生默待补亡句，弟子泣赋招魂篇。我闻敬宗遗砚宝，许换东坡墓铭稿。奸臣遗臭石可碎，唇铎锐绝孙莘老。此砚流芳自两贤，藏器更以尚书传。吴兴太守苟及见，重向亭中嵌一砖。"这首砚歌叙述了残碑砚的来龙去脉，对研究砚文化有很高的价值。因为这残碑砚涉及了宋代文学家苏东坡、明代理学家王文成、清朝礼、工、刑三部尚书裴曰修，所以这砚价值连城，是十分珍贵的文物。

（六）严嵩家藏"昆璧砚"

严嵩（1480—1567年），明江西分宜人，字惟中，一字介溪。弘治进士。嘉靖二十一年（1542年）任武英殿大学士，入阁，专政二十年，官至太师。以子世蕃和赵文华等为爪牙，操纵国事，吞没军饷，战备废弛。家藏金银财宝、文物古玩、砚台不计其数。御史邹应龙、林润相继弹劾世蕃，世蕃被杀，严嵩也被革职，家产籍没，不久病死。著有《钤山堂集》。

据《文房四宝手册》记载：嘉靖四十四年（1565年）查抄江西分宜县等地严嵩旧宅时，曾抄出"昆璧砚"。

这方昆璧砚,"砚长22厘米,宽15.1厘米,厚2.6厘米。石质劲韧润泽,如膏似脂;叩之金声,磨墨如泛油。其色七彩相混,玄晕而多斑,宝气内涵,珠光外现,金屑玉毫隐嵌肤黑之间。因砚石中含雄黄与辉锑矿,嗅之有微蒜味,研黑能驱蚊蝇,避五毒,作书画能历久无虫蛀,宝砚也。"(《螭纹昆璧砚说,明代·异石类》)

相传,昆璧砚是"金殿传胪"胡煜所用。背面镌有"石质坚润,纹斑绮丽,研墨无声,发墨如油,乃歙石也。弘治十四年胡煜铭"。胡煜,字廷和,歙县桂林芳塘村人,成化二十二年(1486年)中举,弘治十五年(1502年)中进士,官至吏科给事中(《歙志·七·忠节》)。这方昆璧砚是胡氏传家宝,胡煜在弘治十五年进京殿试时,拿着它考取了进士。后来为奸相严嵩所占。

(七)查士标歙砚写丹青

查士标(1615—1698年),明末清初画家。字二瞻,号梅壑散人,安徽休宁人,明末贡生。明亡后,弃举于业,专攻书画,避居练江、北岳山中,为"新安画派"代表画家之一,以渐江、查士标、孙逸、汪之瑞被称为"海阳四家"。

查士标平生喜爱古玩。家藏古铜器、砚台及宋元书画甚多,又精鉴别。在他收藏的砚中,要算"椭圆形歙砚"为上品。这方砚为自然形,长19.7厘米,宽11.7厘米,高6.7厘米,重3105克,浑圆厚重。石质细润,色青泛黑。砚面用简练的刀法,刻一花形水池,独具匠心,为歙砚中珍品。

查士标作画,往往是"泼墨定须磨一斗,兴来百纸一扫尽"。他对故乡的一山一水,一草一木,异常眷恋。特别对黄山、白岳、新安江以及九华山的绚丽景色,有深入的观察和探索。他作画喜欢用"椭圆形歙砚",因它厚重,所以磨墨稳,发墨性能好,而且纹理妍丽,眉纹难得也。他在花甲之年用这方砚作了《练江白岳图》,把练江、白岳的山水及其周围村落的自然景色,收绘于尺幅之中。并自题诗:"我自泾桥上,春风明练群。牧童望庄叟,山峦绿如山。寻乐清晨出,吟诗尽日闻。沧浪可濯足,常向到斜曛。"《练江白岳图》纵199厘米,横40厘米。此图严谨细密,潇洒随意,使笔墨与感情达到高度融洽,给人一种清逸韵味的感受。诗句耐人寻味。

《练江白岳图》是查士标晚年得意之作,被珍视为国宝,现珍藏于桐城县博物馆。这方"椭圆形歙砚"现藏安徽省博物馆,是一件珍贵文物。

(八)郑板桥巨砚题铭

我国古人曾以读书、写字、作画、调琴、弈棋、品茶、供石、养花等来提高人的文学、艺术、道德修养。郑板桥爱石如命,特别与歙砚结下了不解之缘。他曾说:"千金易得,歙砚难求。"因为元明两代,大约500年内,没有开掘歙砚石。清代也无大量开采记载。何况他是个清官,做官前后靠卖画为生,度日艰难,哪有银钱购买歙砚。

郑燮(1693—1765年),字克柔,号板桥,是清代画家、文学家。江苏兴化人。早年家贫,应科举为康熙秀才,雍正举人,乾隆进士,曾任山东范县(今属河南)、潍县知县,后以助农民胜讼及办理赈济,得罪豪绅而罢官;做官前后均居扬州卖画,为扬州八怪之一。郑板桥平生爱石、崇石、玩石、画石、颂石。且嗜茶成癖,喜欢品茶。与徽州籍画家汪士慎(1686—1759年)、金农入室弟子罗聘(1733—1799年)为好朋友。他们都有一个共同点,对腐败的清朝政府不满,不肯随波逐流、趋炎附势,又不甘混世媚俗、苟且偷生。性格上的孤僻,则形成了艺术上的"怪"。无事喜欢到歙县籍鲍岚茶馆里品茶。兴致来时,就吟诗作画、画竹、画梅,表达自己的高风亮节。罗聘最喜作《鬼趣图》,对统治者进行隐晦而辛辣的讽刺、鞭挞。一天,他们三人在鲍岚茶馆里品茶评砚,汪士慎说:"歙砚,温润静洁、纹理妍丽,抚之若柔肤、磨之若利锋。"罗聘说:"吾家乡砚,纹斑绮丽,玉德金声;坚劲发墨,下墨如风;经久不乏,停墨浮艳;贮水不耗,历寒不冰;涩不留笔,护毫佳秀;滑不拒墨,磨墨无声;瓜肤縠理,涤之即净;池润容墨,文作天工。"唯有郑板桥唉声叹气。鲍岚问:"郑兄,你为何叹气啊?"郑板桥说:"千金易得,歙砚难求。"鲍岚说:"我表兄良石在后院雕砚,您要是看中哪方砚就送给您。"这一下,三位画家活跃起来了,紧跟着鲍岚到了后院。一到后院,看见良石正在雕一方巨砚,四周琢成水渠,四角各有水牛一头,寓"砚田笔耕"之意。郑板桥如痴如醉,摸了又摸,拍手称绝。马上提笔挥毫,在砚的背面写了"难得糊涂"四个大字。鲍岚将这方砚赠送郑板桥,后人故称该砚为"难得糊涂砚"。光阴似箭,日月如梭。郑板桥死后,这方巨砚辗转反复,流落民间。尘海茫茫,从此"难得糊涂砚"销声匿迹。

据《古代礼制风俗漫谈》记载:"近年在江苏昆山发现一块清代巨大

歙石砚。该砚大如桌面，石质纯细，重达一百多公斤。砚的背面刻有清朝大书画家郑板桥'难得糊涂'的题词和跋一篇，字体刚劲。如此巨大的石砚，实属罕见。"在《文房四宝手册》中，也记载了"难得糊涂砚"的史料。这方巨砚的发现，有相当的文物价值，是歙砚中的"魁宝"。

（九）邓石如铁砚换歙砚

邓石如（1743—1805年），清篆刻家、书法家。初名琰，又名顽伯，别号完白山人、笈游道人。安徽怀宁人。精四体书，造诣很深。

邓石如生前用过一方铁砚，据《安徽省文物志稿》（下）记载，"这方铁砚口径15.5厘米，底径16.1厘米，高4.5厘米，重3250克。砚为圆形铁质，面平，边凸起一周，底部缺一角，铸有'笈游道人'四个字。于1965年在南京市征集。现藏安徽省博物馆。"但邓石如铁砚换歙砚的故事却鲜为人知了。

邓石如是个大名鼎鼎的"石痴"，平生爱玩石，尤其喜欢玩砚，他是一篓一笔一砚浪迹江湖的"怪人"。他总觉得铁砚不如石砚，铁砚容易锈，影响书画效果，因此，对歙砚倾心以求，到了"无梦到徽州"的地步。

乾隆四十六年（1781年）前后的一个春天，这位"笈游道人"辞别恩师宣城梅缪，以一笈横肩，步行到徽州，客居在岩寺镇一位朋友家中。村民们一听到大书法家邓石如来到此地，都来求字。凡是穷苦人家向他求字，他分文不取，总是有求必应；但豪绅们向他求字，则不理不睬，表现了他那"不贪赃，不低头，不阿谀逢迎，一尘不染"的石头品格。这一消息不知什么时候传到经学家程瑶田耳朵里，他专程登门拜访。程瑶田见邓石如用一方铁砚写字，实在寒碜，就说："邓先生来徽献艺，真是为我府增辉。可惜您的砚不行，所以有败笔。"邓石如哈哈一笑："先生见笑，我来此地不是卖艺，而是想搞一方歙砚，代替我的铁砚，就是不知何处有良砚卖。"然后望着程氏，心想这位先生很文静，学识一定很深，向他打听，必有所得。于是说："敢问先生尊姓大名？"经朋友介绍，邓石如知道程瑶田就是对歙砚很有研究的知名经学家，高兴万分，连忙说："久仰先生大名，先生道学深厚，为一方名士，学生有眼不识泰山，怠慢之处，请多多包涵。"两人一下子好像故友相逢，相见恨晚。分别时，程瑶田请邓石如到他家做客，邓石如也不推辞。于是，邓石如有幸结识了程瑶田，通过他又认识了编修张惠言和状元金榜。后来，金榜又举荐邓石如去谒见丞相曹文埴，声望日见隆起。邓石如虽属布衣出身，但得曹文埴丞相、金榜状元的器重，书名日噪，号为"国朝第一"。自此，程瑶田几乎每天席宴设美酒佳肴款待邓石如，并将家藏一方"庙前红砚"，赠送邓石如。邓石如将铁砚换给了程瑶田留念。程瑶田在《画艺录·纸砚》一文中记载："这种'庙前红'石色微红，质甚佳"。邓石如亲自在砚的背面琢了砚铭"砚田"两字，印文篆字章和"笈游道人"四字。"砚田"的喻义，就是永远记住程瑶田的恩德。这方砚长19厘米，宽13厘米，厚3.5厘米，素池砚，线条流畅，古朴大方。邓石如生前曾嘱家人，在他死后要把这方砚埋入坟墓，这方砚是埋入了怀宁县五横乡白麟村邓氏坟墓中，还是流失人间？笔者尚未考证。但邓石如当时为了感激程瑶田，晨夕临池，为徽州人民留下了无数墨宝。如棠樾鲍氏宗祠抱柱联"慈孝奕世无双里、兖绣清朝第一乡"（隶书）及"龙山"、"世孝慈"、"聪步亭"（均隶书）、"文会"（篆书）四块匾额（现存两块），都是出自他的笔下。更值得一提的是他还为鲍氏用隶书书写了位于宗祠享堂正中的14块刻漆大屏门上的《鲍氏五伦述》。字体端庄典雅，全文共计544字，每字15×15厘米。漆刻屏门现藏歙县博物馆，是当今歙县三珍宝之一，其中，也有"庙前红砚"立下的汗马功劳。

三、名人砚乡游踪

（一）李白砚乡游踪

"五岳寻仙不辞远，一生好入名山游。"李白一生漫游各地，到处吟诗饮酒，是一位浪漫主义诗人。相传李白曾在唐代天宝或至德年间，为寻访江南名士许宣平，来过歙县游历。

据说李白东游越中，沿途在长安、洛阳、同州、华州等驿站上看见许宣平的诗："隐居三十载，筑室南山巅。静夜玩明月，闲朝饮碧泉。樵夫歌垄上，谷鸟戏岩前。乐矣不知老，都忘甲子年。"李白吟咏嗟叹之余，不由赞叹道："此仙诗也。"便来到歙县寻访许宣平。

在紫阳山下练江边，江上有一只破船，船头有一老翁，神姿飘洒，容态超逸。李白渡到对岸，对老翁道："请问许宣平家在何处？"老翁微微一笑，便吟出两句诗："门前一竿竹，便是许公家。"李白听后，点头前往。

走了一程，忽然想起，"门前一竿竹"的船老大不就是许宣平吗？于是立即回头，然而老翁已无影无踪。李白不远万里，特来寻仙，当面错过，失之交臂，真是懊丧，便怅然在身前茅屋庵壁上题诗一首："我吟传舍诗，来访真人居。烟岭迷高迹，云林隔太虚。窥庭但萧索，倚仗空踌躇。应化辽天鹤，归当千岁余。"后来，许宣平知道来访者竟是诗仙李白，也十分惋惜。

尽管李白没有见到许宣平，但歙县秀丽宜人的山川景色，却使他流连忘返，在西山下曾游览十寺。

在兴唐寺门前见到一老者卖歙砚，质地石色如碧云，纹理清晰艳丽，摸上去光洁、细腻、滋润，犹如婴儿肌肤那样光滑。李白买了一方歙砚捧在手中，慨然赞叹："宝砚也，宝砚也！"即挥毫写下"砚国明珠"四个大字送给老者。晚间在练江浅滩下放舟饮酒，诗兴大发，挥毫展纸，洒墨成诗一首："天台国清寺，天下称四绝。我来兴唐游，与中更无别。楠木划断云，高峰顶参雪。槛外一条溪，几回流碎月。"秀丽的山川到了大诗人的笔下更加增辉生色。

太白恋恋不舍地离开歙县，从练江乘舟而下，见到新安江水清澈如镜，留下了《清溪吟》。诗曰："清溪清我心，水色异诸水。借问新安江，见底何如此？人行明镜中，鸟度屏风里。向晚猩猩啼，空悲远游子。"一字一句都抒发了作者对砚乡旖旎风光的赞美。李白砚乡之游，为后人留下了不少名胜古迹，如"太白楼"、"李白问津"、"望仙桥"、"碎月滩"等，为歙县这座历史文化名城增添了不少色彩。

（二）黄庭坚作《砚山行》

黄庭坚（1045—1105年），字鲁直，自号山谷道人，又号涪翁，洪州分宁（今江西修水）人，北宋著名诗人、书法家。曾任国子监教授、国史编修官等职。在哲宗绍圣（1094—1098年）年间，与章惇等人修《神宗实录》。后以修实录不实罪名降级为涪州别驾、黔州安置。徽宗时虽一度复职，旋又被贬至宜州。在此期间对歙砚石作过调查研究，有《砚山行》诗为证：

> 新安出城二百里，走峰奔岳如斗蚁。
> 陆不通车水不舟，步步穿云到龙尾。
> 龙尾群山耸半空，人居剑戟旌幡里。

树接藤腾雨伴根，兽卧崖壁撑天宇。
森森冷风逼人寒，俗传六月常如此。
其间有石产罗纹，眉子金星相问起。
居民上下百余家，鲍戴与王相邻里。
凿砺砻形为日生，刻骨缕金寻石髓。
选湛去杂用精奇，往往百中三四耳。
磨方剪锐熟端相，审样状名随手是。
不轻不燥禀天然，重实温润如君子。
日辉灿灿飞金星，碧云色夺端州紫。
遂令天下文章翁，走史迢迢来涧底。
时陈三日酒倾醇，袚祝下神口莫鄙。
悬岩立处觉魂飞，终日有无难指拟。
不知造化有何心，融结之功存妙理。
不如金玉资天功，时与文章成里美。
自从天祐献朝贡，至今人求终不止。
研工得此瞻朝夕，寒谷欣欣生暗喜。
愿从此砚镇相随，带入朝廷扬大利。
梦开胸臆化为霖，还与枯山救枯死。

黄庭坚在890余年前，就对龙尾石作过调查。

在《砚山行》中，诗人对龙尾山砚坑的交通、地理环境、砚石品种、当地居民状况、石质的品位以及砚石开采状况，作了形象的描绘，为后人留下了宝贵的资料，对歙砚的研究与发展作出了贡献。笔者数次到砚山调查，对黄庭坚的《砚山行》非常钦佩。

（三）唐伯虎寻幽探胜过歙州

唐寅，字伯虎，一字子畏，号六如居士、桃花庵主、逃禅仙史等。吴县（今江苏苏州）人，与文徵明、祝允明、徐祯卿为知交，人称"吴中四才子"。他禀性疏朗，生活放荡不羁，颇嗜声色，流连诗酒，刻有"江南才子"闲章。文学艺术家根据他的个性编写了《唐伯虎点秋香》的故事。他的风流韵事，几乎家喻户晓，其实这是文学艺术的虚构。唐伯虎一生坎坷，生于公元1470年，卒于1523年，只度过53个春秋。孝宗弘治十一年（1498年）中应天府第一名解元，翌年伴同江明、徐泾北上会试，因牵涉科场舞弊案，受累革黜，坐过班房。后来看破红尘，到处周游，遂致力绘写，以卖画为生。

传说唐寅在公元1500年游览了匡庐、武夷、雁荡、普陀诸名山后，同祝枝山乘小舟从新安江逆流而上，一个多月才到达歙州。唐伯虎和祝枝山一到歙城之西，望见太平桥两侧，青山叠翠，练江潺流，亭台玉立，寺塔高耸。两人被西干山的风景陶醉了，留宿在五明寺卖画。有一天，在寺门中，俩人正在磨墨吟诗作画。买画人甚多，可是砚台老不发墨，唐伯虎满头是汗。一位穿青布衣衫的壮士望着砚台问道：

"先生，你们用的是什么砚台？"

"绍兴越砚。"

"难怪，不是名砚。"壮士说着就往寺里跑，拿出两方砚台，一方是"神龙神虎砚"，一方是"麒麟金星砚"，送给唐伯虎和祝枝山。

"这是我自己雕琢的砚，你俩可试试看。"

唐伯虎拿着"神龙神虎砚"，摸了又摸，觉得很细腻，呵气生云，磨起来发墨如油。唐伯虎提笔写了"宝砚"两个大字，落款"唐寅"。祝枝山望着金光闪闪的宝砚，喜出望外，随笔写下"歙砚甲天下"五个大字，落款"祝允明"。"我是有眼不识泰山，请受小人一拜。"壮士跪倒在地，唐伯虎和祝枝山将壮士扶起。"不敢，不敢，不是你的歙砚，恐怕字字有败笔。请问大名？"

"小人姓汪，名肇，爱好书法，喜欢篆刻。""呵，先生原来是新安书画名流。"三人称兄道弟地在五明寺里边用酒饭边畅谈书画。

祝枝山得了宝砚离开他们到歙县西溪南探望舅父吴国。用"麒麟金星砚"为吴氏作过八景诗，其中一首《东畴绿绕》歌咏了绿绕亭山绮丽的风光：

庞公宅畔甫田多，畎亩春深水气和。
五两细风摇翠练，一犁甘雨展青罗。
鱼鳞强伏轻围径，燕尾逶迤不作波。
最喜经锄多肯获，丰年定愧伐檀歌。

祝枝山描绘的这一幅美丽的田园风景，真是令人向往。

唐伯虎为了报答程敏政主考官，独自到歙县篁墩（当时休宁管辖）拜望他的恩师。哪知这位居官勤勉、谨言慎行的程敏政因科场舞弊案，受累坐班房，出狱后，气病加攻已经死去。当时唐伯虎悲痛万分，痛哭流涕。

祭过程敏政后，他便上黄山白岳。唐伯虎用"神龙神虎砚"作了七律《齐云岩纵目》一首：

> 摇落郊园九月余，秋山今日喜登初。
> 霜林着色皆成画，雁字排空半草书。
> 曲蘖才交情谊厚，孔方是与往来疏。
> 塞翁得失浑无累，胸坎悠然觉静虚。

这首诗情景交融，立意高远，是一首耐人吟哦的佳作。同时留下了《紫霄宫玄帝碑铭》，此碑高三米，文达千字，是《唐寅全集》中唯一的一篇碑铭文，碑为当时新安书画名流汪肇篆额，真是珠联璧合，相得益彰，堪称碑林一绝。

（四）董其昌与砚乡文化

明代书画家、鉴赏家董其昌（1555—1637年），字玄宰，号思白，香光居士，华亭（今上海松江）人。神宗万历十七年（1589年）进士，官至礼部尚书，谥文敏。才华俊逸，好谈石理，善鉴别书画。

相传董其昌年轻时期不得志，在歙县江村、田干等乡村教私塾。许国比他大28岁，很看重董其昌的才华，送他一方金星眉纹砚。董氏刻苦学习，练了一手好书法，挥洒自如，貌丰骨劲。为感激许国，在明万历十二年（1584年）十月建造许国石坊时，他亲手为石坊题字。清代诗人画家吴梅颠在《徽城竹枝词·咏八脚牌楼》诗中有"八脚牌楼学士坊，题额字爱董其昌"一句，由此可证，许国石坊上的题额是出自董其昌的亲笔。

董其昌对歙县有深厚的感情，中进士后仍是徽州的常客。他曾为当时歙县的著名收藏家吴廷、吴桢鉴定评判历代书法名帖。经董其昌的鉴别，二吴汇刻成颇负盛名的《余清斋帖》和《清鉴堂帖》两套明刻集帖。这两套集帖汇集了从晋到明各大名家的珍品、名作。《余清斋帖》为万历丙申（1596年）秋八月上石。此帖是二吴将其所藏书法名作经董其昌、陈继儒评判后请邑人、书画家杨名时双钩上石刻成的，董其昌还为之题了签。帖成，为吴廷收藏，此帖正篇计有六册，续篇有二册，万历甲寅（1614年）六月上石。

正篇六册目录为：

第一册，序题，王羲之十七帖；

第二册，王羲之迟汝帖，兰亭集序，乐毅论，黄庭经，霜寒帖；

第三册，王洵伯远帖，王献之中秋帖，兰草帖，智永归田赋，虞世南积时帖；

第四册，孙过庭千字文，颜真卿祭侄稿；

第五册，苏轼后赤壁赋，米芾千字文；

第六册，米芾评纸帖，米芾临右军至洛帖。

续篇二册目录：

第一册，王羲之行穰帖，思想帖，东方朔画赞，王献之鸭头丸帖，洛神赋十三行；

第二册，王羲之胡母帖，谢安中郎帖，颜真卿明远帖。

《清鉴堂帖》问世稍晚，刻于明崇祯七年（1634年），为吴桢所刻，亦经董其昌、陈继儒鉴定评判。现在此帖原碑尚保存有103块碑面，收有从晋到明24位名家的31件作品，其中有王羲之的《澄清堂主帖》上、下二卷，还有唐代名家虞世南、褚遂良、欧阳询、怀素，宋人黄庭坚、米芾，元代赵孟頫、鲜于枢，明代董其昌等人手迹。

以上两套帖存放在歙县新安碑园蜿蜒曲折的长廊壁龛中，为历史文化名城增添了光辉，对后世书法界影响甚深。

（五）乾隆皇帝砚乡寻父

乾隆皇帝（清高宗）即爱新觉罗·弘历（1711—1799年）。1735—1796年在位，年号乾隆。世宗第四子。自幼聪明伶俐，六岁能吟诗、绘画。他一生爱砚如痴，题砚成癖，《西清砚谱》所载之砚，百分之九十以上经过他亲手御题，然后命砚工镌刻，再配以精制砚匣，形成一套完整、独特的装饰保护体系。谱内所收之砚，自汉迄清，有石砚170方、陶砚68方、玉瓷砚2方，共计240方。其中歙砚仅有4方。

传说，乾隆不是雍正皇帝的儿子，是丞相陈邦明的儿子，被调包来的。陈丞相怕雍正下毒手，杀人灭口，终于想到"三十六计走为上计"。听人说黄山是天下名山，风景秀丽，到那儿即可避开尘劳，又能享受山光水色，故在云谷寺削发为僧，取名禅觉。后来乾隆当了皇帝。这件事不知谁走漏了消息，被皇上知道了，乾隆在位六十年，三下江南寻父。先是派人到歙州不惜代价购求古砚旧石，作为贡品上供，暗地里探父下落。数年过去，毫无结果。乾隆一想，计上心来。还不如利用徽商，巧上徽州寻父。

乾隆皇帝下江南，几次来到扬州，都是歙县盐商接驾。他深知这些商人，都拥有巨资，他们挥霍享受之余，为家族思想与乡土观念所支配，在徽州祖籍"修祠堂、建园第、树牌坊"。据说，有一次乾隆皇帝到扬州，由歙县棠樾大盐商、两淮盐运使鲍漱芳接驾。

乾隆明知鲍漱芳是徽州人，故意问："不知爱卿何处人士？"

"皇上，贱臣是徽州棠樾人士。"鲍漱芳了解乾隆平生喜欢游山玩水，对文房四宝情有独钟，接着说："我的家乡山清水秀，风景如画。有雄伟秀丽的黄山。山石巍峨奇特，青松苍劲挺秀，烟云变幻缥缈。不但风景秀丽，而且还有蜚声四海的歙砚、徽墨、王伯力的笔、澄心堂的纸。"

乾隆皇帝一听"黄山"二字，心中暗想，一来，这不是寻父的好机会吗？二来可搜集到徽州文房四宝。于是便说道："爱卿陪我一道去走一遭吧！"

乾隆皇帝打扮成客商和鲍漱芳同往徽州。鲍氏首先带乾隆到棠樾观看了朝廷赐给的忠、孝、节三座石坊。乾隆是个聪明人，知道鲍氏想凑足忠、孝、节、义四字，好光宗耀祖，流芳百世。于是，笑嘻嘻对鲍漱芳说："爱卿之意我知道了，就允爱卿再造一座'义'字石坊吧！"接着，乾隆皇帝要棠樾鲍氏盐商为朝廷修筑八百里河堤，拨放三省军饷作为交换条件。身为两淮盐运使的鲍漱芳，家里有的是钱，为了名声，当即答应了乾隆皇帝提出的要求。乾隆皇帝很滑，要鲍漱芳拿出纸、墨、笔、砚，立字为据。鲍漱芳也是个精明人，即拿出十件澄心堂纸、数十包徽墨、一百支王伯力毛笔并九龙戏珠砚一方，赠送给乾隆。皇上见到九龙戏珠砚上九条龙，栩栩如生，五色云气缭绕，白云宛转浮游，好像自己的化身，提笔写了"国宝"二字。又见到那丰肌腻理，光泽如漆的徽墨时，即写了"黄金易得，李墨难求"八字。再观澄心堂宣纸，又挥毫写下"肌卵如膜，坚洁如玉，细薄光润，冠于一时"16字。又为王伯力笔题"千毛选一毫"五个大字。这四幅字送给了鲍漱芳，从此徽州文房四宝更加出了名。

鲍漱芳得到乾隆皇帝的恩准，于是建造了"乐善好施"的义字石坊。乾隆在看了"慈孝里"石坊后，还为棠樾的鲍氏祠堂亲笔书写了"慈孝天下无双里，锦绣江南第一乡"的对联，以此作为对棠樾鲍氏慈孝忠节的褒奖。

游过棠樾，乾隆皇帝一人独自上黄山寻父去了。

四、歙砚逸闻

（一）陶渊明桃花源里制魁砚

陶渊明，东晋诗人。他写的《桃花源记》寄托了他美好的理想，十分出名。一生悠然自适，淡泊名利，因"不为五斗米折腰"弃官归田，过着隐居生活。据传他在一千余年前来到潜口定居，据志书记载：村中曾有"渊明故里坊"，元末毁于火。后来入黟县，那里青山绿水掩映，小桥流水不断。古民居、古村落比比皆是，景色十分迷人。"珍禽低回雨气区，碧江怀抱花重圆。四面青山八方客，满城芳馨拥翠微。"给人一种置身世外桃源的美感。陶公以耕作读书为乐，闲暇时玩弄奇石，兴之所至就饮酒作诗。

一天，陶公外出散步，在一小溪边，偶尔见到一块奇特的巨石，上央星光闪闪，雾气腾腾，有聚有散；石上的纹理似海里的水浪，像湖里的大雁飞翔，千姿百态，真是神奇，艳丽极了。用手摸上去石质细润，娇嫩若孩儿面、美人肤。陶公如痴如醉，仰天笑道："天赐吾人间珍宝，妙绝！"手不断摸着石头，不知不觉进入梦乡。据《困学记闻》记载，其石"巨大如砥，纵横丈余"。宋代程师孟曾有诗曰："万仞峰前一水傍，晨光翠色助清凉。谁知片石多情甚，曾送渊明入醉乡。"陶渊明将这块巨石，亲手制了一方被称为"砚中之魁"的特大歙砚。整整刻了三年零六个月。上面刻有桃源洞、古民居、小桥流水，好像是世外桃源。背面砚铭是"桃花源里人家"，并刻有"陶潜题"三个字。砚边刻有"白云芳草疑无路，流水桃花别有天"的诗句。后人有诗为证："长日白云狎，破屋青山外。陶公桃花村，砚石已太古。"

陶渊明（365—427年），名潜，字元亮，人称靖节先生，出生在一个没落的书香世家。据《陶氏宗谱》记载：按谱系陶渊明为三世祖，从第五、六世便迁居黟县。因为在1500年前的东晋，那时徽州还没有建制，属彭泽县管。公元405年陶渊明曾任过彭泽县令。陶渊明的家乡柴桑和他当县令的彭泽，二地距黟县不过一二百里。在山川奇胜、习俗淳美的黟县，陶渊明用亲手制的歙砚，写出了《桃花源记》。这篇散文描述了一幅没有剥削、人人平等的社会蓝图，表达了作者美好的愿望。

（二）唐明皇歙砚慰梅妃

唐玄宗（李隆基）（685—762年），世称唐明皇。他爱歙砚石质坚润、纹理艳丽、造型别致、雕刻精工、贮墨不涸、易于洗涤的特点。据说在开元年间得到一方"龙麟砚"，色淡青黑，湛如秋水，其间金星闪闪。其砚细润如玉、发墨益毫、磨墨无声、久用不损。他无事就抚摸着砚，好似玉体肌肤，产生一种快感。这位皇帝生来好色，生活奢侈荒淫。他的亲信太监高力士为了讨好唐明皇，自己出使福建时在莆田带来一位美女采苹，入宫侍候明皇。一到宫廷，唐明皇见采苹淡妆素服、姿态庄雅、风韵不俗，眼波一转、闪烁有光，便一见钟情。

采苹很会诗文，加上她秀丽的姿色，明皇十分宠爱，只要她开口，什么都依她。她生性喜欢梅花，所以唐明皇叫她梅妃。她所居住的地方都种上几株梅树。一天，唐明皇拿出"龙麟砚"研墨，为她题了个匾额"梅亭"二字。梅妃看中了"龙麟砚"，皇帝就将龙麟砚送给了梅妃。她有了心爱之物，诗兴大发，用这方砚陆续写出了《箫兰》《梨园》《梅花》《凤笛》《玻环》《剪刀》《绮窗》等七篇赋。

杨贵妃进宫，夺走了唐明皇的宠爱。明皇倒没有疏远梅妃的意思，但是杨贵妃和梅妃二人却互相妒忌，竟被贵妃勒令迁往上阳东宫居住，将梅妃的"龙麟砚"占为己有。梅妃失去"龙麟砚"非常伤心，竟呜呜咽咽地流下泪来。

以后，梅妃给高力士两千两黄金，叫他将杨贵妃的"龙麟砚"窃来，但高力士怕贵妃的势力，不敢行动，偷偷地告诉了明皇，明皇正在思念梅妃，他亲自将"龙麟砚"偷来，命小太监秘密地送去。梅妃接砚后写了一首诗："柳叶双眉久不描，残妆和泪记红绡。长门自是无梳洗，何必歙砚慰寂寥？"明皇看了这首诗，心里很难过，但又怕杨贵妃，实在无奈。

后来安禄山打破京城，明皇向西逃难，杨贵妃死在路上。梅妃也死在战乱之中，这方"龙麟砚"不知失散何方。

（三）李后主藏奇砚

李煜（937—978年），字重光，初名从嘉，号钟隐，南唐中主第六个儿子，公元961年嗣位，史称南唐后主，徐州人，在位15年。他好读书，善作文，工书画，知音律，是个颇有素养的高级文士，对文房四宝的癖好，尤为突出。他在位时曾发动农夫挖掘龙尾石制砚，视歙砚为"天下冠"，第一次亲自在歙州设置了"砚务官"，"命以九品之服，月有俸禀之给。"派石工周从之，专为皇室集佳砚。歙砚的身价从此扶摇直上。

李后主所藏佳砚甚多。传说他有一方青绿晕石奇砚，非常奇特，色如青绿，润如秋水，砚池中有个黄色的石弹丸，一年三百六十日，水都不干。而且有一只小青蛙头露水面。每到夜深人静时，蛙声如鼓，伴李煜弹琴作画。后主视为珍宝，爱不释手，每以自娱。宋太祖开宝八年（975年），宋军攻打金陵（南京），他出降，被俘到汴京（开封）。他一物未带，仅携带了这方奇砚，并用古宝砚上研出的墨汁，填写了一首首艺术性很高的词作。如：名词《虞美人》中的"问君能有几多愁，恰似一江春水向东流"两句，充分抒发了他的亡国之痛。宋太宗从这首词中看出后主不忘旧国，恋栈故土的感情，便用牵机药把他毒死了。又如《望度南》："多少恨，昨夜梦魂中。还似旧时游上苑，车如流水马如龙，花月正春风。"此词也是李煜归宋后的作品。这几句词通过梦境的描写，回顾了失国前游上苑的热闹情景，反衬了失国的凄凉，从而抒发了亡国之痛。在唐末五代词中具有极高的成就。

（四）宋徽宗歙砚求情

宋徽宗（1082—1135年）即赵佶，神宗第十一子，在位二十五年，昏庸奢侈。但独好笔墨丹青、图史射御。他喜欢江南的奇花怪石，派人广为搜集，运往京师，称为"花石纲"。他在位25年中广收古物和书画不计其数。特别喜欢收藏"文房四宝"。

北宋著名诗人、书法家黄庭坚，对歙砚石很有研究，曾作过调查，有《砚山行》一首。据说他有一方"神灵砚"，研墨声如同拉琴一样娓娓动听，非常神奇。一天，宋徽宗到黄庭坚家做客，见到"神灵砚"，十分垂爱。黄庭坚看到宋徽宗如此喜爱，就将"神灵砚"送给了他。从此以后宋徽宗朝夕不离这方宝砚。

宋徽宗是个风流皇帝，虽然后宫里拥有许多嫔妃，但还要寻花问柳。当时京师青楼中有个名妓叫李师师，长得天姿国色，十分动人。宋徽宗常去她那儿偷情。后来还把这个沦落风尘的歌妓，正式接进宫封为皇妃。为了博得李师师的喜欢，将自己的宠物"神灵砚"、"听琴图"一并送给了她。李师师得此两物，喜不自胜。从此，他们一天到晚谈论诗词书画，鼓琴鸣曲，朝政也荒废了。

1127年，徽宗被金兵所俘。在北行途中，他思念故宫，怀恋故国之情，用"神灵砚"研墨写了《燕山亭·北行见杏花》："裁剪冰绡，轻叠数重，淡着胭脂匀注。新样靓妆，艳溢香融，羞杀蕊珠宫女。易得凋零，更多少，无情风雨。愁苦，问院落凄凉，几番春暮。凭寄离恨重重，这双燕，何曾会人言语。天遥地远，万水千山，知他故宫何处。怎不思量，除梦里，有时曾去。无据，和梦也，新来不做。"

（五）王安石过徽州取歙砚

王安石，北宋政治家、文学家，字介甫，号半山，江西人。曾封为荆国公，故又称王荆公。他曾任淮南判官、江东提刑，1070年由参政知事升相位，倡新法。熙宁七年（1074年），变法失败。熙宁八年二月，他再次拜相，九年再罢，罢相退居江宁钟山（今紫金山）。

公元1058年，王安石任江东提刑时，一次，从江西取道徽州去宣州。据说他来徽州并不是探望在旌德任县令的儿子王坊，也不是访他在黟县的挚友孙抗和孙适，主要是为自己取歙砚。有诗为证：

> 山川道路良多阻，风俗谣言苦未通。
> 唯有歙砚文人爱，流传名举满江东。

王安石见徽州交通不便、民俗特别、方言难懂、知音少的情景，点出歙砚可爱，能为自己的文章增色。

王安石路过徽州，让士兵到处为他搜集歙砚。歙县百姓都说砚坑在深山，此地无砚石。一直到绩溪县徽岭才遇上一位卖砚人。只见那砚石乌黑，闪闪发光，隐若可见一群大雁在飞翔。摸上去像孩儿面的柔嫩，声音清脆，呵气生云，磨墨生辉。王安石问卖砚人：

"老公公，这是什么砚？"

"官人，这是雁湖眉子，龙潭石，又称龙头砚。"并说了这么一个故事：在很早很早以前，张天师在白岳（齐云山）修道，遇到一条乌龙精作恶多端，便用他的斩妖剑，将龙斩首后，龙头抛在歙县溪头上扬尖山脚下，龙嘴一直吐乌水，变成一个大水潭，后来人们称它为"龙潭"。从龙潭中流出的水，使石染成黑色，成了砚石。龙尾抛在江西婺源砚山，为龙尾砚。王安石和士兵们都听得着迷了。不知谁说："王大人，天色不早，快赶路吧！"

卖砚人一听是王安石，马上跪下："王大人，小人有眼不识泰山，请恕罪。"王安石将卖砚人扶起："哪里，哪里。不用惊慌，本官买下这方砚，要多少银两？"

王安石要给钱，卖砚人不肯要，推了很久。王安石抱着砚，谢过卖砚人，跨上马，丢下一袋银子，扬鞭而去。后来，这方砚一直伴随着王安石到临终。王安石曾用此方砚写下了脍炙人口的《泊船瓜州》：

京口瓜洲一水间，钟山只隔数重山。
春风又绿江南岸，明月何时照我还。

（六）朱熹得砚赋新篇

朱熹（1130—1200年），字元晦，号晦庵，徽州婺源人（今江西）。为南宋著名理学家，是考亭学派的创始人。19岁中进士，一生坎坷。历任转运副使、焕章阁待制、秘阁修撰、宝文阁待制等职。《宋史·朱熹传》说他"登第五十年，仕于外者仅九考，立朝才四十日"。朱熹对南宋私办书院起过重要作用。

他对书院的宗旨、课程以及修身、处事、接物之要，都有系统而周详的规定，对后世教育有深远的影响。

据《歙县志》记载："朱熹父亲曾在歙县紫阳书院游览居住，并刻有印章'紫阳书院'。朱熹也曾慕名而游，并讲学于紫阳书院。"徽州的官绅文人引为自豪的莫过于徽州是程朱理学的故乡。传说朱熹在紫阳书院讲学，用的砚台是一方无名石刻的插手砚。吸水性很强，老是研磨，一下子就干了，有位学生是李少微的后裔，名叫李少卿，一次对朱熹说："老师，我有家传蛟龙吐水砚一方，一年四季都不干，而且晚上吟诗作画不用照明灯。"

朱熹不相信，说："人间哪有这样奇怪的砚石？胡说！"

"晚生不敢。我说的是实话，老师可亲眼观看。"李少卿边说边把他的砚台恭恭敬敬地呈过去。

朱熹一见，异常惊奇。那浅浅的砚池里金光闪闪，两条横空飞舞的蛟龙，若隐若现，时云时雾，神气极了。清水入池，双龙就喷云吐雾，栩栩作若飞之状，朱熹喜不自禁，脱口道："真宝砚也！"

相传，李少微（砚务官）雕刻这方砚用了三年零六个月，是家中宝物，一代传一代，到李少卿手里传到朱熹手中。朱熹得此宝砚以后常带在身边，用它吟诗作画。朱熹曾用这方砚在福建水口附近的闽江中泛舟春游时写了《水口行舟》一诗：

　　昨夜扁舟雨一蓑，满江风浪夜如何？
　　云朝试卷孤篷看，依旧青山绿树多。

这首诗借景抒情，道出了诗人坎坷的一生，抒发了忧国忧民的思想，表达了对当时形势的忧虑。

（七）方腊喜得"斗星砚"

方腊（？—1121年），旧名朕，安徽歙县七贤人，是北宋末年著名的农民起义领袖。自幼家境贫寒，为"桶匠"。因生活所逼，后迁居睦州青溪（今浙江淳安）一带帮工，发动起义的地点就在浙江帮源洞，所以有人说他是浙江人。

公元1120年11月下旬，方腊在息坑（淳安境内）、睦州（今浙江建德县）击败进攻的宋兵数万，于12月18日至20日乘胜攻占歙县、休宁，使赵宋王朝大为震动。起义军攻占歙县后，即以歙县为基地。义军受到家乡人民热烈欢迎。一天，一老者送方腊一方"北斗七星抄手砚"。此砚石质细润，色如碧云，纹理绮丽，呵气生云，特别在砚堂中有金星七颗，宛似北斗七星。方腊将这方砚视为"珍宝"，赞曰："歙州砚石美而坚，润若凝脂脉理匀，细琢精雕天下重，端州砚石未居先。"传说这方北斗七星抄手砚非常神奇，手指点七星，能呼风唤雨，打仗节节胜利。起义军仅半年左右，战火遍及两浙、皖南、赣东北，威震东南，攻占了6州52县，使宋王朝大为恐惧。方腊在1121年4月坚守帮源洞失败后，与三十多位起义军首领同时被俘，同年八月壮烈牺牲于汴京（开封）。方腊被俘时他物未带，仅携带北斗七星抄手砚。

根据《春渚纪闻》第九卷《纪砚》中记载，确有歙山斗星砚。此砚"细罗纹中涵金星七颗，布列如斗宿状，宛似北斗七星"。可惜后来竟在方腊之乱中遗失。

（八）朱升献策又赠砚

朱升（1299—1370年），字允升，安徽休宁县回溪人，德高望重，满腹经纶。朱元璋很赏识和器重他。朱升被召至金陵后，洪武元年（1368年），以翰林学士致仕。一直充当"谋士良臣"，所处的地位与"开国元勋"不相上下。1357年10月授予他"中书咨议"衔，1367年又授予他"侍讲学士"、"知制诰"衔。为什么朱元璋如此器重朱升呢？这里有一个"朱升献策又赠砚"的故事，可以看出朱升对明王朝的贡献。

传说，朱元璋领兵攻打徽州，他的兵围攻徽州城，很长时间攻不下来。一天朱元璋亲自装扮成农民，进城探个虚实。一进东门，就被元兵发觉可疑，他无奈躲进新安门边土地庙里。一进庙，门窗全部被蜘蛛结成网。追兵一看，庙中到处是蜘蛛网，不会有人躲在里面，也没有进去搜查。朱元璋一直到夜晚才出庙。出庙前他跪在土地菩萨面前朝拜，口中念念有词："真是土地爷保佑，留下我一条活命。昔日我帮富家放牛，受尽饥寒，把牛杀掉吃了，牛尾巴插在石缝中，也是你大叫三声，瞒骗了富人，说牛钻进石缝里，才免一顿毒打。我得胜后，一定回来给你重塑金身。"这时，一位先生路过土地庙前，听见里面有人声，就进了庙。他站在朱元璋身后，听他说牛钻进石缝，就知道身前跪的是朱元璋。"朱元帅，不必惊慌！"先生话音还没有落，朱元璋站起身来就想打。"元帅息怒，我想助你一臂之力。"朱元璋抓住先生的手，"你是何人？怎么知道我姓朱。"先生哈哈大笑，"我是一教书匠，在城下等候元帅多时，不见元帅，现已夜晚，只好进城。没想到在庙中见到元帅，真是三生有幸。"朱元璋看先生不像害他的人，松了手。但半信半疑，反问他："你等我何事？"先生说："元帅是为穷苦人打仗，为国为民，把民富摆在首位，释放奴婢，鼓励垦荒，兴修水利，轻徭薄赋，开仓济民，懂'替天道，顺人心'，所以群众拥护你。"接着又说："我已和镇守徽州路军统帅福童谈过，叫他放弃'与城池共存亡'的想法，还是顺民心为好，开城和谈。具体细节，还要元帅亲自去谈。我看天时已晚,还是到寒舍一宿,明日再作商量。"

朱元璋随先生从新安门绕过观顶山到斗山街一家住宅。可是心里总不踏实,不知先生是何人。一进家,见厅堂上挂着倪云林的山水中堂,对联是:"君子不忧还不惧,丈夫能屈也能伸",落款是朱升。这一下子朱元璋恍然大悟,这位先生就是朱升。"久仰先生大名,不知先生何以教我?"朱元璋一切疑虑都消失了。朱升看见朱元璋还站在那里,忙说"请坐!"叫家人拿茶、备饭。两人你一言我一语,很投机,商谈了如何攻打徽州,如何平定天下等等。朱升连献三策:"高筑墙,广积粮,缓称王。"朱元璋大悦,饭后朱升乘酒兴,拿出笔墨纸砚,为朱元璋写了"高筑墙,广积粮,缓称王"九个字。朱元璋把它作为座右铭。他不但爱上了朱升的字,而且爱上了他的砚。朱升书写的砚台是一方宋插手歙砚,砚的左侧阴刻隶书"世路艰,入业异,与石交,不相弃"十二个字;右侧刻篆书"文澜学海,国宝家珍,允升题刻"几个字。朱元璋看了又看,摸了又摸说:"歙砚真是名不虚传,宝砚也!"他抱着它,爱不释手。"元帅喜爱它,就送给你吧!"朱升看见朱元璋抱着歙砚不放,就赠送了他。

通过朱升的工作,元朝镇守徽州路军统帅福童,放弃了"与城池共存亡"的打算,开城起义。朱元璋未伤一兵一卒,占领了徽州,将"新安门"改为"得胜门"。所以歙县民间流传朱元璋"藏土地庙"、"躲斗山街"的故事。

(九)程敏政歙砚修志

程敏政(1445—1500年左右),字克勤。原休宁县篁墩人,明代文学家。成化二年(1466年)殿试一甲第二名(即榜眼),授翰林院编修。官至礼部右侍郎。他博览群书,熟悉历朝典籍,朝廷多次派他参加英宗、宪宗两朝实录编写工作,受到皇帝的器重,称他为先生,而不呼他的名字。"天有不测风云,人有旦夕福祸。"弘治十二年(1499年),因"江南风流才子"的唐伯虎科场舞弊案而吃了一场冤枉官司。

程敏政自幼聪明,酷爱读书,善诗文,被巡抚罗绮看中,便以"神童"向明英宗推荐。他是官僚世家出身,父亲程信任过南京兵部尚书兼大理寺卿。家藏歙砚数百方,有"圆形三足歙砚"、"插手风字形歙砚"、"椭圆形歙砚"、"船形歙砚"、"眉纹枣心歙砚"等。他父亲将一方"眉纹枣心歙砚"传给了程敏政,此砚长方形,平底,长21.3厘米,宽12.5厘米,高

2.8厘米，重1600克。砚面边起线，四角呈菱形，新月形水池。砚身选用色泽较深的细罗纹面，砚堂镶嵌色泽青莹的椭圆形对眉子石一片，能活动、取出，制作巧妙。是程敏政心爱之物，朝夕相伴。后有诗为证："笔墨耕耘砚为田，朝夕相伴在窗前。壮怀犹有修书志，冤枉官司冥黄泉。"

"眉纹枣心歙砚"伴程敏政完成不少著作，如《篁墩文集》《明文衡》等。他热爱家乡，关心地方志，他编写的《新安文献志》对研究徽州历史有一定参考价值。这方砚一直伴随程敏政临终。他死后，"眉纹枣心歙砚"流失民间四百余年，于1953年在安徽省歙县小北门出土，现藏安徽省博物馆，是一件珍贵文物，为研究古代歙砚提供了宝贵的实物资料。

（十）李时珍采药得歙砚

李时珍（1518—1593年），字东璧，号濒湖，明蕲州（今湖北省蕲春县南人）。曾任楚王府奉祠正。一生致力整理我国医药文献，重实践，经常上山采药，深入民间。历时27年完成《本草纲目》52卷。他在医学上的成就名满天下，可是他巧得歙砚的故事却鲜为人知。

传说药物学家李时珍曾来黄山、白岳两地采集百草。一天，在黄山山脉灵金山东边一个山涧里，攀崖历险，突然听见有人在哭叫："救命啊！救命啊！"李时珍不顾一身疲劳，急忙寻找哭声。在一草丛处见一农妇倒在地下，手背被蛇咬后粗肿起来。李时珍挤去毒液，将药篮中的"七叶一枝花"和"半边莲"等草药捣碎，敷在农妇手上，不一会儿农妇便苏醒过来。因李时珍深知黄山地区的蛇害严重，特在身边配了"七叶一枝花"和"半边莲"等蛇药。那句"怀揣半边莲，敢伴毒蛇眠"的俗谚，相传便是李时珍所言。

李时珍问农妇："大嫂，你家住何处，叫什么名字？"

"奴家住在灵金山，名字叫小青。"农妇回答。

"你家中还有何人？"

"奴家上有公婆，下有儿女。公婆染病在身，丈夫考秀才落榜后进了空门为僧。奴家打柴卖柴为生。谢谢公公救了奴家的性命，公公在上，受奴家一拜。"说着便跪在地上拜谢李时珍的救命之恩。

李时珍将小青扶起，小青死不肯起来，垂泪说："公公是我救命恩人，今日看来公公医道不浅，还求公公救我公婆一命。""好吧！"李时珍随小青来到灵金山，到小青家一看，家中的确贫寒。婆婆病在床上，公公双目发黄,四肢无力,儿女幼小,实在凄凉。

　　李时珍对她公婆的病认真进行一番"望、闻、问、切",便知小青婆婆患的是"伤寒"病,公公属于"肝炎"。李时珍问:"小青,家中是否有笔、墨、砚台?"

　　"家中官人读书时,有'黄龙戏珠砚'。"

　　小青将纸、墨、笔、砚拿来交给李时珍。李时珍见那"黄龙戏珠砚"石质坚细,黄于蜂蜜,两条龙栩栩如生,砚池里不放水都滋润。李时珍摸着爱不释手。他叫小青打水磨墨开药方。小青说:"我家祖传'黄龙戏珠砚'不用倒水,只要在砚台上敲三下,砚池里水就满了。"

　　李时珍用笔在砚台上敲了三下,果然水满砚池,李时珍惊奇地叫了起来:"奇砚也。"他开过药方,砚台干干净净,无一点墨迹,不洗如新,确实是"宝砚"。

　　李时珍给小青的公婆医治一周,她婆婆的病好了,能起床劳动,公公眼睛也恢复了光明。小青感激不尽,但是,又觉得无一物为谢,经和公婆商量,便将祖传黄龙戏珠砚送给了李时珍。后来李时珍用这方宝砚完成了《本草纲目》的编写工作。

　　《歙县志》载:"灵金山东支,曰岩山。蜿蜒东出山涧,有石色黄如蜜,可作砚。腻不减龙尾。"想必李时珍所得"黄龙戏珠砚"石料就是岩山所产,遗憾的是这种"歙黄"石料已失传了。

(十一)汪廷讷亲手琢砚铭

　　汪廷讷(1573—1619年),字昌朝,号无如。休宁汪村人,明戏曲家,文学家,曾任南京盐运使及宁波府同知等职。他博学能文,爱好诗词,尤善曲。家中建有坐隐园、环翠亭,常与汤显祖、王伯谷等名士交往。平生不爱当官,喜欢和笔墨纸砚打交道,热心戏剧创作。

　　汪廷讷是砚雕爱好者和收藏者。从小在汪村、大连一带寻找刷丝纹、金星、银星、银花等品种砚石观赏。他不但著书,而且在金陵开设"环翠堂"书坊,刻着多种书籍。他试图以忠于明王朝的爱国主义思想,劝人为善。此路不通,便隐居山林,玩弄砚石,与友人以琴棋书画自娱。

　　一天,汪廷讷在一位挚友家中,见到一方宋琢插手砚。呈长方形,面大底稍窄,深池。砚长32.4厘米,宽18.5厘米,厚7.5厘米。手摸上去石质细腻,色如碧云,叩之有清脆的声音,纹理艳丽,有几道眉纹黝黑发光。他如痴如醉，摸了又摸，爱不释手。友人见汪廷讷喜欢，就赠送给他。汪廷讷拿回家后，亲手在砚的左侧用隶书刻了砚铭："龙池烨峙镇斋中，斯文千载，以草玄同。万历壬辰无如主人汪廷讷铭"。并用印文双行篆书"环翠斋图书记"六个字。这方砚伴随汪廷讷终身，为他所作《环翠堂乐府》等著作，立下过汗马功劳。

光阴似箭，日月如梭，汪廷讷死后，这方"宋琢眉纹插手砚"辗转反复，流落民间三百六十余年。1980年秋，一位古董商卖给了歙县博物馆，被定为一级藏品。"汪廷讷铭宋琢眉纹歙砚"现存放在安徽省歙县博物馆，是一件珍贵文物。

（十二）徐霞客喜得歙砚

徐弘祖（1587—1641年），明代旅行家、地理学家，江阴人。字振之，号霞客。幼年博览图经地志，见明末党争剧烈，不肯入仕，刻意远游。自20岁始历时30余年，足迹至16省，对所至山川地貌作了认真的考察研究。著有《徐霞客游记》。

根据《黄山志》记载，徐霞客一生两次游黄山。第一次在万历四十四年（1616年）二月，时值严冬，徐霞客不畏险阻，游览祥符寺、慈光寺、石笋䃮、狮子林、光明顶及松谷庵等地。万历四十六年（1618年）九月初，徐霞客二次游黄山，这时正是秋季，枫松相间，五色纷披，灿若图绣。徐霞客登天都峰、莲花峰至文殊院，饱览旖旎风光，不禁感叹："黄山当生平奇览，而有奇若此，前未二探，兹游惭愧矣。"并作游黄山日记二篇。留下"五岳归来不看山，黄山归来不看岳"的赞美诗句。

徐霞客第一次游黄山，时值大雪纷飞，没有能够看到文殊院和天都峰等胜景。俗话说，"未到文殊院，未见黄山面"，"没上天都峰，等于一场空"。因此，事隔二年后，他选择了秋高气爽的大好时光重游了黄山。饱览黄山的风光后经歙县乘小舟返回江阴。从黄山到歙县，沿途秀丽的湖光山色、点缀着山花的弯弯山道、十里长亭、小桥流水，显得清新、飘逸、古朴，令人心旷神怡。特别是古歙城之西、练江之滨，屹立着一座郁郁苍苍的西干山。那里青山叠翠，练江潺流，亭台玉立，寺塔高耸，使徐霞客流连忘返。徐霞客白天游山玩景，夜里就住在五明寺，向五明寺老僧借来一方砚台，写记游文章。其间，徐霞客见老僧的砚台黝黑、闪闪发光，摸上去细洁，发墨如油，遂随口赞道：

> 歙州砚石美而洁，深山藏匿几千年。
> 精雕细琢天下重，四大名砚它居先。
> 润若儿肤脉理细，轻叩如金质地坚。
> 莫道荆山璞玉姜，江阴弘祖亦爱怜。

老僧见徐霞客如此珍爱歙砚，便把这方砚送给了徐霞客。霞客大喜过望，即在砚的背面雕上"名山为友砚作伴"七个大字。后来，徐霞客一直把此砚带在身边。可以说，歙砚为徐霞客写《徐霞客游记》，曾立下过汗马功劳呢！

（十三）董小宛得砚赋新诗

董小宛（1624—1651年），明末秦淮名妓，名白，后为冒襄（辟疆）姜。清兵南下时，辗转于离乱之中达九年，后因劳顿过度而死，在人间只活了27个春秋。

董小宛天姿巧慧，容貌娟妍，从小就爱丹青，神针雅曲、食谱菜经、琴棋书画，无不通晓，是有名的"金陵八艳"之一。她的姿色却引起一群高公巨卿、豪绅商贾的明争暗夺。但是，这个沦落风尘的女子鄙视权贵，不慕荣华。为了躲避恶魔，在明崇祯十三年（1640年），离开姑苏半塘，来到风景如画的黄山隐居。在冒辟疆的挚友方密之的护持下，和她母亲就居住在方密之姑母方维仪和端师太的松涧庵里。

董小宛虽然出身青楼，但端庄稳重，忧国忧民，庵里人对她尊敬有加。师太更是器重于彼，经常和小宛一起下棋、弹琴和吟诗作画。一天，小宛见到师太一方蝉形歙黄砚。据载，其砚长20厘米，宽13厘米。大方古朴，石质坚细，色黄如蜂蜜。她爱不释手，触景生情，吟起李商隐的《霜月》诗来："初闻征雁已无蝉，百丈楼台水接天。青女素娥俱耐冷，月中霜里斗婵娟。"端师太见小宛爱砚如痴，就将蝉形砚赠送给他。师太说："我这方砚，伴我多年，是灵金山庵中我师姐庙祖送给我的。我老了留着无用，送给您留着纪念。""谢谢师太对我的厚爱。"小宛得砚后激动不已，当天晚上她趁兴研墨挥毫，作诗一首："二十驹光如瞬息，豆蔻年华误蹉跎。数奇不遇功成少，才短无能过失多。心事难忘唯国族，神州可爱是山河。虽妓犹有驰驱志，新潮无力助一波。"疲倦之中，小宛伏案而睡。第二天早晨，端师太见小宛沉睡未醒，扫视桌上，有一新诗，即吟哦有顷。"青楼之女，有高远之志，难得难得。"随即也赋成一首七绝，诗云："万仞峰中一庵堂，晨光翠色助清凉。莫道青楼少才女，不逊家国好儿郎。"董小宛醒来，见是师太，忙说："多谢师太赠砚。小女无才，昨夜赋得新诗一首，请师太斧正。""看过了，你志不小，实属难得。还能为我吟一首吗？"小宛见师太勉励，也想显示一下才情，沉默了一下，随即口占一绝："独坐庵堂里，晨光映翠微。鸟雀深林噪，幽谷白云飞。""文如其人，清丽无饰，好诗，好诗。""多谢师太夸奖。"

董小宛在黄山度过了两年的幽静生活，蝉形砚成了她的伴侣。她在砚的背面，亲手琢了八字砚铭"砚田笔耕，终身伴侣"和印章"姑苏白"三字。这方砚成为文房珍宝。她死后不知流失何方，有待发现。

（十四）石涛巧遇卖砚人

石涛是清代书画家、画学理论家，是黄山画派的宗师。一生和纸、墨、笔、砚打交道。八大山人称他是"极老宗翁"。罗家伦在《石涛年谱》序中，称他为伟大的艺术天才者。

石涛（1630—1707年），俗名朱若极，明代靖江王后裔，广西全州清湘县人。父亲朱亨嘉于南明隆武时在广西自称"监国"，被巡抚瞿式耜杀害。一家几十口大部被害，石涛得内官救助，是唯一的幸存者。后削发为僧，法名原济，自称苦瓜和尚。传授佛学，云游四方。早年喜欢山水，屡登庐山、黄山诸名胜，流寓安徽省宣城十载。与梅清、梅庚、戴本孝等交往，互相影响，合称"黄山派"。中年住南京一枝阁，别号"一枝叟"。康熙二十九年（1690年）到北京客居三载。晚年定居扬州，以卖画为生。

石涛自37岁始到66岁止，一直醉泊敬亭、黄山泉石云林之间，传说石涛在黄山云谷寺作画时，巧遇一位卖砚人。在卖砚人手中见到一方水浪金星砚，上部云雾、金星自然生成，其间有一明月，皓月如盘、晶莹无瑕，浮云缥缈，天高云淡。下部水浪纹酷似滔天巨浪，潮水湍急，旋涡回转，礁石点点，若隐若现，那雁好似掠空而下，穿飞在石林浪花之间。这方砚真是巧夺天工，石涛爱不释手，拍案叫绝，后以500两白银买下这方"国宝"，并在背面镌刻"明月云间照，海水世上流"十字，下面落款"苦瓜和尚"四个字。有了这方砚，石涛作画的兴趣就更大了。

（十五）纪昀玩砚改诗词

纪昀 (1724—1805年)，字晓岚，一字春帆，河北省人。乾隆进士，官至礼部尚书、协办大学士、加太子太保，任《四库全书》总纂，谥文达。纪昀能诗和骈文，有《纪文达公遗集》《阅微草堂笔记》等著作，特别为纂定《四库全书总目提要》作出了杰出的贡献。

纪昀爱玩歙砚，这可以从《明清名人尺牍》纪昀给鲍树堂的信中看出。纪昀喜爱歙砚，并亲手铭识。现抄录如下，以飨读者："久阔清辉，时深怅意。昨接手教，宛似面谈。遥念孝履清佳为慰。前勉承台命，作太老先生家传，方自愧拙文陋识，不足以发挥厚德。乃蒙遽勒贞泯，复得治亭漕使为之染翰，实为荣幸倍增，转深感佩。上次承惠歙砚，已手为铭识，述所自来。石庵相国亦极把玩赞叹。今又蒙致此旧石，欣忭何似！惟一生书似方平，不免有负此砚耳！迩来年屈八旬，诸兴都减惟顽健如昔，可铁麈远怀，敬因使旋之便，顺福安，兼鸣谢忱，临楮驰溯不备，以上树堂侍御老先生，弟昀顿首，十月十四白。"纪昀不但爱歙砚，而且评歙砚胜过端砚。在《阅微草堂砚铭》中记载："余为鲍叔堂世孝祠记，叔堂以此砚润笔，喜其柔腻，无新坑刚之气，因为之铭曰：勿曰罗纹，处为端紫，我视魏征，妩媚如此。嘉庆壬戌四月晓岚题，时年七十有九。附翁树培铭言：歙砚曰稀，尔何其寿，占貌芳心，如逢耆旧。龙尾旧坑久绝。故歙砚较端砚难得，此石犹前代物也。翁树培铭并识。"

纪昀在这里说明了歙砚和端砚同样妩媚艳美，而且说明了龙尾砚坑从历史上已失传，不像端砚从唐代开始没有停止生产过，所以纪昀认为歙砚难得，稀有而珍贵。纪昀爱不释手，据传，鲍树堂送给纪昀润笔的是一方眉纹金星歙砚。他无事就用手抚摸，几乎入迷。一天，一位朋友请他题扇面，用的是王之焕的《凉州词》诗：

黄河远上白云间，一片孤城万仞山；
羌笛何须怨杨柳，春风不度玉门关。

因为他爱砚入了迷，将第一句中的最后一个"间"字漏写了。观者有人说："大文豪亦有误耶！"纪昀听了忽然大悟，深知有错，但又不便承认，急中生智，随口答道："此非诗，乃词也，何有误？"遂添上标点："黄河远上，白云一片，孤城万仞山，羌笛何须怨？杨柳春风，不度玉门关。"人人拍手叫绝，个个佩服。

（十六）汪士慎"梅花"换砚材

"茗饮半生千瓮雪，蓬生三径逐年贫"，"煨芋抵餐饭，缝棉胜绮罗"。这是《巢林集》中的诗句，是作者一生贫穷的真实写照，也反映了作者甘于清贫的思想。这个作者就叫汪士慎。

汪士慎（1686—1759年），字近人，号巢林、溪东外史、天都寄客等。歙县富溪（今黄山市徽州区）人。寓居江苏扬州，是清代著名画家。擅画梅竹，精于印学，擅长诗文。是盛名远扬的"扬州八怪"之一。

汪士慎自幼爱梅，又有嗜茶的癖好。这和他幼年生活有关。他的家乡是黄山产茶区，加之富溪河畔梅竹到处可见，在大自然的熏陶下，他养成了嗜茶爱梅的习惯，清人闵廉风馈赠的诗句"客至煮茶烧落叶，人来将米乞梅花"，高度概括了汪士慎在艺术、生活上的两"怪"。

一天，汪士慎到一家徽州茶庄做客，老板是歙县呈坎人，名叫罗鹤，与罗聘同乡。他爱石成癖，家藏砚数百方，喜欢与书画家换取墨宝。他有一块巨大的歙砚石材，长162厘米，宽61米，厚11厘米，重360公斤。砚材正反两面平整，厚薄一致，不见石筋和石隔，纹理非常艳丽，正面银星雨点斜洒；背面金星、金晕、星点散布均匀，小如黍米。石质细腻，抚之若柔肤。石色青亮，令人喜爱，堪称举世无双的瑰宝。汪士慎见了如痴如醉，拍手称绝。

罗鹤见汪士慎喜爱这块巨砚石，心想：我爱他的《梅花》，他又不轻易出手，不如乘机将砚石和他换《梅花》。罗鹤说："汪兄如此喜爱砚石，小弟就和您换一幅《梅花图》，不知老兄意下如何？"

汪士慎高兴地跳起来，满口答应："行！行！"随罗鹤进入书房，一气呵成，作了一幅《墨梅图》，上面题诗一首："画苑耕耘数十年，平生淡泊无砚钱。清香冷艳花数朵，换取歙石作砚田。"从此这方巨石就归汪士慎所有。他死后散失民间，1980年由屯溪市文物商店购得，现藏黄山市屯溪区程氏三宅。砚材之大，石质之美，是不可多得的珍品。

（十七）金农奇特的"砚癖"

历代文人学士与石砚素有不解之缘，许多人自己动手采石、选石、制砚、刻铭。其中一些人对砚还有着特殊的感情和嗜好，他们爱砚、赏砚、藏砚达到了发狂的程度，甚至视如生命，被称为"砚癖"，给后世留下了许多传闻。

金农（1687—1763年）就是一位奇特的"砚癖"。他是清代知名的书画家，为"扬州八怪"之一。字寿门，又字司农，号冬心先生、稽留山民、曲江外史、昔耶居士、心出家庵粥饭僧等。仁和（浙江杭州）人，乾隆元年（1736年）荐举博学鸿词科，入京未就而返。好游历，客居扬州最久。善诗文，精鉴别金石、书画、古玩，特别喜欢玩砚，书法自称一体。50岁以后开始作画，写竹、梅、鞍马、佛像、人物、山水，俱造意新奇，笔墨朴质，别开蹊径。

金农为了收藏名砚，他背着祖传的砚台游历四方。笔墨耕耘，卖画得钱，就收购名砚，有时用画换取名砚。并且找他的入室弟子罗聘，到家乡歙县大量收购歙砚珍品。金农收藏到102方砚台时，便自称"百二砚台富翁"。当人们劝他积钱买田时，他却摇头说："余平昔无嗜好，唯与砚为友。"

据传，金农入室弟子罗聘送他一方庙前青"芭蕉青蛙砚"，砚池上方琢刻两片芭蕉，砚池中有一只青蛙在鼓鸣，栩栩如生。石色清如碧波，石质细润，纹饰艳丽，冰纹冻石，银光闪闪，甚为罕见。是他102方砚台中最珍贵的一方，自从他得到这方砚台后，废寝忘食，朝夕相伴。晚上砚台能闪闪发光，他临终前夕，告诉家人作为陪葬物。故此，后人称他为"砚癖"。

（十八）程瑶田砚史传新篇

程瑶田（1725—1814年），歙县人，传说他出生时手中有个"田"字，故名易田，又字易畴、一卿，号让堂，是清代著名训诂学家，是闻名遐迩的大盐商程子培的父亲。

程瑶田自幼好学，勤于思考，他同戴震、金榜都是婺源汉学家江永的学生。他的治学方法注重训诂考证。他一生很不得志，九次参加乡试，都名落孙山。34岁才当上嘉定县教谕，到41岁才考中举人，71岁被推为孝廉方正，不久又受聘修杭州府志。卸任后，他在故乡筑屋，闭门著书。

程瑶田对诗歌、书法很精通，还爱好绘画、篆刻。他在徽墨和歙砚的研究上留下了许多宝贵的史料。

程瑶田主要著作是他79岁时自编的文集《通艺录》四十二卷。其中"纪砚"广文中记载，"乾隆丁酉夏五月，余从京师归于歙，时方采龙尾琢砚，以供方物之贡，其石之中绳矩者，砚工自己琢之，以售于人。"这是清代歙砚石正式开采的唯一有记载的一次，给后人研究歙砚历史留下了依据。同时还记载了当时所见"庙前红"石的情况。他说："这种'庙前红'石，色微红，似端色，质甚佳。"为歙砚品种提供了资料。

程瑶田不但对歙砚有所研究，而且对徽墨的制作也有贡献。人称程一卿在"戊寅己卯间，家居制墨"。他所制之墨，有"大藏写经"、"金膏小碧"、"黄山图"、"狮子"、"礼部写六经"等墨。这些墨在当时就见重于世。与其同时的翁方纲的诗集中有《程易田以所制礼堂写经墨寄，赋此奉谢，并呈末谷七古一章》，就点出了易田所制之墨：

末谷昨寄礼堂图，易田新造礼堂墨。
我今复写礼堂诗，三者相因著而黑。

又如姚鼐在其《论墨绝句》九首中写道：

我爱瑶田善论琴，闻博多思好渊湛。
才传墨法五千杆，已失家财十万金。

从这首诗不难看出，程瑶田不仅是一位博闻多思、学识渊博的学者，而且还是传墨法竟愿耗其家产的制墨家。

（十九）虚谷异乡得歙砚

虚谷（1824—1896年），俗姓朱，名虚白，字怀仁，出家后改名虚谷，号倦鹤、紫阳山人，歙县人，客居扬州。是"上海画派"杰出的代表画家之一。

虚谷，青年时代曾任清军参将，却同情人民革命运动，关心民族前途，对清朝政府的腐败甚为不满，弃官为僧。他深知菩萨大佛是无法救劳苦人民出苦海的。因此，弃俗为僧后他只好到书画中寻求生活乐趣。虚谷虽然身披袈裟，却不理佛事，四处云游，和纸、墨、笔、砚打交道，频繁往来扬州、苏州、上海之间，以卖画为生。

传说，有一位徽商，名叫鲍紫阳，歙县鲍家庄人。他的名字是母亲在紫阳山打柴，生在紫阳山而得名。鲍紫阳当时也在扬州、苏州、上海之间经商，但爱好诗画，是一位书画收藏鉴赏家，自己也能画几笔梅花，而且对歙砚雕琢很感兴趣，与虚谷、任伯年、吴昌硕等画家交谊甚契。一天，虚谷到鲍氏家中做客，为鲍紫阳作了一幅《梅雪图》，上面题诗："无端白雪落沙来，古本疏枝上粉台。似雪似花花似雪，梅花又向雪中开。"鲍氏对虚谷的画和诗十分钦佩。为了感谢虚谷，将一方"梅雀玉带金星砚"送给了虚谷。此砚砚头上镌刻着两句诗："平生不与群芳斗，冰天雪地独自开。"虚谷内心很激动，摸着那柔嫩的歙砚，爱不释手，如痴如醉，赋诗赞道："日日望砚意倍亲，闲来默对足怡神。一支笔夺乾坤秀，万幅图开天地春。但愿终生伴此石，何愁迟暮老风尘。茫茫本是知音少，自赏孤芳自写真。"后来任伯年在砚的背面为虚谷雕琢了肖像，并称虚谷"笔无常法，别出新枝"。虚谷的美术作品具有特殊风格，其特点是苍秀有趣、敷色清新、造型生动、落笔冷峭。吴昌硕赞曰："十指参成香色味，一拳打破去来今。"这句话道出了虚谷的绘画技法不落俗套、敢于创新的精神。

虚谷随身携带"梅雀玉带金星砚"，一直伴他到临终。虚谷死后，家人遵嘱将此砚随葬在苏州光福的石壁山。

（二十）任伯年精画换歙砚

任伯年（1840—1896年），名任颐，初名润，字小楼，后改字伯年。浙江山阴（今绍兴）人。清末画家。自幼爱好丹青，中年起寓上海卖画。他的画风，重视写生，色勒、点簇、泼墨交替互用，赋色鲜活明丽、形象生动活泼，别具清新格调。擅长花鸟、人物，能山水，尤工肖像。其画在江南一带影响甚大，为"上海画派"之代表人物。

据说任伯年在上海卖画，他的摊位与一位卖砚人相对。这位卖砚人是歙县渔梁人，名叫巴徽，自称是篆刻家巴慰祖的后代。卖的砚全是歙砚。雕刻浑厚朴实，造型美观大方。图案均匀饱满，线条挺秀，刀法刚健。均用浮雕、浅浮雕、半圆雕等手法，具有徽派雕刻特点。其中有一方自然形芭蕉砚，石色淡青，金星布满其间，背面有几道眉纹，石质细润。造型美观大方，芭蕉下砚池为圆形月亮，而且砚池内有一只青蛙在鸣叫。任伯年看了又看，摸了又摸，爱不释手。问卖砚人"多少钱"，巴徽说："五百两黄金。"任伯年伸了伸舌头，退回了摊位。心想：我卖一年的画还赚不了五百两黄金，哪有钱买砚呢！任伯年触景生情，当天晚上画了一幅

《蕉荫品砚图》，画的是书童小心翼翼，不厌其烦地把一方方砚递给主人，主人右手托砚，左手中指与无名指抚摩砚池，双眸含思，不是在端详，而是在品味。画中石作淡青色，与品者黑胡须形成鲜明的对比。第二天任伯年挂在摊上卖。许多人围着观看，个个叫好，一位书生问："多少钱？"任伯年指着砚摊上的"芭蕉砚"说："和他的砚同等价格，五百两黄金。"而巴徽却说："您的画有价，而我的砚无价。"那位书生说："真是黄金易得，歙砚难求。"任伯年一听，气得都说不出话来，心想：昨天说五百两黄金，今天怎么无价，真是狡猾的徽州佬，不知葫芦里卖的什么药。

围观者和那位书生都走了，任伯年和巴徽对坐相望，两人都笑了，但不说话。两人的心思，彼此都知道，一个爱画，一个想砚，互相都不好开口。日子久了，他们俩成了至交。任伯年将"芭荫品砚图"和巴徽的"芭蕉砚"互相交换，从此以后他们成了亲密的朋友。真是："玲珑片石藏山间，几砚生风描翠微。蕉荫品砚金不换，却与砚工换砚砖。"

（二十一）赛金花抛砚保文物

赛金花（1864—1936年）是晚清史上的一位风云人物，关于她的风流韵事，可以说家喻户晓。她还是一个有爱国心的女子，她抛砚保文物的事一直流传至今。

赛金花，原名郑彩云，后从鸨姓傅，晚年又名曹梦兰，名妓，黟县人。赛金花得名还有一段故事。她出生在苏州。他父亲郑八哥，是黟县二都上轴（今阳光乡）郑村人。八哥家境贫寒，流落苏州当轿夫。金花一下地不知取什么名字，郑八哥想茶叶老板郑敏之是书家子弟，又是同乡，不如请他取个名字。郑八哥到郑敏之家，郑老板正在为人写对联。郑八哥抱着女儿要他为女儿取名字。郑老板看小孩长得漂亮，思索了半日，突然望见案头上的金花金晕歙砚，于是对八哥说："就叫赛金花吧！"从此，赛金花的名字就传开了。

赛金花出世不久，父亲就病故了。长大后由于衣食无着，被人卖给妓院，1886年正式挂榜为娼。这时，正好歙县籍洪钧（1864年头名状元）奉光绪皇帝之命出使德、俄、荷、奥四国，原配何夫人不愿随行，50岁的洪钧就将20出头的赛金花买去做妾，充当公使夫人，并延师教以英、德、法诸国文字。

赛金花聪明伶俐，精通几国文字，是达官显贵的座上客，她曾得到德国飞耐特皇后的青睐。她虽是一位名妓,却有一片爱国之情。她在八国联军入侵中国时曾有功于国。她曾讲过:"国家是人人的国家,爱国是人人的本分。"传说有一天,几个德国兵闯入她的住处,她先用英语和士兵对话,对方不懂,她马上改用德语和德兵交谈。交谈中赛金花得知联军统帅叫瓦德西。这瓦德西是德国铁血宰相俾斯麦的红人,是赛金花驻德时的老相识。赛金花深知瓦德西喜爱中国书画和砚台,于是,她第二天就带着一方名砚去见瓦德西。这砚是一方仿宋插手砚,石料是"黟县青",上面有几点金星,背面镌刻"朱熹"二字。另外还带去了一幅仿元代知名画家倪云林的山水画。赛金花在赠砚画时向瓦德西要求:一是不要屠杀人民;二是保护文物,不要重演焚毁圆明园的悲剧。瓦德西得到钟爱之物,内心非常高兴,居然下令联军停止烧杀抢掠。对于赛金花的功绩,历来众说纷纭,这有待于史学家进一步考证。

(二十二)龙精变砚石

歙砚,在古时又称龙尾砚。也叫龙头砚、龙爪砚。砚石产地附近一些山名都冠上了一个"龙"字,如龙尾山、龙来山、龙头山、五龙山、龙王尖、九龙坳等。为什么歙砚石产地许多山名都冠以"龙"字呢?这和歙县一带民间传说有关。

在很早很早的时候,鄱阳湖住着一条斩尾龙。它母亲在歙县问政山,父亲在江西九江镇妖井。每年清明节前后,斩尾龙都要到母亲坟上扫墓。有一年清明节,它带着九个儿子呼风唤雨、电闪雷鸣、威风凛凛上徽州。只见鄱阳湖的湖水上涨,顿时大浪滔滔,后浪推着前浪往徽州方向流动。一下子从鄱阳湖到徽州都是一片汪洋大海。当时张天师在齐云山。他见势不好,不知是什么妖精在兴妖作怪,便拿起斩妖剑腾空而起,在云头观察动静。只见齐云山南面闪闪发光,愈来愈亮。张天师定睛一看,原来发光的是龙珠子。斩尾龙带着九个儿子——红龙、赤龙、紫龙、白龙、黄龙、青龙、小乌龙、绿龙、花斑龙,杀气腾腾地往齐云山方向扑来。霎时,斩尾龙便到了齐云山上空,嗅到了仙气,它急忙对九个儿子说:"孩子们,这里有仙气,赶快跑,我的尾巴就是道仙许真人给斩掉的。你们的爷爷在镇妖井底,也是他们干的,你们要报这血海深仇呀。"这时张天师早已在云头等候,喊着:"孽畜,看我的斩妖剑!"一下子将斩尾龙斩成几段。他将龙头甩到歙县溪头,身体甩到祁门,龙爪甩到"九龙坳"山脚下，后来都变成了砚石。接着，将红龙、紫龙、赤龙都斩成肉酱。这时齐云山一片血海，鲜血从齐云山流向海阳、万安、岩寺，所以这一带石头都变成了紫红色。其他龙见势不妙，仓皇逃窜。花斑龙和小白龙往黄山方向逃命。张天师赶到黄山，将花斑龙斩首在黄山桃花溪，所以那里有回龙桥、白龙桥、九龙瀑等冠上"龙"字的地名。据说后来花斑龙变成了花岗岩，所以黄山的岩石为花岗石。小白龙从黄山顶上逃到安庆，被振风塔里一位法仙收到大龙山去了，然后变成了白色的大理石，所以安庆的大理石很出名。黄龙顺新安江逃到杭州西湖，所以西湖有个"黄龙洞"。再说小乌龙，吓得浑身发抖，看见死的死，逃的逃，无法可想，只好转身往江西逃命。张天师从黄山急忙转往江西方向追赶，追到婺源砚山，只见小乌龙在芙蓉溪里洗澡，张天师抽出斩妖剑，一剑斩去，把小乌龙的尾巴斩成两段。小乌龙鲜血淋漓，翻滚在地，流着眼泪求饶："张仙，我本性善良，人间把龙和凤都当成吉物，人称龙凤吉祥，可恨我父亲叫我作恶。"张天师看见小乌龙一副可怜相，说道："好吧！看在你奶奶面上，留你一条活命，日后你祖母坟上也有人扫墓。"

小乌龙谢了张天师，一溜烟地往怀玉山方向逃跑。一到怀玉山，观音菩萨就将罗裙把它罩在山脚下，从此他变成了"罗纹砚石"，那尾巴在芙蓉溪也变成了砚石。所以江西玉山的"罗纹石"、婺源的"龙尾石"闻名中外。

张天师回徽州后，继续寻找着青龙和绿龙。追到歙县小南海，观音菩萨拿着仙人帚在那里等候，慈祥地对张天师说："张仙，你不要追了。我在练江口看到血水，知道你在收妖龙，当青龙、绿龙跑到这里时，我就把它们锁在'龙王尖'了。"据说后来就变成了青灰色的砚石——"庙前青"。过去人们不懂得砚石形成的科学道理，把它说成是"龙精"变的，80年代揭示了"砚石"的机理：歙砚的原料是灰黑色含砂质板岩，是经过风化、沉积、成岩、变质等作用形成。这些原料在人工的雕琢下才变成了一方方名扬四海的歙砚。

从上述故事中，人们也不难理解，古代婺源产龙尾砚，歙州产龙头砚。根据砚史资料及出土古砚，以及笔者砚坑调查结果：歙县多处发现砚坑，砚石的品种也多，有歙红、紫云、庙前青、龙潭石等；江西婺源砚坑也多，品种有龙尾石、鱼子石等。

第八章 歙砚收藏保养与资源管理

一、歙砚的收藏

历代收藏砚石的专家甚多，有的藏数十方，有的集百方，有的藏砚千方有余，如"百砚阁"、"百砚楼"、"十砚斋"等。砚石收藏家一般为砚石鉴赏、评论家，而且不少人有专著问世。

宋代藏砚成风，佳话如潮。如宋徽宗曾收集天下美材在皇苑内搞了皇家文房砚石展评，有几百方名砚展出；北宋书画家、鉴赏家米芾更是位赏石、藏石名家，是我国砚石研究的先驱。他写的《砚史》，论述了砚的发展史、砚材及质地、砚的形制、纹饰、加工技术等，对后世研究砚石影响很大。他曾自制玉砚，也改制过十几方歙砚，所见中华名砚不知其数，甚至连宋徽宗的御砚都收藏到手。后用"砚山砚"换取了友人苏仲恭在北固山前峰的一片宅地，建成了"海岳庵"，自号"海岳外史"，被后世传为佳话。宋代著名文学家、书画家苏东坡，蓄砚盈室，枕砚而卧。他说："我生无田，食破砚。"他为了得到张近的一方砚，竟用传家宝剑与之交换。宋代还有欧阳修、蔡襄、苏易简等都是一批砚迷，把砚视为瑰宝，爱不释手。他们对砚的研究有许多建树，撰写了不少砚品专著，为后世研究者提供了宝贵资料，为砚文化发展做出了巨大贡献。

明、清两代玩砚、藏砚、赏砚的人也甚多。明代文学家李日华对古砚很有研究，有《六砚斋笔记》，人称"博物君子"。还有明代江南戏曲词作家高谦，他在专著《燕闲清赏笺》里对砚作了阐述，是研究古代文房观赏石较有价值的文学文献。清代诗人、画家高凤翰，藏砚千方，亲手镌铭，并著有《砚谱》两卷，收藏名砚入谱，其中歙砚120方，均出自高氏之手，是有名的刻砚、藏砚家。清初诗人施闰章家藏五六十方精品砚，并著有《砚林拾遗》，为后代研究砚提供了宝贵资料。乾隆皇帝一生爱砚成癖，是藏砚和鉴赏名家。他于乾隆四十三年（1778年）钦定的《西清砚谱》，即是集其平生所藏之砚，以"谱"的形式刊印的一部颇有价值的皇家砚史。谱内所收之砚，自汉迄清有石砚170方、陶砚68方、玉瓷砚2方，共计240方，这些砚一部分是御用品，另一部分是内府历来收藏之物。经过乾隆的一番鉴定、题咏，又经奉敕诸臣的精选、编辑、校订，最后成书。清代还有徐毅、江藩、吴兰修和纪晓岚、刘墉等爱砚成癖，且以收藏之富竞相夸耀。他们对收藏、鉴赏均有许多建树，撰写了砚的专著，留下了许多逸闻趣事。

砚收藏的意图有以下几种：

（1）为了实用。名砚难求，历代文学家、书法家、画家无不垂涎名砚。因书画质量和砚息息相关，因此，藏砚自然而然成为他们的职业习惯。

（2）进行研究。他们把收藏各种砚作为标本，进行对比，研究它们的发墨机理、天然纹饰的成因、砚石的矿物成分、吸水性等，综合评价各种砚的优劣。

（3）为了玩赏。这些人认为砚石石质细腻而滋润，摸上去似孩儿面、美人肤，有一种快感。无事时将砚贴在脸上、腿上擦擦，经常用手去摸它，无事就玩砚。同时放在案上观赏，砚的造型艺术、砚的雕刻艺术、砚的雕刻内容，都可激发欣赏者的精神愉悦。因为砚的艺术价值，主要在于雕琢。雕琢的水平高低，首先看其造型是否高雅别致，布局是否得体，刀法是否熟练苍劲，线条是否流畅等。艺术的本质是美。艺术的生命在于有鲜明的个性。砚雕艺术只要是美的，只要有鲜明的个性的，就一定能激发欣赏者的精神愉悦。

（4）作为传代传世的纪念品。历代有许多富贵之人，把砚看成与价值连城的"和氏璧"一样珍贵，故把它珍藏，与珠宝之类共同储存，以家宝传于后世。

（5）当做文物收藏。凡出土古砚都具有文物价值，可以从其款式、样式方面考证其时代风格。如果有砚铭和历史名人传递之迹，更具有史料价值。

何种砚值得收藏？笔者认为应从石质、色度、纹理、雕刻艺术等方面来考虑。砚是一种矿产资源，也是一种精神财富，它可产生巨大的经济价值。首先考虑的应是石质的好坏，稀少罕见的砚石，以"清水出芙蓉，天然去雕饰"者为佳。这就是说收藏砚石要考虑天然纹饰、自然的美。如"三叶虫砚"、"菊花石砚"、"珠角石砚"等，可以使人们回想到亿万年的地球变迁，激发探索石头秘密的兴致。颜色纯正，可使人们赏心悦目。石质要细腻，手感好，以抚之若柔肤者为佳品。如歙砚中的眉纹、庙前红、歙红、红线、彩带、歙黄等。笔者认为收藏砚以石质为主，其次再考虑工艺。

二、歙砚使用和保养

砚，是我国艺术宝库中的一颗璀璨的明珠，具有实用价值，又有极高的艺术价值。但是有的人却不了解砚石的性能，缺乏对砚台的保养和使用知识，因此往往影响砚的寿命和书写效果。

砚是研墨工具，研磨方式及用水均有讲究。研磨时身要垂直，要重按轻转，先慢后快，不可性急。古人云："磨墨如病夫，握管如壮士。"研快了，墨汁粗而且浓淡不匀。研墨的方式通常有两种：一是从左向右打圈研磨；另一种是在砚堂中来回推动，"拉锯式"研磨。如果研墨时，听到沙沙响声，说明墨的质量不好，其中夹有杂质或砂子，应及时剔除，否则损墨伤砚。研墨要用清水，切忌用开水或茶水。开水使石质受热膨胀，容易损砚台，也影响发墨。用茶水会使墨汁变色，影响书画效果。

关于养砚知识，古人谈得很多，如《纸墨笔砚笺》中就有记载："凡砚池水不可干，每日宜清水养石润之，磨墨处不可贮水，用过则干之，久浸不发墨。"为什么久浸不发墨，这是因为砚石内含有粉砂，是否发墨主要看粉砂含量多少，分布是否均匀。粉砂成分多数为石英、长石、云母、电气石等，这些矿物长期浸在水中易风化，变成泥质，影响发墨。所以砚堂中要注意清洁，不能经常浸渍。有的砚石含 CaO 成分高，如玉山石（罗纹砚）含 CaO 为 4.17%，高于其他砚石4倍，如果砚堂长期泡在水中，会起化学变化，影响砚的寿命。

涤砚知识，在明屠隆《考盘余事》中有记载："日用砚须涤去其墨败水，则墨光莹润，若过一二日，则墨色差减，春夏二时霉溽蒸湿，使墨积久则泛胶滞笔，又能损砚精彩，尤须频洗。"这说明砚台要保持清洁，经常注意洗涤，正如古人所云，"宁可三日不洗脸，不可一日不洗砚"。洗砚后不能曝晒、不能火烤，阴干后，用砚盖盖好，以免灰尘落入。

洗砚的方法，不可用开水洗砚，不可以用毡片硬纸擦抹，恐毡毛纸屑混入墨色，影响书画效果。以清水、皂角洗涤为宜或用半夏切片擦砚去积滞墨，也可用丝瓜瓤、莲房壳洗涤，这些东西有去垢起滞又不伤砚的作用。总之，要用柔软的东西擦洗砚，最好用绸布擦后使用。

砚的存放和使用也有很大关系。砚置案头，应避开强烈的阳光照射，以免砚匣龟裂、砚质变化。隆冬季节，特别是寒冷冰冻时，砚中切忌放水过夜，以免石质冻坏。砚如长期不用，洗净涂少许胡桃油或光蜡放入匣内或用柔软的纸包好收藏，以备后用。

砚之失锋，原因有二：一是石锋久磨后致钝；二是久不洗涤而使砚面结胶。前者可用瓦片轻擦之，后者用姜汁浸之，然后用木炭磨，或用零号砂纸打一下，均可恢复砚锋。如果发现砚池开裂或砂眼漏水时，可将砚洗净，浸入淘米水中两三天，捞起晾干，将石粉调生漆或"502"胶调石粉，修补裂缝和砂眼，阴干后，即可使用。断裂之砚也可用上述方法修补。对古砚的保养，切忌磨去墨锈。墨锈是古砚的基本特征之一，是古砚断代的参考依据。古砚放入砚匣中，时间经久，难以取出，切勿用工具撬开，以免损坏。应双手托砚倒置，在桌上轻轻敲匣边，以自重坠出为宜。有的砚盒日久收缩，砚难以放入，可用砂纸打磨砚盒内侧，切忌"削足适履"，磨去砚边。对于艺术价值高的砚，特别是镂空雕的砚要轻放，防止碰撞。

三、歙砚资源管理保护

（一）砚石矿产文献在现实中的作用及意义

（1）砚石作为我国传统文化所必需的特殊矿产品，在世界非金属矿产开发史及地学学科发展史上都有很重要的地位。

（2）我国是一个历史悠久、文化昌盛的国家。古代灿烂的砚石文化，对人类文明的发展做出过重大的贡献。

（3）我国砚石资源的开发已有很长的历史。

（4）总结挖掘历代有关砚石开采的文献，寻找新的砚石产地，开发新的砚石品种，对于推进我国的经济建设，发展旅游事业，增进国际文化交流，都有着重大的意义。特别是地质工作者在砚石研究领域里，责任重大。

（二）涉及砚石矿产的文献

中国把砚石作为矿产开发的是宋代，如端、歙两砚石的开采都有宋坑记载。宋代有关砚的专著甚多，宋代曹继善在《歙砚说》中云："麻石（指砂岩）三尺，中隐砚材数寸而已，犹玉之在璞也。……较其工为倍金银，坑中取矿者，此其所以贵也。"由此说明，砚材稀少而珍贵，同时开采难。宋代李之彦在《砚谱》中云："歙石出于龙尾溪，以金星为贵，予少时得金坑矿石，坚而发墨。"由此说明，宋代早就把砚石当为"矿石"来看待，而且把砚石当做宝石矿产来开采。

宋代文学家、书画家苏东坡在《龙尾砚歌》中赞道："黄琮白璧天不惜，愿恐贪夫死怀璧。君看龙尾宝石材，玉德金声寓于石。"诗人把砚石当做珍贵的"宝石"。

宋代开发利用砚材，逐步积累了丰富的岩石矿物知识，并用来区分砚石的品种及质量品级。宋代砚石文献涉及的古砚种类繁多，如米芾的《砚史》涉及26种，高似孙的《砚笺》涉及"诸品凡65种"，其中大部分是石砚，一般都扼要说明产地、颜色、特征等。

元代砚石开采文献少见。明、清两代涉及砚石开采甚多，不仅能根据颜色、光泽、声音、纹饰等工艺美术特征及岩石矿物知识来划分砚石的品种，确定其质量品级，而且还根据砚石矿的分布规律和产出状况（脉理）进行砚石的采掘。

近代，我国许多地质工作者和工艺美术工作者们发掘了不少湮没已久的优质砚石石材，并开发利用，为砚文化的发展做出了很大的贡献，用地质学原理阐述砚石的文献也愈来愈多。如中国宝玉石专家秉傲先生编著的《宝石》，其中介绍了砚石28种，科学地阐述了砚石基本特征、品种、工艺要求、鉴别、产状和产地等，将砚石归入宝玉石之中。我国学者赵松龄先生在中国地质大学、西安矿业学院、南阳大学等宝玉石大专班上课，将《砚石》作为教材，用地质学原理阐述了端砚、歙砚、澄泥砚、鲁砚、松花石砚、贺兰砚、金星砚、思州砚、嘉峪砚等10余种砚，并介绍了各种砚的开发利用概况和各自的基本特征，研究程度比前人更深。笔著在《中国歙砚研究》中着重用地质学原理，科学地阐述了砚石的评价标准和鉴定方法，以及歙石的形成与质量。在《中国名砚》中，从砚史研究、砚石地质、纹饰成因、砚石评价标准、雕刻艺术及作品赏析和使用保养等，系统地阐述了我国61种砚品。还有不少专家、学者用科学原理撰写了有关砚石的论文，如霍有光副教授在《中国古代矿冶成就及其他》一书中就有"宋代砚石文献在地学上的价值"和"史籍中甘肃的非金属矿产（甘肃古代砚材）"等论述，这些论述均涉及砚矿，遗憾的是从古到今还无一本科学而系统的论述砚石矿产的专业书籍,这有待于专家学者去填补这一空白。

(三)砚石矿产资源的开发利用和管理保护

笔者调查研究的砚石资源有一百余个品种,分布在全国各地,都是分散开采,无计划、无数量记载,国家缺乏统一管理。特别是改革开放以来,"文房四宝"行业迅猛发展,砚店林立,生产厂家如雨后春笋般遍布祖国大地,个体制砚者盲目开采,稀有名贵的砚矿资源遭到掠夺性的破坏。名砚石非法倒卖,劣品石料鱼目混珠,严重地损害了名砚的生产和声誉。

笔者多次到歙砚石、龙尾石、端砚石、金星石、罗纹石、紫石等产地考察,砚石开采均用爆破法,这样势必极大地破坏砚石资源,造成优质砚石原料紧缺。从目前情况来看,国家对砚石矿产资源的开发与管理存在一定的问题。砚石市场混乱,尚缺乏对名砚石评鉴的权威性标准,政府缺乏对名砚石的保护性政策和措施。

弘扬中华砚文化,保护砚石矿产资源,是今日炎黄子孙的历史使命。历代名砚都有贡品,如今国家无收藏机构,许多"国宝"流失国外和个人手中。砚是具有历史、实用、艺术价值的珍品,具有收藏价值的"国宝",并非一般消费品,生产上应少而精,数量上应比例适当,有计划地投放市场,力争产销两旺。全国矿产资源委员会应采取相应措施,建立信息、技术开发、砚石评鉴、收藏等行业管理机构,把砚石作为非金属矿产来看待,早日颁布强有力的保护政策,这样才能功于当代,利及千秋。

第九章　歙砚诗文选

珠联璧合

山鲤为书屋石画作
友隣碎用畊不歇
志遠更心清

戊寅夏日书奉
明铭方家兩正

戴盟於庆茶轩

一、唐代歙砚诗文选

唐代是我国文学和书法、绘画繁荣的光辉时代，当时李白、刘禹锡、柳公权、李贺、李山甫等赞美名砚的诗文甚多，现选刊如下：

殷十一赠栗冈砚
李白

殷侯三玄士，赠我栗冈砚。
洒染中山毫，光映吴门练。
天寒水不冻，日用必不倦。
携此临墨池，还如对君面。

注：李白（701—762年），唐陇西成纪（今甘肃省陇西县）人。其先代隋末流寓西域，故李白出生于安西都护府所属碎叶城。神龙初年，迁居蜀中绵州彰明县（一作昌明县）青莲乡。曾经寓居山东，也称山东人，字太白，号青莲居士。天宝初年，入长安，任翰林院供奉。以蔑视权贵，遭谗出京。游历江湖，纵情诗酒。客死于安徽当涂。有李白诗三十卷，新旧唐书有传。

此诗摘自宋代高似孙《砚笺卷四》，同时可见于《古玩文化业书·说砚》第29页（上海科技教育出版社1994年10月版）。诗中栗冈砚石料产于江西，中山是战国时一山名，在安徽宣城县之东北、江苏省溧水县之南，产兔毫，制笔甚佳，溧水古属宣州府。李白诗中的"洒染中山毫"的中山毫指的是宣笔，古语"子系中山狼，得志便猖狂"，说明宣城一带古产紫毫（兔毫）、狼毫。

柳子厚寄叠石砚
刘禹锡

常时同砚席,寄此感离群。
清越敲寒玉,参差叠碧云。
烟岚余斐亹,水墨雨氤氲。
好与陶贞白,松窗写紫文。

歙砚诗
李山甫

追琢他山石,方圆一勺深。
抱才唯守墨,求用每虚心。
波浪因纹起,尘埃为废侵。
凭君更研究,保啬值千金。

注:李山甫,唐咸通年间文学家。
此诗表明,在唐代歙砚的石品已经定名,雕工也非常讲究了,歙砚在唐代已负盛名。

二、宋代砚谱摘要和歙砚诗文选

宋代砚文化很昌盛,特别是砚学理论的研究成绩显著,有关砚的专著很多。文人墨客赞颂名砚的诗文也很多。现选登如下,以飨读者。

(一)砚谱(摘要)欧阳修《格古要论》

歙石出于龙尾溪,其石坚韧,大抵多发墨,故前世多用之,以金星为贵,其石理微粗,以手摩之,索索有锋芒者尤佳。余少时又得金坑矿石,尤坚而发墨,然世亦罕有。端溪以北岩为上,龙尾以深溪为上,较其优劣,龙尾还出端溪上,而端溪以后出见贵尔。

注:欧阳修(1007-1072年),庐陵(今江西吉安)人,24岁中进士甲科,累擢知制诰,历枢密副使、参知政事。神宗朝,选兵部尚书、太子少师。

卒赠太子太师,谥文忠。知滁州时,自号醉翁,晚号六一居士。

此段摘自《格古要论》卷之七和《说砚》。欧阳修早在九百多年前就对端砚和歙砚作了评价,在他看来,歙砚质量还在端溪砚之上。

(二)余虞部以龙尾石砚邀余品

第仍授来使持还书府
蔡襄

玉质纯苍理致精,锋芒都尽墨无声。
相如闻道还持去,肯要秦人十五城。

注:蔡襄(1012—1067年),北宋书法家,字君谟,兴化仙游(今属福建)人,天圣八年进士,庆历三年知谏院,曾经知福泉杭三州,官至端明殿学士,卒谥忠惠。工书法,学虞世南、颜真卿,并取法晋人。正楷端正沉着,行书温淳婉媚,草书参用飞白法,隶书古朴典雅,为"宋四家"之一,与苏东坡、黄庭坚、米芾齐名。传世墨迹有《蔡襄自书诗贴》等;碑刻有《万安桥记》等。据说蔡襄对范仲淹被罢相不满,辞官出京,漫游名山胜水,吟诗作赋,以文会友。

此砚诗选自《砚部艺文二》和《说砚》第89页。

咏歙砚
苏轼

罗细无纹角浪平,半丸璧犀浦云泓。
午窗睡起人初静,时听西风拉瑟声。

注:苏轼(1037—1101年),四川眉山人,字子瞻,号东坡居士。宋代著名文学家、书画家。20岁中进士,曾知密州、徐州、湖州,因对王安石变法不满,被降到黄州。元祐年间后起用,任翰林学士,出知杭州、颍州,官至礼部尚书。死后追谥文忠。苏东坡一生几起几落,道路坎坷,但一天也没有放弃过玩砚。他爱砚成癖,蓄砚盈室,枕砚而卧。他说"我生无田,食破砚"。他为了得到张近的一方砚,竟用传家宝剑与之交换。苏赞

颂歙砚的作品甚多。

咏歙砚
苏轼

黄琮白璧天下惜，愿恐贪夫死怀璧。
君看龙尾岂石材，玉德金声寓于石。

《咏歙砚》选自《砚部艺文二》和《说砚》第89页。

三、明、清时期歙砚诗文选

李日华在《六砚齐笔记》中云："端溪未行，婺石称首，至今唐重世者，龙尾也。"他曾作诗赞歙砚：

歙州砚石美而坚，代为名家凿砚田。
精雕细琢天下重，端石未行婺石先。

注：李日华（1565-1635年），明代文学家，字君宝，浙江嘉兴人，万历进士，官至太仆寺少卿，能书画，并善于鉴别。对古砚很有研究，有《六砚斋笔记》，人称"博物君子"。所作笔记，内容亦多论书画和文房四宝、古玩等。笔调精隽，富有小品意致，与其诗歌皆流露出封建士大夫的闲适情调，有《味水轩日记》《紫桃轩杂缀》等。

过武溪题龙尾砚
江藩

石自武溪石石奇，若云奇绝岂无之。
俨然天上金星质，不似人间粉黛眉。
旧物尚留今日色，新铭应是古人诗。
坡仙曾咏龙池月，那到溪头酒一卮。

四、当代歙砚诗文选

民国时期,由于统治阶级对砚的制作不重视,制砚者几乎人亡艺绝,砚文化无大发展。新中国成立后,在党和政府的关怀下,挖掘了不少砚材,恢复了传统的制砚工艺。特别是改革开放以来,砚的市场到处可见。有关砚的专著不断涌现,如歙砚专著有《中国歙砚研究》《歙砚丛谈》《歙砚与名人》《中国名砚》等。要人名家赞颂名砚的诗文更多,现选几首以飨读者。

(一)

安徽歙砚厂留念
袁振

歙县石工巧过神,制砚捉刀取墨云。
拔水探穴深千尺,石显细黛锦波纹。
还疑此石九霄来,内藏星光万点金。
贮水发墨毫不损,砚质坚实泽湿润。
蘸水轻研松麝香,满屋书暖墨花香。
世间尤物人必赏,歙为宝砚是公论。

注:此诗选自《歙砚志》第42页,作者袁振,原安徽省委副书记、书法家。

安徽歙砚厂留念
张恺帆

金星歙砚,其质坚碧,呵气生云,贮水不涸,诚书画家之瑰宝也。

注:此自《歙砚志》第42页,作者张恺帆,原安徽省人民政府副省长、书法家。

为安徽歙砚厂书
刘海粟

弯刀割下黑龙尾,碾作端溪苍玉子。

花镔铁面一尺方,紫霞红光上书几。

注:此诗选自《歙砚志》第43页,作者刘海粟,世界闻名的国画大师。

(二)《山野诗丛》诗选 程明铭

1981年4月得龙尾山雨点金星砚石一方,归来抚玩,不忍离手。吟诗一首:

咏雨点金星砚
独处幽窗耕砚田,晶莹温润韧而坚。
如痴如醉摩挲认,仿佛其中别有天。

1982年332地质队成立砚石普查组,前往婺、祁、休、黟、歙五县,对境内砚坑进行普查,历时8个月,一路跋山涉水,踏勘路线达900公里。

深山寻砚
深山寻砚乐陶然,草笠芒鞋一似仙。
跻蹬攀崖随云上,寻幽探穴学猱猿。

四大名砚歙居先
歙州石砚美而坚,藏匿深山亿万年。
细琢精雕天下重,四大名砚歙居先。

作《梅花图》换砚
画苑耕耘数十年,囊中羞涩口难言。
一枝数朵梅花俏,权作吾家换砚钱。

石痴玩砚
玩砚石痴兴不穷,痴心痴意更痴情。
一方石夺乾坤秀,万幅图开天地新。
但愿此生作伴侣,何愁迟暮老风尘。

大千世界知音少，独羡孤芳自写真。

参观婺源县博物馆
婺源原本属徽州，物阜文风出众流。
龙尾砚山天独厚，文公遗教美名留。

注：婺源为南宋理学大师朱熹出生地；文公为宋宁宗给他的谥号。

（三）《石砚斋诗稿》诗选 程明铭

大谷运寻砚石
千顷茶林迎雨露，松筠万壑沐云烟。
山路苔滑不言累，志在为民寻砚田。

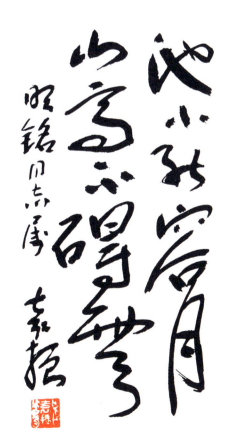

玩砚

忙里偷闲耕砚田,陶然身外小神仙。
如痴如醉摩挲认,把玩琢磨不忍捐。

芙蓉溪寻砚石

石痴寻砚几成迷,地质形成变化奇。
金晕眉纹归宿处,潺潺流水芙蓉溪。

金星砚

天然歙砚石生光,徽墨研来满室香。
细味端详金星砚,如同夜空闪宝光。

1989年9月在江西龙尾山得奇石一方,砚雕大师因势造型,雕成"银鸡下蛋"图像(图9-1),有巧夺天工之妙。

银鸡下蛋

扑朔迷离一石奇,银装素裹砚堂鸡。
池中生下银鸡蛋,引得骚人几度迷。

第十章 文房器具

文房器具泛指书写绘画的用具。清代宫廷文房用具非常考究，除基本的笔、墨、纸、砚外，与之配套的文房器具甚多，如笔筒、笔架、砚匣、笔洗、笔挂、印泥盒、颜料、镇纸等。明代屠隆撰写有《文具雅编》一卷，是研究古代文房器具的宝贵资料。文房器具是书写绘画中的必要工具。现将一般知识介绍如下：

一、文房四宝

文房四宝指笔、墨、纸、砚。文房四宝的雅号，始于宋苏易简所著的《文房四谱》，一名为《文房四宝谱》。此书是我国最早的一部系统介绍文房四宝的专著。

（一）文房四宝价值观

文房四宝具有历史、实用、收藏等方面的价值。

1. 文房四宝的历史价值

主要表现在它的历史悠久和历史作用上。公元105年在东汉时期，我国古代劳动人民发明了造纸术。文房四宝之一的纸与指南针、火药和印刷术并称为我国古代科学的四大发明，为中国的文明和进步、文化的繁荣，起了巨大的作用。主要是促进印刷术的发明和出版事业的发展，使我国图书由"简版"时代迅速发展到"卷轴"时代，更由"卷轴"时代迅速发展到"刻印"时代。它对世界文化的发展也同样起着积极的促进作用。中国文房四宝，特别是造纸术传播到世界各地，对推动全人类的文明进步做出了巨大的历史贡献。

2．文房四宝的实用价值

文房四宝是数千年来我国文化得以延续发展的基础。它们造就了千百万作家和书画家。借助它们，我国才产生了浩如烟海的书画和图书典籍。

3．文房四宝的艺术价值

文房四宝是我国物质文明和精神文明的结晶，是融天然美与人工美于一体的工艺美术品。特别是墨汁的出现，冲击了砚的使用价值，于是许多砚成了工艺美术品。

4．文房四宝的收藏价值

历代文房四宝精品，用优质材料经高手制作而成，数量稀少，艺术品位极高。佳砚经名人用过，刻上铭文，就具有文物价值。因此，它们和宝玉石差不多，是人们收藏的对象。

（二）文房四宝简介

历代以宣纸、徽墨、歙砚、湖笔为文房四宝；安徽的文房四宝，指的是宣纸、徽墨、歙砚、宣笔。安徽是文房四宝珍品都生产的省份，制作工艺精湛，品种丰富多彩，风格独特，早已遐迩闻名；徽州文人荟萃，不但风景优美，而且生产的工艺美术品驰名中外。宣纸、徽墨、歙砚、宣笔被人们称为中国文房四宝的"宝中之宝"，故泾县、宣城、歙县、屯溪等地是文房四宝的故乡。以下将纸、墨、砚、笔基本知识介绍如下：

1．宣纸

宣纸是安徽省特种工艺品之一，已有一千多年的历史。宣纸产地是宣州市泾县。据《旧唐书》记载，唐天宝二年（743年），江西、四川、皖南、浙东都产纸进贡，宣城郡一地宣纸尤为精美。南唐后主李煜亲自监制的"澄心堂纸"，就是宣纸中的珍品。这种纸"皮如卵膜，坚洁如玉，细薄光润，冠于一时"。"澄心堂纸"产于徽州和宣州。

宣纸以青檀皮为主要原料。但是，要使宣纸具有洁白、柔软而美观的特质，则又需要借助"稻草"的功力了。其配料：一是石灰和碱；二是漂白粉；三是水。

宣纸具有韧而能润、光而不滑、薄而能坚、厚而不腻、色白如霜、经久不变、不腐不蛀等特点，故有"纸中之王"、"千年寿纸"之美誉。

宣纸的制作工序有浸泡、灰腌、蒸煮、洗净、漂白、打浆、捞纸、加胶、贴烘等操作过程，历时一年有余，方能制造出优质宣纸。

宣纸的品种按原料分为绵料、皮料、特净三大类。按其规格大小可分四尺、三尺、五尺、六尺、八尺等多种。按厚薄分单宣、夹宣、三层夹、罗纹、十刀头等多种。加工宣又分为玉版、蝉衣、云母、珊瑚、泥金、洒金、墨光等多种。"特种净皮"是宣纸中的精品。宣纸与中国书画有着密切关系，它为中国历代书画家表达特殊的艺术韵味做出了贡献。

2．徽墨

墨的发明，为中国雕版印刷的发明和发展起了很大的推动作用。墨不但在文化方面，而且在经济、医药等方面都做出了贡献。

墨的起源很早，约在新石器时代，中国人就已经知道利用墨色来做美术装饰了。魏晋时代开始出现墨丸，这是用漆烟与松烟混合制成的。夏商周三代以前的文章寄于金石，三代以后的文章寄于毫素（笔与绢），这时书写用墨开始引起人们注意。

唐代随着经济、文化的发展，书画艺术逐渐繁荣起来，从唐代末期开始生产徽墨。那时，由于战乱，易水著名墨工奚超便带着儿子奚廷珪全家逃到了风景秀丽的江南。当他们到达歙州（今歙县）时，见到满山遍野茂密的松林，认为这里是制墨的好地方，便定居歙州，重操制墨业。这里有这么多的制墨原料，奚超父子如鱼得水、如虎归林，于是大显身手，改进了捣松、各胶、配料等技术，终于制出"丰肌腻理、光泽如漆、经久不退、香味浓郁"的佳墨。南唐后主李煜闻之十分赏识，特召奚廷珪担任墨务官，并赐予国姓"李"。以此奚氏一家改为姓李，故李廷珪成为制墨一代宗师。素有"黄金易得，李墨难求"之声誉。

自从宋徽宗宣和三年（1121年）歙州改名为徽州后，李墨及其他各家所制的墨，统称为"徽墨"。《歙县志》记载："至宋时，徽州每年以龙凤墨千斤为贡。"据元代陶宗仪《辍耕录》和明代麻三衡《墨志》两书记载，从宋熙宁到宣和年间制墨业中风头最健的人物就有六十余人。其中著名的墨工巧匠有潘谷、张谷、张遇、吴滋、沈硅等人。这么多的姓名载入制墨史册，可见当时制墨业的发展状况。

到明代的嘉靖、万历年间，随着经济繁荣，徽商兴起，制墨业进一步兴旺。据明末麻三衡的《墨志》记载，这时制墨厂家达一百二十多家。著名墨工有邵格之、程君房、方子鲁、罗小华等。制墨技术大大提高，"桐油烟"与"漆烟"的制墨方法被广泛地利用，并加入麝香、冰片、金箔、公丁香、猪胆汁等十几各种贵重原料。成套业墨水——集锦墨也开始出现。

清代康熙、乾隆、嘉庆年间，是徽墨生产的黄金时代。曹素功、汪近圣、汪节庵、胡开文先后崛起，形成了当时四大制墨名家。

曹素功，名圣臣，字昌言，原名孺昌，一字荩庵，号素功，安徽歙县岩寺镇人。他的墨店为"艺粟斋"。相传清康熙皇帝南巡时，素功献墨，颇得赏识，遂赐"紫玉光"三字，于是名声益振。著有《墨林》一书传世。"紫玉光"是曹素功的称心之作，《墨吕赞》把它列为第一。

汪近圣，安徽绩溪县尚田人，原是曹家墨工，清康熙末年（1721—1722年）崛起，在徽州府（歙县）开设了一家"鉴古斋"墨店，独立经营墨业，自产自销。

汪节庵，名宣礼，字蓉坞，安徽歙县信里人，歙派中的著名墨家。他的"函璞斋"与曹素功、汪近圣两家并驾齐驱。

胡开文，原名胡正，安徽绩溪人。起初在徽州屯溪租赁"采章墨店"开业，后分别在休宁开设了"胡开文"总店，在屯溪开设"胡开文"分店。胡开文所制的"地球墨"，曾于1915年在巴拿马国际博览会上获得金质奖章，并在南京南洋创业会上获优等奖。

1935年前后到抗日战争前夕，歙县有胡开文、胡爱棠、胡正文、胡圣文四家墨店，以胡开文一家招牌最老。新中国成立后有屯溪徽州胡开文墨厂、歙县胡开文徽墨厂、绩溪上庄胡开文徽墨厂，上海也有由原曹素功和胡开文两家合并组成的上海墨厂。目前中国徽墨业的发展日新月异，一派兴旺发达的景象。

制墨的原料，主要是碳氢化合物受热分解而成无定形碳，为疏松、质轻而极细的黑色粉末。古时称"炱"、"烟炱"、"松烟"。现代称"烟煤"，化学史称"炭黑"。

炭黑有四大类：松烟、油烟、漆烟、工业炭黑。辅助原料有胶和药物。药物有：熊胆、藤黄、丹参、黄连、乌头、麝香、大梅片、丁香等数十味。添加剂有金箔、珍珠粉等。

徽墨的品类，从形制上可分为零锭墨和集锦墨两大类。从用料质地上分松烟墨、油烟墨、炭黑墨、再和墨、硃红墨、五彩墨、银珠墨等。

松烟墨，烧松取烟和胶制造的墨，称松烟墨。松烟墨分特级松烟墨、黄山松烟墨、大卷松烟墨和净烟墨。

油烟墨有超漆烟墨、超顶漆烟墨，为优质桐油自炼的高级漆烟制成。顶烟墨、青烟墨为一般油烟制成。

工业炭黑墨，分精细、全烟等，为优质工业炭黑制成。

特种墨有青墨，为松烟和油烟按一定配比混合而成。

3．笔

早在新石器时期，我们的祖先已经使用兽毛制笔作画，如彩陶上的花纹，笔触清晰流利。殷商时代的陶器，有用笔书写的痕迹。根据出土文物资料，我国的笔至迟在商代即开始使用于书写。

笔为写字绘画的用具，一般可分软笔和硬笔两大类。软笔和硬笔相对而言，泛指一切利用兽毛鸟羽制作而成的毛笔，又专指毛笔中的软毫笔一类。硬笔也称硬毫笔。硬毫主要有紫（兔）毫、狼毫、鹿毫、鼠须等。另外，硬笔又指钢笔、铅笔、圆珠笔。还有一种兼毫笔。所谓兼毫笔，是两种或两种以上软硬不同的兽毛禽羽为原料制成的毛笔。在文房四宝中，笔指的是毛笔。

历代知名的毛笔有湖笔、宣笔、湘笔、汪伯立笔等。

湖笔：因产于浙江湖州而得名，也称"湖颖"。湖笔历史悠久，距今已有一千多年的历史。到了元代取代了宣笔而成为全国毛笔的代表产品，也就成为中国文房四宝之一，其制作的特点是讲究分层匀扎。其中羊毫、狼紫（兔）纯毫笔驰名四海，尤以羊毫最负盛誉，是区别湘笔制作的一大流派。明末清初湖笔制作技术传播福建、安徽、江苏，经中原达到北京。今日湖笔制作品种繁多，继承和发展了制笔业。湖笔誉满全球，增进了国际文化交流。

宣笔：安徽宣州等地所制的笔，统称为宣笔或徽笔，产于泾县的毛笔称为泾笔。宣笔始于何时，史书记载不详。一般都认为与蒙恬有关。

据赵愈《笔颖传》所记，公元前223年，秦将蒙恬奉命南下伐楚，途经中山地区（今宣州市泾县一带），见山兔毛长，于是用来制笔，他应该是宣笔的始祖。宣笔具有装潢雅致、毛纯耐用、刚柔适中和尖、圆、齐、健四德兼全的特点。"尖"是笔锋尖锐，不易开叉子；"齐"是修削整齐，压扁时顶部齐平；"圆"是丰硕圆润，用它在指甲或掌心画圆圈，四面铺开，不觉硬滞，将笔提起，笔头收敛起成尖状；"健"是劲健有力，弹性足，久用不退。笔之"四德"尤以圆、健最为难得。一支好毛笔，应是"四德"俱全。

湘笔：因主要产于湖南长沙而得名。始于唐代，昌盛于元明时代。其制笔不讲究笔头的外形。笔头为不分层次的杂扎，形成了制笔技艺中一大流派。后逐渐发展至江西、四川及西南各地，畅销于中南和西南各省。

汪伯立笔：汪伯立是宋代著名笔工，新安（今安徽歙县）人，所制之笔人称"汪伯立笔"。南宋理宗时，徽州的知州谢暨则以汪伯立笔、澄心堂纸、李廷珪墨、羊门岭（今黟县羊栈岭）旧坑砚作为"新安旧宝"，一并列为进献朝廷的贡品。

笔的品种繁多，按制作技艺论，可分为"湖笔"和"湘笔"两大流派；按性能分有硬毫、软毫、兼毫三种；按锋颖长短分为长锋、短锋、中锋三类；按书写字体大小分为大楷笔、中楷笔、小楷笔。

新中国成立后全国制笔的省市和厂家甚多，分布于北京、上海、苏州、湖州、长沙、武汉、江西、安徽等地。就安徽而论，太平、歙县、黟县、六安、桐城、舒城、合肥、芜湖、安庆、淮北等地均有制笔厂家。

4. 砚

本书已作重点阐述，故略。

二、文房四宝配套器具

文房指供读书、写字、绘画所专用的房间。文房器具主要指文房四宝的笔、墨、纸、砚。与其配套的用具甚多，有笔筒、笔架、笔洗、镇纸等。兹简介如下：

（一）笔的配套用具

有笔床、笔卷、笔砚、笔阁、笔挂、笔筒、笔洗等。

笔床：搁放毛笔的器具。始于南朝，已有一千四百多年的历史了。南朝文学家徐陵（507—583年）在他的《玉台新咏序》中载："翡翠笔床，无时离手。"古籍《搜神记》记载："南朝呼笔四管一床。"到明时就甚少。明屠隆《考盘余事》中记载："笔床之制，行世甚少。"其形状是长方形，长六七寸，宽二寸余，高一寸二分左右。如一架然，可放笔四只。一般用紫檀乌木制作而成。如今很少制作和使用。

笔卷：又称笔帘，是一种用竹、木织成的帘状物，是保护毛笔的一种用具。

笔砚：用以理顺笔毫和验墨浓淡的一种器具。现代多以陶瓷小碟或盅作笔砚。

笔阁：俗称笔架，是架置毛笔的一种器具。其形状有山形、龙形、驼形等，一般常见的为山形。多以陶瓷制作，也有竹、木制作。

笔挂：是挂笔的一种用具，用竹、木、陶瓷等材料制作而成。为圆筒形，故称笔筒，为文房必备器具之一，并广泛置于行政企事业机关办公桌案头。

笔洗：是洗毛笔的一种器具。是书画家必备文房器具之一。古时用贝壳、玉石、铜、陶瓷等材料制作而成，现代以青花瓷、大理石、砚石材料制作为多。

（二）砚的配套器具

有砚屏、砚滴、砚盒等。

砚屏：又称小屏风，是放在砚端以挡风尘的用具，以玉石、漆木、陶瓷、象牙、砚石等材料制作而成。砚屏始于宋代，据宋代赵希鹄《洞天清录》中记载，古无砚屏，或铭研，多镌于研之底或侧。自东坡、山谷始作砚屏，既勒铭于研，又刻于屏，以表而告之。

砚滴：又称书滴，水浊，是古时滴水于砚中研墨的器具，用铜、陶瓷等原料制成，今用瓷盂一类贮水作砚滴。

砚盒：是保护砚的一种器具，可防尘、防碰，用木制作而成。就形而言，有长方形、正方形、圆形等。

（三）墨的配套器具

有墨床、墨匣、墨盒、墨池等。

墨床：古时候放墨的器具，呈长方形，下有四足，其形状如床而得名。古时为实用品，今受墨汁的冲击，故少见。

墨匣：是盛放墨锭的文具，有保护墨不受风吹尘落、防止脱胶等作用。其制作原料多为紫檀乌木，上镶嵌人物及动物等。

墨盒：是用来装墨的盒子；也有人把盛放墨汁的器具称墨盒。前者为纸料制作，后者为银、铜原料制作。古时进京赶考，为了省去临时磨墨，在平时就将墨研好，将墨汁盛在盒中，于是就要制作一个墨盒。其形状圆形、方形均有，上有盒盖，内放丝棉且有舔笔小台子，今用塑料墨盒更为方便。

墨池：有两种意思，其一，砚的贮墨低洼处，称为墨池。其二，指书画家洗笔刷砚的水坑。晋代卫恒《四体书势》中记载："汉张芝，在水池旁练习写字，常用池水涮洗笔砚，久而久之，池水尽黑，人称墨池。其用功之勤可想而知。"现安徽省无为县城内图书馆大院有宋著名书法家米芾遗留下来的墨池。

（四）纸的配套文具

有纸镇、纸杠等。

纸镇：又称镇纸，是压纸的一种器具，制作材料有铜、铁、玉、瓷、石、木、竹等。有圆形、长方形等。其上雕刻各种图案和诗词名句，其中大理石、砚石有天然纹饰者深受书画家青睐。

纸杠：又称压尺，和镇纸相似，用以镇压纸张的工具。

第十一章 砚苑杂谈

珠联璧合

硯墨甜瓜

野趣鄉光溢上品展出獲成功
丙戌之初汪观清祝贺并题

一、歙砚的发墨机理

关于歙砚石的发墨机理，笔者早在20世纪80年代初在《地球》《科苑》《徽州报》《科技报》等报刊上阐述过：歙砚石发墨的奥妙在于砚石中含有6%～15%的粉砂和微粒石英，均匀分布在其中呈棱角状及次棱角状，恰似在歙石中嵌入"金刚砂"，所以发墨。绢云母成分高，润滑细腻，所以毫不损笔。砚石矿物成分胶结紧，孔隙自然小，故此贮水不涸，不吸水。这种论点在拙作《歙砚与地质》《中国歙砚研究》《歙砚丛谈》等专著中也作过阐述。

1988年北京大学地质系郑辙教授和安徽歙砚厂汪永龙、杨震在《科学通报》第17期上发表的《中国歙砚的自磨刃发墨理论》一文中，认为优良砚的砚面上层状硅酸盐矿物呈片状，状如刃锋，砚石通过砚锋不断地切割墨体。文中说："发墨的实质是砚面切割墨体，因此，砚是切割工具。刃是切割工具的关键部位，是决定切割效果的主要因素。"又说："歙砚发墨效果决定于砚面的矿物组成、砚锋的形态和砚锋密度，这一原理称为砚的发墨原理。"

1996年1月26日"中国名砚地质学研究及开发研究"项目组在科研项目中期工作汇报中，初步认为优良砚的砚面起刃锋作用的主要是硬度较大、颗粒微细、分布均匀、在砚面上微微凸起、含量占10%～30%的石英及少量的长石矿物，而不是呈片状的层状硅酸盐矿物。主要事实是：

（1）从砚面的扫描电镜照片可以观察到，石英及长石颗粒凸出于表面，并较均匀分布，绢云母、绿泥石等层状硅酸盐矿物则下凹。研墨时墨块首先被硬矿物切割、研碎。

（2）从所测定的各砚石及不同墨块的硬度数据可看出，石英、长石的硬度为6～7（摩氏硬度），绢云母与绿泥石的硬度为2～2.5，而所用墨块的硬度为2.2～2.4。

以上足以说明砚面的刃锋应该是石英等硬度大的、在砚面上凸起的矿物。发墨的机理尚处于探索阶段，还有待从物理、化学、机械磨损、无机化学等方面加以深入论证。但笔者认为砚的发墨原理与水的作用也分不开。

二、稀有砚品鉴考

（一）歙黄砚石鉴考

歙黄砚石是歙砚中一个品种，它始于何时无历史记载。西汉刘歆《西京杂记》上记载："汉制天子，以玉为砚，取其不冰。"这是现存的关于石砚的最早记录，也是以玉石为砚的最早记录。在宋代李之彦《砚谱》中也有玉砚记载："黄帝得一玉纽，治为砚海，其上篆文曰：'啼鸿氏之砚'。"又一记载："镇潼留后，李充伯得玉材，琢为园砚，发墨可爱。"出土实物有洛阳的西周玉质调色器，是用黑、白纹理的玉石雕琢而成。由此说明，在秦汉以前西周时期就有用玉石制的砚。现存清代《黄玉砚》（直径7厘米）乾隆御铭（图11-1），更能说明用黄玉石制砚的依据，但传世的不多。

根据民国时期许承尧翰林编纂的《歙县志》卷一《兴地志·山川》中的记载："灵金山东支曰岩山，蜿蜒东出山涧，有石色黄如蜜，可作砚，腻不减龙尾。"由此说明，歙砚中有黄色砚。这本《歙县志》是许承尧翰

图11-1　乾隆御铭《黄玉砚》

图11-2 歙黄砚

图11-3 歙黄鱼子石

林于1926年到1937年亲自担任总编纂的。由此可见,这种黄如蜜的石料在清末民初就有,可惜这种石料久已失传了。1994年笔者曾在屯溪老街梦笔砚斋店里见到一方歙黄砚(图11-2),石色黄如蜜,石质细腻,砚堂中有一块蕉叶白,可见《歙县志》所记不虚。

根据以上文献资料和地质资料,笔者在80年代曾对歙黄砚石作过实地调查和研究。灵山一带为花岗岩,仅在灵山西呈坎——杨干一带见到黄色粉砂质千枚岩,是否指这种石料,有待进一步研究。歙砚中黄色鱼子石常见,其他黄色砚石原料也有。笔者从歙砚石的颜色来分,将古徽州产的黄色砚石原料制成的砚,统称为"歙黄砚"。按照化学成分可分为两大类:硅酸岩类和碳酸岩类。前者有黄鱼子石、黄玉、黄色粉砂及细砂岩；后者有蜜蜡黄玉石、白蜡蜜玉石、乳黄蜜玉石、黄白色大理石化岩、黄白色方解石、米黄玉等。

歙黄鱼子石（图11-3），是斑点含粉砂板岩，有米黄色、橘黄色，前者硬度摩氏3°左右，后者硬度5°左右。由少量粉砂和大量绢云母组成。斑点是由绿泥石隐晶质聚集而成，构成斑点状构造。其粒度一般为0.3~1.2毫米，其量约15%~20%。产地江西婺源县大畈济溪和休宁岭南前坦、李苦山一带。其成因与地质环境息息相关，其产地在皖、赣边界处的莲花山和灵山岩体之间，一条狭长的前震旦系牛屋组地层中。岩石受热的烘烤，稍具硅化，有的砚石呈黄色。

1983年，笔者从事砚石普查时，曾在歙县大谷运乡岱岭北山坳中见到一层0.5米厚的色黄如蜜的石料，可作砚材。此种石料为砾石出现（扁平状），砾径40厘米大小，长轴平行层面，为细砂、粉砂、云母、少量金属矿物组成。石质坚而润，不吸水，发墨，可制砚。如"旭日东升"（奇1-7）。

歙黄砚石有一种珍贵石品，人们称之为"黄玉砚石"，可分为硅质和碳酸盐质玉石。前者如黄山黄蜡石、黄山珍珠石、玉髓等，属于石英类玉石，硬度7°左右；后者如方解石、大理石化石、蜜蜡黄玉石、米黄石等，属于碳酸盐类玉石，硬度4°左右。以上歙黄砚石是由汽化过程生成的。是富含硅的火成岩体冷却晚期形成的物质之一。产于黄山、太平、旌德、歙县、许村、金石、英坑等花岗岩体中，岩脉出现，脉宽0.1~1米。黄玉砚石，颜色艳丽，有蜡黄色、米黄色、黄棕色、白绿色等。此种砚料发墨性能好，具有温、润、柔、洁、腻、蜜、莹、透等特点。砚才难取，小料偶尔在小溪、河流可拾到，作为奇石和玉挂件，使人赏心悦目。笔者曾收藏一块"猴子掰玉米"（图11-4），此种石料制作歙砚，石质坚硬，难取。但细润、手感好、不吸水，不损笔，不仅可作砚，还可作为宝玉石收藏，具有欣赏和经济价值。

图11-4　猴子掰玉米

笔者是中国宝玉石协会会员，20世纪70年代末至80年代对安徽省徽州地区、安庆地区、大别山区和淮北地区进行过宝玉石（包括砚石）调查研究工作。1981年我曾将安徽省各地美术工艺矿产品（宝石、玉石、砚石）送北京中国地质博物馆展览。其中有红宝石、玉石、大理石、砚石等，90年代中期又担任黄山市宝玉石厂顾问，并参加"中国名砚地质学研究"（国家研究项目）工作，进一步对徽州地区宝玉石、砚石进行调查研究。在煤炭山、呈坎、歙县、灵山、溪头、黟县西递等地发现26.5厘米大理石化砚材。砚石有黄色、灰黄色、白灰色、灰色，石质细腻可制砚，黄色如黄山览胜砚（图11-5）、灰白色如松下问童子砚（图11-6）、灰色如祥云龙凤砚（图11-7）。

图11-5　黄山览胜砚

图11-6　松下问童子砚

图 11-7　祥云龙凤砚

近年柯崇发掘蜜蜡黄玉歙黄砚石料，和《歙县志》中所说石料相似，且细润、发墨益毫、石色如蜜、晶莹剔透、玉洁冰清，故作成花中君子砚，以颂莲之"出淤泥而不染"。在2011年歙县徽州民俗文化节展出，轰动观众和制砚界。笔者也收藏一方米黄色圆形花之君子砚（图11-8），直径21.5厘米、厚6.5厘米。同时又收藏一方长方形素池白玉砚（图11-9），长19厘米，宽10.5厘米，厚2.8厘米。上海砚苑也收藏一方圆形花之君子砚，呈橘黄色、略带红色。

图 11-8　花之君子砚

柯崇有一方紫绿砚板，似玉髓（图11-10），有同心带状呈红色曲皱状，似紫晶彩虹纹。以上砚料具有玻璃光泽，透明或半透明，比重2.71，硬度4度左右，参差状裂片断口，菱面体解理，岩石成分为方解石、白云石、金属矿物等。笔者根据地质资料、实地考察和现存歙黄砚判断：1926年到1937年编纂的《歙县志》提到的砚石为蜜蜡黄玉石，其矿物成分为方解石，呈脉状出现，脉宽0.5～3.0厘米不等，产于许村花岗岩体，具体地点在呈坎以东、富褐以西地区的花岗闪长岩中可见，但稀少，开采难度大，在丰乐河、富资河和布射河中偶尔可见歙黄滚石，但能成为砚才者很少，故称绝品。

图11-9　长方白玉砚

图11-10　紫绿砚板

（二）歙红砚石与庙前红砚石鉴考

歙红和庙前红石料的发现始于明清。程瑶田在《记砚》中认为"庙前洪"石即产于古庙前之水中者。洪者泓也。程的好友武建周曾送他一方"庙前洪"，色微红，接近端色，故此又称"庙前红"。庙前红是不是歙红？根据笔者实地考察研究，认为二者不相同。庙前红是歙砚石中罕见之珍品，其色呈黑紫、淡紫色，略带淡黄色，石质细润，手摸上去柔嫩，似孩儿面、美人肤，其中有彩色条带。其石料产于江西婺源，砚山、济源、歙县庙前、大谷运等地。砚矿带厚度仅0.2～8厘米之间，有的成卵石和翡翠石一样，外表有白色硅质物包裹；有的与龟背纹、玉底互层。

歙红与庙前红的不同之处：其一，色泽有区别；其二，石质略有区分，庙前红石质细润，硬度大，其厚度小；其三，在古歙州不少地区可见含歙红砚矿地层出露，庙前红砚矿层少见；其四，古籍文献记载及现存实物不多，仅拾砚石一二方而已，是否有砚坑开采未记载。下面就笔者对"歙红"作的调查研究阐述如下：

1. 歙红起始年代

根据历史文献记载和现存实物资料，歙红的发现最迟始于明代。在章放童《中国印章歙砚玩赏》一书中，记载一方南北朝歙红四足砚，笔者从石质鉴考有疑。我于1980年开始专门从事歙砚石调查研究，一次在歙县博物馆鉴定古砚时，偶尔发现一方清代"吴梅颠铭砚"，背面有巴慰祖像，其砚铭在《歙砚丛谈》一书"砚谱新花"一节中已阐述。笔者根据砚铭在歙北上丰山区找到歙红石料。1988年由歙县上丰工艺厂开发利用。

根据《砚林脞録》记载："祁门县文溪所产砚石，紫色理润，发墨颇与后历石美坚。近时出处价倍于常，工人各以材厚大者为贵。"根据此线索，笔者于1983年在祁门县历口发现此石，石色呈紫绛色、紫红色，石质细润。1993年个别个体制砚者开始试雕，市场价格很高，深受收藏家青睐。

1994年笔者在香港一位朋友苏荣琛处见到一方正方形、三阳开泰图案歙红砚，背面有砚铭："似端非端，祖传奇珍，晶莹可爱，产自邑中。嘉靖壬午年（1522年）石山居士。""石山居士"是祁门县明代名医汪机的号，"石山"是指祁门县城北的石山坞，是汪机祖居之地（据《祁门古今》)。由此说明在明代山城祁门就开发了"歙红"。1995年笔者与北京中国地质大学毕先梅教授再次实地考察,采集标本,测制地质剖面进行分析试验,命名为"祁红"。1996年10月,由祁门县政协牵头筹办砚雕厂进行开发。

2. "歙红砚石"的命名与石质评述

笔者根据历史文献、地理位置、砚石颜色,将古歙州所产的紫红色砚石料统称为"歙红",其中包括紫云、紫石(又称徽红)、歙红、祁红等砚石料。

歙红石料颜色艳丽、纹饰稀珍,有翠斑、翡点、红线、石眼、彩带、火捺、胭脂等。歙砚中有石眼、黄標、火捺。胭脂纹饰为笔者首次发现,异常稀珍。其石质细润、发墨,但石料难取,而且稀少,小料多,大料少,优质少,劣品多,可制砚的石料成材率很低。在歙红中同时可见稀珍的金钱石眼。

各种歙红石料其层位不同,岩性也不相同,石质粗细也不一。

歙红砚石矿层,属前震旦系牛屋组,上部紫红色岩层,距今9亿年左右,砚石层厚30米左右,能作砚材者0.2米左右。其岩性为板岩及粉砂质板岩,矿物成分由绢云母、泥质、绿泥石、粉砂及微量石英等组成。

(三)歙青砚石与庙前青砚石鉴考

"歙青砚石"这一名词历史上并无记载,笔者1988年帮助歙县上丰工艺厂寻找砚料时发现这种石料,同时发现红色石料,通过歙县上丰工艺厂试雕及试销,受到文人墨客的好评。《黄山日报》记者汪怡民在《黄山日报》和《人民日报》上发表了《歙砚又添新品种——赤红青黛两争妍》一文后,"歙红"、"歙青"这两个名词就传开了。

"歙青"与"庙前青",其石色有明显区分。"歙青"石色呈青色、青灰色,有的黑里发青,有玉带、斑点等纹饰,石质细腻,发墨益毫,砚石赋存在前震旦系牛屋组地层中,石材稀少,是极难得的砚材,具体产地在上丰岩源黄柏山、老屋道溪基等地。

"庙前青砚石"色呈灰色、灰绿色,石质细润,发墨益毫,纹饰艳丽,有水浪纹、银丝、刷丝、金星、银星、玉带等天然纹饰。石材大料可取,分布在歙县、祁门等县境内，特别在歙县境内此种石料分布较广，但粗料多，细料少，砚石经化学分析，低 Fe_2O_3，高 FeO，低碳质。

"庙前青"这一名词始于何时，历史文献无记载。盛于宋，则有文字可考。其产地在何处，文献也没有为后人画上一个句号。近代《歙砚志》（1986年10月歙县第二轻工业局编）中记载："歙石庙前青盛行于宋。宋唐询《砚录》云：'常过金陵，于翰林叶道卿，见砚方四五寸，淡青，如秋雨新霁，远望暮天，表里莹洁，都无纹理，盖歙石之美者'。"另外，省博物馆珍藏"庙前青"一方，石色青莹，背刻"醉酒图"，极为精美。近代徽州著名砚藏家许承尧在《歙事闲谈》三十一卷中云："余得庙前青、竹叶青各一，石皆青色，肌腻无纹，其一间有金星耳。"以上文献在《中国安徽文房四宝》中也有记载。李明回先生断定叶道卿处一方青砚为"庙前青"，但他说："古庙究在何处，同样迷茫莫辨。"

《中国安徽文房四宝》中记载，清代汪扶晨《龙尾石辨》中有"于丰溪吴太史家，得一蔽字砚，相传为朱元璋所宝，石色淡青，如秋雨新霁，表里莹洁，因之龙尾之精，以色青肌腻为贵，不在金星与刷纹云云。同样可以断定，这方蔽字砚，也是'庙前青'"。

在《中国安徽文房四宝》附录中有"清代庙前青歙砚"照片，并附有文字说明。此砚石料开采于乾隆丁酉（1777年），在龙尾山神庙之前坑，石质细润碧青色，为歙砚坑中稀少的珍品。

1981年后，我专门从事歙石调查研究工作。对"庙前红"和"庙前青"两种砚石在《安徽省徽州地区砚石普查评价报告》《中国歙砚研究》《歙砚丛谈》《歙砚与名人》等专著中作过阐述，根据地层、岩性分析，以及根据笔者的实地调查，"庙前青"石料产于歙县周家村、庙前、洽河一带。其岩性含粉砂板岩，呈青灰色、灰绿色，石质细润，发墨益毫，吸水性小，为0.07%，可见银丝纹、眉纹、水浪纹、金星、罗纹等。

"黟县青"这一名词始于明朝嘉靖年间，距今已有四五百年历史了。砚石赋存在寒武系大陈岭组地层中，砚石经鉴定为大理石化结晶灰岩与黑色炭质板岩互层。虽然在《黟县志》卷十二《拾遗》和《黟县志》卷十五中记载过用"黟县青"石料制作过砚，但笔者认为这种石料琢砚质量差，只能作建筑材料和石雕品，如北岸吴氏宗祠内的。

(四)岩源眉纹砚石鉴考

岩源眉纹砚石,是1994年10月笔者与北京中国地质大学毕先梅教授在歙县岩源取歙红石料标本进行科学测试时,在王进坑发现的。1995年经江立明、汪德钦、宋进军、钱尼亚等个体制砚试雕投放市场,很受客户欢迎。此砚石产地历史文献无记载,是新发现产地,其砚石赋存在中元古代大谷运组地层中。岩性为灰黑色粉砂质板岩,显微鳞片变晶结构,片状构造,矿物成分由绢云母、粉砂、绿泥石及少量金属矿物组成。粉砂成分为石英及少量长石、云母、金属矿物、电气石等。分布较均匀,粉砂粒度0.03～0.06毫米,呈棱角状和次棱角状。

石质细润,纹量妍丽,有水浪纹、眉纹、金、银星等,琢砚酷似龙尾石,不善鉴别,可以乱真。

(五)龟背纹砚石鉴考

龟背纹砚石(图11-11),又称龟甲文。其纹理像乌龟背部的花纹,有的像袈裟纹(图11-12),有的像渔网纹。其形状犹如田中干旱裂纹,其中纹理间充填金线、银线、红丝、黑纹、碳酸盐白线等,其形成原理与沉积地理环境、地壳变动、地质构造息息相关。其中纹理间龟背纹砚石,笔者1983年在砚石调查中考证,龟背纹砚石在震旦系牛屋组上部红色岩层中,在婺源砚山眉子上坑,歙县周家村庙前、大谷运双河口、祁门文溪等地均有出露。

龟背纹岩层与庙前红、青白玉底成互层。龟背纹厚度一般0.5～1.5毫米。庙前红厚度0.5～28毫米不等,青石0.2～20毫米,玉底0.5～30厘米左右。整个红色岩层总厚度4米左右,砚石成黑紫色、淡紫红略带黄色青色及白色,石质细而坚,手摸上去柔嫩,似孩儿面,美人肤。其中有的有彩带。用手指弹砚石,声音清脆,发墨益毫,不吸水,可称歙砚中绝品,其岩性为含粉砂板岩,矿物成分为由绢云母、泥质、绿泥石、粉砂及微量石英、少量金属矿物等组成。

龟背纹砚石因材施艺,制作四水回归、太史式、如意式、花瓶式等素池砚,或砚坯等。龟背纹歙砚石的制作非常精细,石质软硬不一,脆而易崩,难制精品,必须砚式与石品完美,精心设计,细心打磨才有生命力,具有审美观。龟背纹歙砚深受国内外,尤其是日本、中国台湾收藏

图11-11 龟背纹

图11-12 袈裟纹

家青睐,真是"质地光纯纹理精,研磨细润墨无声。此品赞誉连城宝,歙砚绝品享盛名。"

(六)玉底砚石鉴考

玉底砚,又称白玉砚。它和龟背、青玉底、庙前红互层,砚石给断面切割成为玉带、彩带,沿层面切割成为龟背、庙前红、黄玉底、青玉底、白玉底等。为什么称为玉底,因为砚石在红色岩层底部或龟背底部,故名。

玉底石质细润、柔嫩,石质坚而发墨、玉德金声、不吸水,这是难得的石品。玉底岩层厚度0.2～8厘米。笔者收藏一方玉底砚板（图11-13），长34，宽24厘米。砚石呈白色，其中有少量黑色斑点，还可见一个天然茄子，周围有晕圈似玛瑙，真是：

冰清玉洁谊风神，仙家脸面光照人。
丽质天生能绝俗，一方砚石慰平生。

柯崇收藏一方椭圆形青玉底龟背砚板（图11-14），长36厘米，宽28厘米，厚4.3厘米。砚石呈青绿色，石质坚韧，叩之金声，其中有长眉、翠斑、黑芝麻斑、线眉（宽度0.2厘米），同时可见黄膘、红晕、龟背等纹饰，石品稀少，值得收藏。

白玉底、青绿玉底岩性均属粉砂质板岩，均硅化，胶结致密，比重比一般砚材重，深受收藏家青睐。

图11-13　白玉底砚板　（石研斋　藏）

图11-14　青玉底龟背砚板　（柯崇砚苑　藏）

（七）观赏砚石鉴考

砚，是从砚墨器发展演变而来，已有五、六千年的历史。对整个人类文明史作出过重大的贡献。它对中国书画的发展起了独特的不可磨灭的作用。改革开放以来，随着经济和旅游事业的发展，砚文化逐渐繁荣起来，制砚、售砚、藏砚、玩砚和研究砚文化的人愈来愈多。各种石砚不断涌现，歙砚亦不断出现新品种，特别是观赏砚，博得收藏家、玩砚者的亲睐。笔者以下将观赏砚阐述如下：

观赏砚石：是指自然界造型奇特、色泽妍丽、纹饰秀美、质地坚硬、化学稳定性强、具有艺术和观赏价值的岩石。这种岩石大部分取自河流中滚石，略加修饰或切割成砚坯的砚，称为观赏砚。它具有观赏、收藏价值。

笔者将观赏歙砚石分为四大类：秀色歙砚石、奇形歙砚石、图案歙砚石、斑纹歙砚石。这种砚石乃大自然鬼斧神工。其成因主要为内动力地质作用和外动力地质作用所致。内动力地质作用包括地壳活动、岩浆活动、变质作用等。外动力地质作用包括各种风化作用、搬运作用、沉积作用和生物作用等。

秀色歙砚石：其石色艳丽、明快、光泽强烈，呈红、橙、黄、绿、紫、白等。如歙红石板、黄玉砚、红玉砚等。这些砚石多数取自富资河、布射河、扬之河等河床滚石，经电锯切割而成砚坯或雕刻成砚。石质为歙红、歙黄、黄玉、白色方解石等。

奇形歙砚石：其形状奇特，千姿百态，神韵无穷。如歙红与歙黄共生，外表奇特，略加修饰，真是"清水出芙蓉，天然出雕饰"，如旭日东升砚、月下行舟砚、冰纹砚、"千里之行，始于足下"砚等。

图案歙砚石：同样是由物质成分内部结构各异，加上大自然"雕塑"以致千姿百态，大小或粗细不一的美丽图案和花纹。犹如人物、动物、山水风光或彩云缭绕、水波荡漾、梅雪吐艳等形象图案。如木纹砚、玉带砚、回肠玉板、水浪滔天等。

斑纹砚石：有的像豹皮，有的像虎皮，有的像米饭，有的像粟米、芝麻、五谷杂粮等。如豹皮纹砚、虎皮纹砚、米饭纹砚、黑芝麻纹砚、白芝麻纹砚、粟米纹砚、紫云玉斑等。

观赏歙砚石大部分是火山岩、花岗岩、花岗闪长岩、斑点状角闪岩、辉绿岩、石英岩、方解石岩、黄玉等。这些岩石吸日月之光耀、经风雨之溢露，经过风化、搬运等地质作用和某些火山作用形成的产物，也有是变质岩，总之形奇，具有观赏、收藏价值。

三、古砚坑考析

（一）关于歙县狱井产砚石史记及考证

史料：清代有一时期曾传说歙县狱井中产砚石。清施闰章《砚林拾遗》云："（歙石）旧称在婺源长城里，近世歙人多言在歙县狱底。"清蒉墭歙砚铭云："歙县狱井石琢砚尤胜，然井水深二丈余，颇不易得。今年夏，余奉檄兼歙。差家人张顺于井中得石一方，琢成二砚，较市卖者为佳，爰题数语，以志此砚之所来。"歙县狱井产砚石一说，古籍颇多记载。但也有异议。道光八年《歙县志》云："世谬传歙石产狱井，盖荒唐。盖俗呼坑曰井，石之腴美者曰肉，肉狱（歙方言）音谐，兽为腴美石坑也。"

考证资料：歙县狱井已不复存，因旧址新盖了歙县府衙。笔者根据修建解放街和许国石坊的地质资料证实，为砚石地层，岩性为粉砂质板岩和千枚状粉质千枚岩，分布在解放街、太白楼、五里栏杆等地，属前震旦系牛屋组地层，说明狱井下石可制砚之记载事出有因。

（二）龙潭砚石话古今

龙潭砚石产于歙县溪头镇紫金湾、双河口、东寺、泥塘坞、竹岭一带。历史有关记载为"溪头石"、"兰田石"。

这里有个龙潭石的传说，却鲜为人知。传说明代少保兼太子太保、礼部尚书、武英殿大学士许国曾在歙县东乡溪头镇云雾川村蒙馆教书，喜爱歙砚，到处搜集歙砚石，只知道《砚史》记载有"溪头砚坑"，但无人知道砚坑地址。有一年大旱，歙县四方百姓都到大谷运岱岭村下"龙潭"求雨。云雾川村有个姓汪的大姑娘也去"龙潭"求雨，她头生癞痢，痛苦不堪。正当她用"龙潭"水洗脸、洗头时，只听"啪"的一声，汪姑娘头上的癞痢壳竟掉在水里，头上露出一头乌发。姑娘喜出望外。更令她高兴的是，掉在"龙潭"里的癞痢壳变成一块乌黑的歙砚石。上面纹理妍丽，金星闪闪，而且有雁湖眉子，石质细润，栩栩如生。这件事不知谁告诉了许国，他感慨不已，决定娶汪姑娘为妻。从此以后，这块砚石归许国所有，称它为"龙潭石"。许国将这块砚石雕琢成双龙戏珠砚，背石刻砚铭"龙潭砚石姻缘"六个大字。

许国在嘉靖乙丑年赴京会试。京城正下大雪，白茫茫一片，应试的举人研出的墨汁都结了冰，无法写下去，唯有许国携带的"龙潭砚"不结冰。当许国用完所研的墨汁后，想再倒点水研墨，发现水壶里的水已结冰块，许国非常失望，手捧姻缘砚暗暗叫道："歙砚啊，歙砚！你妙在何处，绝在何方？人家说你是四大名砚之冠，你又冠在哪里？"谁知话未落音，砚堂中出现一片小水珠。许国绝路逢生，拼命地向砚堂中呵气，用劲研墨，结果完成了试卷。他因得天独厚考取了进士。从此以后"龙潭砚"的名气传开了，而许国也飞黄腾达，成了三朝元老（历嘉靖、隆庆、万历三朝）。

以上毕竟是传说，无科学根据。笔者80年代初，在大谷运双河口一带作了详细的砚石调查和研究，在《中国歙砚研究》《歙砚丛谈》《中国名砚》等专著中详细地记载了"龙潭石坑"的位置和石质评价，为"龙潭砚石"解开了谜底。但"龙潭砚"始于何时，无历史记载。笔者根据宋墓中出土的古歙砚分析，"龙潭砚石"的发掘最迟始于宋代。

1982年我和曹诚高工等人在大谷运双河口一带找到优质砚石，建议当地政府开发利用。1986年歙县大谷运小学创办了歙县大谷运旅游工艺厂，由汪伦业负责，先是开采和加工砚石。1987年由我介绍，请来柯伯全和胡立荣两位砚雕师传授砚雕艺术，正式生产龙潭砚。由歙县工艺厂经销。当时厂长为汪伦业、副厂长为汪来宝，1989年由柯崇任砚雕车间主任，指导砚雕技术。砚工有柯伯胜、柯伯路、汪朝明、吴胜华、项茶仙、邵忠民、汪胜仙、汪筱莉、柯德和、柯仲运、叶显华、柯伯宁、柯春爱、柯大宝、柯美胜、柯六月、柯咏梅、柯海兰、柯建章、柯末萍、柯震、柯霞、柯小娟、柯为国、程秀芬、程国柱、叶伦飞、汪朝荣、汪徽友、汪伦善、汪在鑫、潘丽等20余人，一直到1993年，砚工不断外流，迫使停产，而个体砚坊接二连三涌现。

1994年，大谷运的一些村民们开始承包和开采砚矿。当时承包和开采砚石的矿主有：柯懒汉、柯老五、柯德和、柯崇、柯平、柯宝国、柯德平、柯老宝、柯胜宝、柯具宝、柯伯利、柯伯周、汪高峰等，他们当时开采过的有：冰纹坑（图2-12）、龙潭老砚坑（图2-13）、双河口一号坑（图

2-14)、泥潭坞砚坑（图2-15）、双河口七号坑（图2-16）、紫荆湾一号坑（图2-17）、紫荆湾二号坑（图2-18）、双河口十号坑（图2-19）、冰纹及千层石坑（图2-20）、大谷运上坑（图2-21）、大谷运下坑（图2-22）。年产优质龙潭砚石约5000吨，砚石销往歙县、屯溪、婺源等歙砚生产基地。龙潭砚石的开采行销进入一个鼎盛时期。

2003年来由于政策对矿产的管理约束，所有砚矿停止开采，人们求石难得，龙潭砚石价格一路飙升，成了歙砚名品和稀品。

30年来我和柯崇发现并开发利用了大谷运不少优质砚材。因龙潭砚石以青黑色居多，有的无纹理，质地细腻，润墨益毫，被喻为乌金和黑玉，但也有多种稀有砚品，有金膘、金皮、金花、金片、金丝、金线、金晕、金星、银丝、银星、银晕、眉纹、水浪、刷丝、冰纹、青玉底、白玉底、碧玉线、翡翠线、虎斑、翠玉斑、翠玉带、彩带等天然纹饰，其中多数为龙潭石所独有。用这些砚石设计创作了一批富有创意的歙砚精品，在柯崇砚苑、新安歙砚艺术博物馆、歙砚研究院可以看到这些歙砚精品。把这些歙砚新品收入《歙砚新考》与《中国歙砚大观》，让更多的人认识这些歙砚新品，使龙潭砚发挥异彩。

由于在大谷运一带找到优质砚石、开采过砚矿、开办过砚厂，使得龙潭砚石之乡歙砚制作者甚多，而大谷运以姓柯人士为多，到了本世纪，其中许多砚工们都成了砚雕名家。现在在我国最有影响力的柯氏砚雕名家有：柯嵩、柯崇、柯英、柯平、柯红友、柯红梅、柯刚要、柯春辉、柯海宝、柯挺、柯勇、柯琼斌、柯章华、柯卫国、柯卫平、柯仲方、柯仲贵、柯仲琪、柯仲运、柯海兰、柯仲彪、柯贵龙、柯贵海等，他们砚艺高超且广收门徒，推广歙砚制作技艺，为传承砚文化默默奉献，成为现代歙砚产业复兴的一支主力军。

2009年2月9日，成立歙县龙潭砚石有限公司，法人代表方叙彬。再次在湾塘一带（双河口十号坑）开采砚石经销，为歙砚新能源的供给起到很大作用。

愿龙潭砚石与龙潭人为中国歙砚再创辉煌！

参考文献

1. 桑行之等编:《说砚》,上海科技教育出版社,1994年。
2. 李雪梅:《中国古玩辨伪图说》,北京:燕山出版社,1995年。
3. 程明铭:《中国歙砚研究》,北京:中国展望出版,1987年。
4. 程明铭:《歙砚丛谈》,合肥:黄山书社,1991年。
5. 程明铭:《歙砚与名人》,北京:地质出版社,1994年。
6. 程明铭:《中国名砚》,北京:中国建筑工业出版社,台湾:淑声出版社,2001年。
7. 章放童:《中国印章歙砚玩赏》,浙江摄影出版社,2004年。
8. 《西清砚谱》,上海书店,1991年。
9. 金彤:《井田余香——中国古代砚台鉴赏》,太原:山西人民出版社,2010年。

后记

岁月如歌,残阳如血。人生苦旅,残年志未穷。

我18岁离乡背井,在帐篷村落户。40余春秋,以深山为友,岩石做伴,成为地质事业中筚路蓝缕的先行者。特别与砚石结下了不解之缘。我对砚文化的痴迷,苦苦追求了30余年,对全国61种砚石进行过调查研究。曾出版《中国歙砚研究》《歙砚丛谈》《歙砚与名人》《砚与制砚》《中国名砚》等专著,其目的有三:一是为了弘扬中华砚文化,为后世更多的人认识"国宝"和爱护"国宝";二是为子孙后代提供砚石资源,奉献一点绵力;三是为砚雕工作者和砚石研究工作者及收藏家提供一份完整资料。

"玩砚频年志不穷,痴心痴意更痴情。"人们戏称我为"石痴",的确,我不分酷暑和严寒,一直痴迷砚文化,沉浸在浩如烟海的古书堆里和繁杂的砚考资料中,苦苦爬格子。许多亲戚朋友看我在砚石调查研究中不懂使用电脑,一笔一笔地写,又不管右眼失明、高血压、腰椎病、胃病、骨折等疾病折磨,都劝我歇手安度晚年算了。我天性是个闲不住的人,艰辛的地质苦旅造就了我不怕苦、不怕累的性格。于是我投入了新一轮的战斗,编写《中国歙砚大观》,打算系统地阐述歙砚。经一年多的努力,终于编成《中国歙砚大观》初稿。本书由作者执笔,并承担图片策划。图片由柯崇先生收集、摄影,打印成册。现在初稿已成,如释重负。天有不测风云,人有旦夕祸福。2011年7月,酷暑难耐,我到上海为出版和修改书稿奔波,突然发生脑梗,只好搁笔。遗憾的是许多砚雕名家作品还未收进本书,肚里还有不少歙砚资源没有表达,这就有待后人补充了。

回首30余年砚石调查研究,曾得到各级领导专家的大力支持。在砚石调查研究中,得到中国地质大学原常务副校长吕禄生教授及中国科学院院士、原中国地质大学研究生院院长莫先学教授及夫人毕先梅教授大力支持,并共同到歙砚石各个产地考察，指导工作。特别是双院士、原安徽省地矿局总工程师常印佛先生多次到实地指导工作、多次为我出版的砚石专著作序。著名画家范曾先生为本书题名。上海著名画家汪观清先生为本书题签并为作者造像。美术史论家黄剑先生为本书作跋。在此，谨向他们表示由衷的谢意，没有他们的扶持，我不可能走到今天。

本书在出版过程中，还得到上海砚苑欧阳文生、程洁松、程爱喜、凌玮等砚石收藏家的大力支持，他们并出资印刷了本书。在此向他们表示感谢。

程明铭

2011年8月于上海砚苑

跋

一

程明铭先生是我敬重的乡梓长辈。之所以敬重，是因为他在砚石尤其是歙砚研究领域投入了毕生精力，所取得的成果结集成书后，不仅具有严谨的学术规范，而且具有极高的实用价值。这恰恰是今天那些身处某种"文化遗产"原生地的所谓专家和"传承人"难以做到的。

二

我的家乡徽州，明代以来就是东南乃至全国的文化重镇，如果以历史的眼光来看，这其实是一个绝无仅有的特例。自有文明史以来，中国的文化重镇不在国都，就在水陆通衢的大都市，或物产丰饶的富庶之地，如古之西安、洛阳，今之北京、上海。徽州"处万山之中"，"山限壤隔"，交通不便，照理应该是闭塞的地方，而闭塞则是文明的大敌。但是，学术界津津乐道的所谓"徽州文化"，并不像历史上其他的偏僻地区一样，是凭借与主流文化的差异性特质而成为"显学"；相反，自古以来，徽州文化走的都是主流文化的堂堂正道，所取得的成就也是堂堂正正的。只是其"经济基础"十分特殊，它并非依赖本地的经济繁荣，而是得益于徽商所赚取的"外资"。

我曾在拙著《徽州古艺事》中称明清的徽州为东南地区的"后花园"。徽州先贤黄宾虹说过："歙县自宋、元、明讫咸同之乱，以居万山之中，藏书籍字画古今名迹，胜于江浙诸省，风俗以经商各省通邑，士人寄籍，恒多与通人博士交游，文艺亦有根底。"（《与郑拙庐书》）可见正是由于"风俗以经商各省通邑"，徽州商人在"江浙诸省"的扬州、南京、杭州这样的"厅堂"里挣取大量的金钱，并将其中的一部分源源不断地注入"后花园"里，保障了大多数徽州人的衣食温饱。此外，徽商还从各地搜罗回来大量的"书籍字画古今名迹"等丰富的"精神食粮"。因此，住在这个"后花园"里的人们，可以不愁饥寒，甚至可以不稼不穑，或埋首攻读圣贤书以求闻达，或专心诗词书画以自遣，或呼朋引伴笑傲山林，或蓑衣箬笠寒江独钓，或丹青篆刻，或园艺盆栽，或高雅，或世俗，确实是"士习蒸蒸礼上，讲学不辍，诵读诗书，比户声明文物，盖东南屈指焉"（《祁门县志》），于是乎，"文化事业"空前发达，俨然成了"东南邹鲁"。事实证明，徽州这个"后花园"的确培育出了大量的"奇花异草"：论科举人才，明清两朝徽州一共出了600多名进士，以人口平均计算超过江浙两地，居全国之冠；论文艺，"新安画派"、"徽派篆刻"、"新安诗群"、"新安朴学"，无不名重当时且彪炳后世；论工艺，徽派版画、刻书、造纸、制砚、制墨、园林、木雕、砖雕、盆景等无不风行一时且流誉至今。

古语云："工欲善其事，必先利其器。"其中的一层涵义是说，社会文明的进步很大程度上依赖于"器"的保障，并且仅仅是保障还不够，那只能"完其事"，还要上升到"讲究"的层面，才能真正"善其事"。一般意义上的生产生活工具，或许不必太讲究，实用第一。另一些与精神生活有关的器物和用具，却是越讲究越好，因为这些"玩意儿"关乎对文明成果的直接体验与感受，同时也是创造新的"精神财富"的工具。以上提及的徽州工艺诸如造纸、制砚、制墨、刻书的兴盛，实际上是为徽州文艺诸如诗文、书画、篆刻的兴盛提供了"利器"，并且是相辅相成的。因此，对一个地区而言，某些与文艺有关的工艺技术兴盛的前提是：第一，这个地区出产某些工艺所必需的优质天然原料；第二，这个地区的经济是相对发达至少是稳定的；第三，这个地区的文化是相对繁荣并且精致的；第四，这个地区的匠人或艺人是勤勉又有修养的。这四点我们可以逐一进行分析：

第一点是客观前提。北宋诗人梅尧臣为宣城人，与徽州毗邻，曾有诗曰："澄心纸出新安郡，触月敲冰滑有余；潘侯不独能致纸，罗纹细砚镌龙尾。"明代诗人傅若金也曾作诗云："新安江水清见底，水边作纸明于水，兔白霜残晓月空，皎宫练出秋风起。"他们称颂的是早在南唐时期就备受文人推崇的"澄心堂纸"。徽州之所以能够生产出这种连欧阳修也感叹"君家虽有澄心纸，有敢下笔知谁哉"的纸张，是因为徽州有优质的竹木原料和"清见底"的水质。同样，梅尧臣所说的"罗纹细砚"之所以能够发展成蜚声海内的"歙砚"，前提也是因为徽州地区有着以"龙尾"

为代表的丰富的砚石资源。

  第二点是经济保障，第三点是文化支持。一个贫困闭塞的地区，人们的精力皆用于养家糊口，有文艺的话，也是"原生态"的，更不用说去讲究某种与文艺有关的工艺，如笔墨纸砚之类。所谓的"穷讲究"，说的是不顾客观条件，一味讲究。真正穷了，是什么也讲究不起来的。徽州的经济支柱虽然依赖外来资金的支撑，但在清代晚期徽商势力式微之前，这种支撑是持续不断的。上文提及，正是这种经济格局促进了徽州文艺的繁荣，因而也就形成了一个"文化消费品"市场，需要工艺制造领域为此提供得心应手的用具。与此同时，在传统社会，文人墨客为追求高雅精致，会对所使用的器物和用具提出具体的审美需求，这就要求工艺除了顾及使用功能以外，更须注重艺术美感。于是，工艺上升为艺术，器物和用具本身成了具有独立审美价值的艺术品，制作的过程一定程度上也成为艺术创作的过程。因此，才有了第四点——有修养的艺人。所谓"技近乎道"，要想把一种技术提升至"道"的层面，参与其间者就必须具备"悟道"的修养。在传统社会，"匠人"是指某一门制作技术的传承者，他们更多的是按照既定的套路去完成工作。他们也会努力做到精工细作，但他们的眼光和格调脱离不了民俗化的预先设定。然而，一旦他们的工作与文人发生关系时，文人的修养优势和审美趣味就会对他们产生潜移默化的影响，久而久之，匠人也就成了艺人。他们在坚持某种工艺的技术底线的同时，经过不断地摸索丰富，逐渐形成一套完备的创作语言。在此基础上，可以充分发挥想象力，创作出多姿多彩的兼顾使用和审美的作品，同时又在与文人雅士的交流切磋中不断改进，精益求精，从而形成了名扬天下的工艺流派，如"徽墨"、如"歙砚"。

三

  回顾历史是为了对比现在。但是，如果就今日所谓的"黄山市"与昔日的"徽州府"做文化意义上的比对，那只能感慨"世间好物不坚牢，彩云易散琉璃脆"。随着晚清徽商的衰落到最终破产，徽州这个"后花园"也随之花里飘零，只剩下一堆不再光鲜的"遗产"：昔日的屋舍村落成了"世界文化遗产"，奇景依旧的黄山白岳也成了"世界自然遗产"，让慕名而来的游客到此发一发物是人非的感慨；而那些不伫立于地表、只存在于文字之中的真正的"文化遗产"却已是明日黄花，识者寥寥；虽然还有一部分工艺技术勉强传承到今天，成了"非物质文化遗产"，但却早已失去了"古意"而不自知，反倒以所谓的"创新"为荣，忘却了自身"遗产传承人"的身份。

近代以来，徽州地区彻底失去了外来资金的支持，必须直面"七山二水一分田"的逼仄的生产条件，歙县等地成了勉强维持温饱的"国家级贫困县"。尤其是改革开放以后，急需解决的是发展的"硬道理"，实现"脱贫致富"，于是首先想到的就是卖"遗产"。从政府层面是旅游开发，为了"把黄山的牌子打出去"，连古老的"徽州"区域命名也不要了，让"徽州文化"从此成了孤魂野鬼；普通老百姓更是把祖宗留下的一点仅剩的古玩字画之类的窖藏也卖出去了，更有甚者，连老房子上"破四旧"砸剩下的砖雕、木雕也拆下来换钱；另有一些人则开始着手恢复几近失传的传统工艺，如歙砚、徽墨、砖雕、石雕等，以求"劳动致富"。应该说恢复传统工艺的出发点是好的，但却赶上了一个浮躁的年代，进而呈现出急功近利、良莠不齐的局面。

以"歙砚"为例。就原材料而言，由于近现代挖掘手段的突飞猛进，几个"老坑"的矿石几乎开采殆尽。原因无非是为了提高产量多卖钱。以往，刻砚艺人虽也"凭手艺吃饭"，但在传统社会强调的是慢工出细活，文人雅士为了得到一方心仪的歙砚是不计工本的，一方面温润如玉且又方正成型的好原料很难觅得，另一方面好的艺人对好原料也是充满敬畏之心的，并不急于马上加工成型，而是反复推敲，精雕慢磨，力求完美。因此，除了满足书写需求的形制简单的使用级别用砚，并不需要太多的人投身高端的"创作"行列，即匠人多而艺人少，每个阶段，一两个名家足以引领风骚。

新时期，歙砚雕刻的从业者人数大大增加，但由于技术传承出现了断层，加上大多数人对传统文化并无深入的体会，本地虽然也顺应时代开办了相应的技术专业课程，却不能在文化和艺术层面给予更多的传授，原因在于徽州地区在新时代已处于真正闭塞落后的境地，昔日"东南邹鲁"的文化先发优势已荡然无存。于是，这些从业者只能依靠自身的天赋，一边摸索，一边创作。除了只把歙砚当做旅游纪念品来制作的低水平从业者以外，那些号称工艺美术家的刻砚者也大多难以避免以下弊端：一、形制鄙俗。为了迁就石材的某些特质，或仅仅为了出奇出新，随形砚、象形砚、各种古器物形砚，甚至大而无当的巨砚等，不断出现，就是不肯对一些传统的基本形制好好下功夫。二、题材混乱。草木鸟兽、神仙鬼怪、圣贤名士、钟鼎纹饰、真草隶篆，等等，凡是能想到的题材都往砚石上刻，自以为丰富多彩，实则哗众取宠。三、刻工花哨。或随意使用新工具而深浅无端，或生造刀法而妄生圭角，或一味以精细繁复为能事，或故意以寥寥几刀为高明。四、不安本分。刻砚虽也有艺术创作的成分，但终究是一门"工艺"，是为文艺服务的。一些刻砚人不安于"匠人"的身份，稍有名气便以"艺术家"和"大师"自居。具备书画及其他艺术修养，对刻砚是有帮助的，但若以"书法家"、"画家"的"高姿态"来刻砚，可以肯定的是，两边都会沦为不伦不类的境地。五、急功近利。初学伊始，便要"创新"，心气浮躁，不肯下功夫苦练基本功。学成后没有定力，什么流行做什么，自己的风格还未完善，就见异思迁，抄袭名家，屈从市场。最可憎的是趋炎附势，以技艺为晋升阶梯，什么向奥运献礼、向纪念日致敬、创造吉尼斯纪录之类。人无"品"，艺怎会有"格"。

当然，近年来，我在家乡也见到了几位兢兢业业并有悟性的刻砚人，同时也看到了一些不错的作品，但是以上种种弊端的确存在，并且是主流。或许我的表述略显苛刻，却也是"爱之深，责之切"吧。其实比起工艺，徽州的文艺更加堕落。每当我看到在当地既有名气又有地位的某几位画家满纸烟火气的作品到处张扬，并且自称得了"新安画派"的真传时，我只能无语以对。歙砚没有刻好，只是糟蹋了几块石头；文艺的粗鄙，丢的是整个"徽州文化"的脸。

四

回顾过去，环顾当下，就歙砚这个在"信息社会"中确实微不足道的"文化遗产"而言，我敬重的是程明铭老先生这样为"传承"做着实实在在贡献的默默耕耘者。

程明铭先生原本的职业是地质高级工程师，无需靠歙砚这个"遗产"来谋生。他完全是出于对传统文化和家乡的热爱而开始了考察砚石的历程，未想一做就是数十年，其间遍尝甘苦冷暖，令人感叹。这在本书常印佛先生的序言和程先生本人的后记中都有提及，此不赘述。我想说的是，程先生凭借专业特长，深入实地，获取的是第一手的信息，并且整理成书，先后出版了《中国歙砚研究》《歙砚丛谈》《歙砚与名人》《砚与制砚》《中国名砚》等专著。这与那些在书斋里"收集资料"而著书立说的"学者"是有本质不同的。因为研究对象是具体的矿产和制作工艺，如果对此没有切身的体会，只能是隔靴搔痒，对这个行业并无实质的促进作用，只不过是多了几本貌似"学术"的书籍而已。

程明铭先生的另一大贡献是发现或证实了一些新的砚石矿点，这在老矿被开掘殆尽的今天尤显重要。技术的传承并不排斥合理的创新，但这一切都要建立在对原料的加工利用上，如果原料枯竭了，技术也必然随之消亡。如此"皮之不存，毛将焉附"的简单道理，偏偏就被很多业内人士无意或有意地忽视了。为了提高产量，粗制滥造，消耗了大量砚石，如果没有新砚石的发现，整个行业将难以为继。我担心的是，新发现的砚石又将被无节制地开采使用，最终我们将没有任何"遗产"留给下一代。

程明铭先生对歙砚研究的过程是循序渐进的，先是砚石，接着是制砚、藏砚、赏砚，进而是砚史，最终形成整个砚文化的体系，他的这部《中国歙砚大观》可以说是最后集大成之作。在一个领域内能够取得这样的成就，应该可以说是功德圆满了，他的生命也由此得以丰富。几年前我曾撰写《专业的业余》一文，认为在砚石研究之余，程先生的绘画诗赋等"业余爱好"也达到了较高的水平。我想，这恰恰是值得我们家乡的文艺人士借鉴的：踏踏实实做好专业工作，并以其他的艺术门类来涵养自身，勉力让自己的创作风格堂皇正派，摆脱目光短浅的土气和小家子气。这样，包括歙砚从业者在内的徽州"非物质文化遗产传承人"的整体人文素质必然会得以提升，就不会辜负先人留给我们的这份宝贵的"遗产"。这也是我借此跋语说了这么多的用心所在，想必也是程明铭老先生所殷切期望的。

在本书的编辑排版阶段，年近耄耋的程明铭先生身患癌症，但他以惊人的毅力积极配合手术及后期治疗，身体得以康复。他病床上念念不忘的仍然是书稿的出版进度。感动之余，我想说的是，有了如此丰硕的成果，足以告慰平生。接下来，您要做的是保重身体，颐养天年。对您的亲友和我这样的晚辈后学来说，能不断听到您的谆谆教诲已是莫大的幸福。

黄　剑